전쟁과 인권으로 본 부평

인천학술총서 3

전쟁과 인권으로 본 부평

초판 1쇄 발행　2025년 12월 20일

기획·엮음 | 한국역사연구회·인천문화재단
펴 낸 이 | 윤관백
펴 낸 곳 | 한국역사연구회·인천문화재단·선인

등 록 | 제5-77호(1998.11.4)
주 소 | 서울시 양천구 남부순환로 48길 1(신월동 163-1) 1층
전 화 | 02)718-6252/6257
팩 스 | 02)718-6253
E-mail | suninbook@naver.com

정 가　19,000원
ISBN　979-11-6068-998-3　93340

* 잘못된 책은 바꿔 드립니다.

인천학술총서 3

전쟁과 인권으로 본 부평

한국역사연구회 · 인천문화재단

선인

▮ 발간사 ▮

한국역사연구회와 인천문화재단은 2018년부터 매년 인천 지역을 중심으로 우리 역사 전체를 조망하는 심포지엄을 공동으로 개최하고 있습니다. 또한 심포지엄의 성과를 『고려왕조와 경기를 보는 시선』(2018), 『3·1운동과 경기·인천지역』(2019), 『우리 역사 속의 디아스포라와 경계인』(2021), 『한국의 교통물류 중심지, 경기·인천』(2021), 『인천의 산업과 노동』(2023), 『근현대 인천의 산업과 산업유산』(2024) 등의 책으로 엮어 내어 연구자와 학생은 물론 인천을 사랑하는 여러 시민에게 풍성한 지식과 더불어 지역에 대한 긍지를 안겨 주었습니다.

이러한 전통과 경험을 바탕으로 하여 올해 2025년 6월에는 부평역사박물관의 도움도 얻어 "전쟁과 인권으로 본 근현대 부평"이라는 주제로 심포지엄을 열었습니다. 일제시기 부평에는 군수공장과 군사기지가 있었고 해방 이후에는 미군기지와 상이용사촌, 수출산업공단이 있었습니다. 전쟁과 산업화 시기에 이들 공간은 부평과 인천 사람들에게 어떤 의미를 지녔을까요. 심포지엄에서는 전쟁과 인권을 키워드로 부평의 역사적 공간에 대한 이야기를 나누었습니다.

심포지엄에서는 모두 6편의 주제 발표와 토론이 있었습니다. 첫 번째 "총동원체제기(1938~45년) 조선총독부의 자동차 공업 육성과 디젤자동차공업(주)의 부평공장 운영"을 한국교원대학교 교육박물관 이명학 님이 발표하고 서울대학교 정소현 님이 토론을 해주셨습니다. 두 번째 "'근로가 교육이다': 조병창에 동원된 인천 학생들"을 인천대학교 이상의 님이 발표하고 연세대학교 국학연구원 신주백 님이 토론하셨습니다. 세 번째 "부평 미군기지의 변화와 지역사회의 대응"을 영남대학교 민족문화연구소 금보운 님이 발표하고 국립순천대학교 인문학술원 권오수 님이 토론하셨습니다.

네 번째로는 "6·25전쟁기 부평 미군기지와 반공포로탈출사건"을 인천가톨릭대학교 김보영 님이 발표하고 한국국가전략연구원 양영조 님이 토론하셨습니다. 다섯 번째 "6·25전쟁기 이북 출신 상이군인 집단농장의 형성과 변화"는 부평역사박물관 손민환 님이 발표하고 인하대박물관 류창호 님이 토론하셨습니다. 여섯 번째 "부평수출산업공단 여성노동자들의 노동운동: 대한마이크로 노조를 중심으로"는 한국방송통신대 유경순 님이 발표하고 역사문제연구소 장미현 님이 토론하셨습니다. 이어 인하대 임학성 님이 좌장을 맡아 발표 및 토론자 전원이 참여하는 종합토론이 진행되었습니다.

발표자와 토론자는 모두 우리 학계를 대표하는 중진, 신진 연구자들입니다. 이런 분들이 대거 인천에 모여 인천 지역의 경험을 우리 역사의 맥락에 어떻게 자리매김할 것인가에 대해, 특히 부평역사박물관, 인하대박물관 등 지역의 기관에서 활동하시는 연구자들과 함께 논의했다는 데 큰 의의가 있습니다.

이러한 풍성한 심포지엄의 성과를 다시 한 권의 책으로 엮어 낼 수 있게 되어 기쁘게 생각합니다. 심포지엄의 발표자, 토론자, 사회자는 물론 인천문화재단과 한국역사연구회 관계자 제위께 깊은 감사의 말씀을 드립니다. 앞으로도 한국역사연구회와 인천문화재단은 인천의 역사와 문화를 우리 역사 속에 자리매김함으로써 인천의 자부심을 높이고 한국 역사를 풍부하게 하는 실천을 함께 하겠습니다. 고맙습니다.

2025년 11월
한국역사연구회 회장 박종린
인천문화재단 대표이사 직무대행 허회숙
부평역사박물관 관장 신동욱

❚ 차 례 ❚

총동원체제기(1938~45년) 조선총독부의 자동차 공업 정책과 디젤자동차공업(주)의 부평 공장 운영

●●●

이 명 학

한국교원대학교

이 글은 필자의 공간 논문(「총동원체제기(1938~45년) 조선총독부의 자동차 공업 정책과 디젤자동차공업(주)의 조선제조소 운영」『역사와 현실』 137, 2025)을 수정·보완한 것이다.

총동원체제기(1938~45년) 조선총독부의 자동차 공업 정책과 디젤자동차공업(주)의 부평 공장 운영

머리말

중일전쟁을 전후하여 식민지 조선에서는 군사적인 필요성을 바탕으로 중화학 공업이 발흥하기 시작했다. 대표적인 분야가 자동차 공업이었다. 1930년대 일본의 중국 침략 과정에서 자동차가 보여 준 수송 상의 위력에 주목한 조선총독부는 '국산' 자동차의 현지화를 본격적으로 추진했다. 자동차 수요의 폭발적인 증가세에 매료된 민간 자본 역시 이윤을 목적으로 여기에 동참했다.

조선에서 자동차 생산 기지로 선정된 곳은 기계 공업의 적지로 부상한 인천, 그중에서도 부평이었다. 경인 시가지 계획이 서둘러 시행될 정도로 공업 입지가 우수했을 뿐만 아니라 육군 조병창(造兵廠)의 진출이 예정된 장소였기 때문이다.[1] 1939년 일본 기업의 진출을 계기로

1 부평 지구를 대상으로 한 시가지 계획 사업의 실태에 대해서는 염복규, 2008「일제말기 지방·국토계획론과 경인시가지계획」『서울학연구』32 ; 이명학, 2023「총동원체제기(1938~45) 주택지경영사업의 전개와 사택촌의 형성-경인 지역을 중심으로-」『한국사학보』91 참조.

부평을 거점으로 한 자동차 제조 기반의 구축이 공식화되었다. 1941년에는 디젤자동차공업주식회사(디젤自動車工業株式會社)가 경영하는 조선제조소가 조업을 시작했다.

조선제조소는 일본이 패전할 때까지 다양한 사업을 영위했다. 따라서 조선총독부의 자동차 공업 정책과 조선제조소의 실체를 분석하는 작업은 총동원 체제[2]의 성격과 해방 이후 한국에 남겨진 경제적인 발자국의 의미에 다가서는 지름길에 해당한다. 그러나 이와 관련하여 기존 연구는 전무한 실정이다. 자동차 시장의 구조, 인천의 병참 기지화, 도시 공간의 재탄생을 탐구하는 연구[3]에서 자동차 공장이 부평에 있었다는 사실만 밝혀진 정도이다. 조선제조소의 설치 경위와 구체적인 양상은 여전히 역사의 한 페이지를 장식하지 못하고 있다.

이 글은 1938년부터 1945년까지 부평을 무대로 전개되는 자동차 양산 체제의 형성 과정과 조선제조소의 현실을 분석한다. 제1장에서는 국방적인 필요성이 추동한 조선총독부의 자동차 공업 육성 방안을 살펴본다. 제2장에서는 조선국산자동차주식회사(朝鮮國産自動車株式會

2 물자·자금·노동력 동원 계획과 생산력 확충 계획으로 이루어진 총동원 체제의 전개 과정에 대해서는 안자코 유카, 2006『조선총독부의 '총동원체제'(1937~1945) 형성 정책』, 고려대학교 사학과 박사학위논문 ; 山崎志郎, 2011『戰時經濟總動員體制の硏究』, 日本經濟評論社 참조.

3 염복규, 2008 앞의 논문 ; 부평역사박물관, 2014『부평 산곡동 근로자 주택』, 부평역사박물관 ; 인천광역시립박물관, 2014『관영주택과 사택』, 인천광역시립박물관 ; 부평역사박물관, 2016『장수산 맑은내 마을, 부평 청천동』, 부평역사박물관 ; 이상의, 2016「아시아·태평양전쟁기 일제의 '인천조병창' 운영과 조선인 학생동원」『인천학연구』 25 ; 김현석, 2018『부평에 새긴 노동의 시간』, 국립민속박물관 ; 上山邦雄, 2018「戰前期日本自動車産業の確立と海外展開(下)」『城西大學大學院硏究年報』 31 ; 부평역사박물관, 2021『도쿄제강 사택에 담김 부평의 시간』, 부평역사박물관 ; 이연경, 2021「부평의 노무자주택을 통해 본 전시체제기 주택의 특징과 산업유산으로의 가치」『건축역사연구』 30-3: 2022「1940년대 인천 일본육군조병창의 설치와 군수산업도시 부평의 탄생」『도시연구』 30 ; 이명학, 2025「20세기 한반도를 질주한 자동차의 역사」, 정병욱 외,『20세기 자동차의 시대와 현대자동차 포니』, 포니정재단

社)를 대신한 디젤자동차공업(주)의 부평 진출과 조선제조소의 운영 전략을 검토한다. 제3장에서는 종속적인 공급망의 붕괴가 야기한 조선제조소의 경영난을 규명한다.

1. 국방적인 필요성과 조선총독부의 자동차 공업 육성

제국주의 국가 가운데 일본은 공업 수준이 낮았다. 일본은 기술 집약형 산업의 필수 부품을 서구에 의존했다. 대표적인 분야가 자동차 공업이었다. 1923년 철도 교통의 마비를 일으킨 간토[關東] 대지진을 계기로 일본의 자동차 시장은 급격히 팽창했다. 1920~31년 자동차 대수는 9,999대에서 90,221대로 증가했다.[4] 그러나 자동차의 대부분은 '국산'이 아니었다. 자동차 시장을 주도한 회사는 포드(Ford)와 제너럴 모터스(General Motors, 이하 GM)였다. 1931년 포드와 GM의 점유율은 70%를 상회했다. 미국 자동차보다 가격이 비싸고 성능이 떨어지는 일본 자동차의 생산량은 434대에 불과했다.[5]

자동차 공업의 취약한 기반은 국방적인 관점에서 심각한 문제였다. 두 가지 측면에서 그러했다. 첫 번째는 기계화 부대의 창설에 몰두하는 제국주의 국가의 군사적인 흐름이었다. 영국과 독일은 기동전에서의 전략적인 우위를 확보하고자 각 부대에 자동차를 보급했다. 일본의 가상 적국으로 규정된 소련 역시 사단의 기계화를 적극적으로 추진했

4 柳田諒三, 1944『自動車三十年史』, 山水社, 5·90쪽

5 自動車文化研究所, 1942『昭和十七年版自動車年鑑』, 自研社, 24~31쪽 ; 呂寅滿, 2011『日本自動車工業史: 小型車と大衆車による二つの道程』, 東京大學出版會, 62쪽. 포드는 1925년 요코하마[横濱]에, GM은 1926년 오사카[大阪]에 조립 공장을 신설했다.

다.[6] 두 번째는 침략 전쟁의 효율적인 수행이었다. 1930년대 중국 침략에 나선 일본은 자동차의 위력을 실감했다. 험난한 지역에서 군용 차량은 무용지물인 반면에 미국제 화물차는 뛰어난 성능을 발휘했기 때문이다. 따라서 일본 육군은 군사력의 증강과 군수 물자의 원활한 수송을 위해 상공성과 함께 자동차의 국산화를 밀어붙였다.[7]

이 과정은 미국 자동차와 동등한 성능을 구현하는 작업에서부터 출발했다. 1931년 상공성은 시제품을 발주하여 평가를 진행했다. 1932년 11월 시행착오 끝에 표준형 자동차가 완성되었다. 정부는 이스즈(いすゞ)로 명명된 자동차를 보호 차종으로 선정하고 보조금을 제공했다.[8] 이어서 1934년 육군은 트럭의 시험 제작과 평가를 실시했다. 성능 시험을 통과한 시제품은 1935년 7월 양산이 결정되었다.[9] 다음으로 1936년 육군과 상공성은 연간 3,000대 이상의 자동차를 제조하는 사업을 허가 대상으로 규정하고 이 회사의 경영권을 일본인에게 귀속시키는 「자동차제조사업법(自動車製造事業法)」을 공포했다. 후발 주자인 자국 기업을 육성하려는 목적에서였다.[10] 마지막으로 1938년 이후에는 화물차 이외의 자동차 생산이 중단되는 동시에 차량의 수입과 포드와 GM의 일본 현지 생산이 제한되었다.[11]

일본의 산업 정책은 조선총독부에도 영향을 미쳤다. 당시 조선의 자

6 1936「自製法に因る工業が國防に及ぼす影響」『朝鮮の自動車』79, 26~27쪽

7 自動車工業振興會, 1973『自動車史料シリーズ(1), 日本自動車工業史座談會記録集』, 自動車工業振興會, 27쪽 ; 呂寅滿, 2011 앞의 책, 206쪽

8 自動車工業振興會, 1979『自動車史料シリーズ(3), 日本自動車工業史行政記録集』, 自動車工業振興會, 4~6쪽

9 上山邦雄, 2016「戰前期日本自動車産業の確立と海外展開(上)」『城西經濟學會誌』37, 61쪽

10 日本機械工業連合會, 1981『戰後機械工業發展史(補)』, 日本機械工業連合會, 22~23쪽

11 柳田諒三, 1944 앞의 책, 389~402쪽 ; 呂寅滿, 2011 앞의 책, 206·233~244쪽. 일본의 자동차 조립·수입 대수는 1934년 35,304대에서 1939년 500대로 감소하다가 이후에는 통계에서 사라졌다.

동차 시장은 본국과 상황이 동일했다. 식민지 개발과 더불어 지속적으로 커져 나가는 자동차 시장은 미국 회사의 독무대였다. 1911년 2대에서 1936년 8,696대로 자동차 대수가 급증하는 가운데 포드와 GM은 고유 모델을 앞세워 시장을 지배했다. 1934년 조선에서 팔린 1,683대의 미국 자동차 중에서 포드와 GM의 판매 대수는 1,577대에 이른다는 재경성 미국 영사관의 보고[12]가 상징하듯이 두 회사의 점유율은 압도적이었다.

〈표 1〉 1935년 10월 말 조선의 자동차 현황

기업	승용차		화물차		합계	
	대수	비중(%)	대수	비중(%)	대수	비중(%)
포드	1,787	45.29	1,485	49.83	3,272	47.24
GM	1,528	38.72	1,408	47.25	2,936	42.39
기타	631	15.99	87	2.92	718	10.37
합계	3,946	100	2,980	100	6,926	100

출전: 1936「全國自動車自動自轉車集計表送付ノ件」(아시아역사자료센터, C01004167100), 47~86쪽

비고: ① 특수 자동차는 제외했다. ② 소수 셋째 자리에서 반올림했다.(이하 동일)

<표 1>을 살펴보면, 1935년 10월 말 승용차 부문에서는 포드가 45.29%, GM이 38.72%, 기타가 15.99%를 점유했다. 화물차 분야에서는 포드가 49.83%, GM이 47.25%, 기타가 2.92%를 차지했다. 전체적으로는 포드가 3,272대로 47.24%, GM이 2,936대로 42.39%를 점유했다. 나머지 회사는 718대로 10.37%의 비중에 머물렀다.[13]

12 American Vice Consul, 1935 "CHOSEN(KOREA) ANNUAL AUTOMOTIVE VEHICLE CENSUS" *866.16 Automobiles*, pp. 3~6. 재경성 미국 영사관의 보고에 의하면, 1933년 일본 자동차의 판매량은 2대였다. 1934년에는 4대의 이스즈가 판매되었다.

13 일제시기 자동차 시장의 구조적인 특징에 대해서는 이명학, 2024「식민지 조선의 자동차 보급 추이와 시장 변화」『민족문화연구』105 참조.

조선총독부는 일본 자동차의 보급과 자동차 공업의 발달을 위한 두 가지 조치를 실시했다. 하나는 '국산' 차량의 선도적인 구매였다. 시간이 흐르면서 일본 자동차의 품질은 점차 개선이 되었지만, 자동차에 대한 사회적인 인식은 변화하지 않았다. "외국 제품이 아니면 자동차라 할 수 없다"[14]라는 대중의 고정관념은 강고했다. 이에 조선총독부는 국산품 애용의 선두에 나섰다. 1930년대 육상 수송의 통제권을 장악하고 자동차 운수 사업을 시작한 철도국이 선구적이었다. 1937년 철도국은 광주와 여수 구간에 이스즈 자동차 4대를, 회령과 웅기 노선에는 이스즈 16인승 버스 3대와 3톤 화물 차량 9대를 투입했다.[15]

> 국방상의 견지로부터 중요하다고 인정되는 공업은 현하 정세에 비추어 신속한 발달을 도모할 수 있는 특별한 대책을 강구해야 한다. 조선의 지위와 자원, 그리고 기타 기업 조건에 비추어 내지(內地), 만주(滿洲)와의 연계를 보지하고 제철, 경금속, 조선, 자동차와 비행기의 조립·수리, 광업용 기계 제조 등의 진흥을 도모하는 이외에 … 석탄계 액체 연료 공업과 연료용 알코올 공업의 확립을 기도한다.[16]

다른 하나는 자동차 제조 기반의 독자적인 구축이었다. 자동차 생산의 현지화가 조선총독부의 정책적인 과제로 대두한 때는 1936년이었다. 위의 인용문과 같이 군수 공업의 진흥 대책을 논의하는 목적에서

14 「國策に順應して設立された朝鮮國産自動車會社」『京城日報』 1937년 11월 10일

15 「旣に五十三台, 國産自動車豫約」『京城日報』 1937년 4월 27일 ; 鮮交會, 1986 『朝鮮交通史』, 鮮交會, 618쪽. 민간 자동차 운수 회사도 조선총독부의 방침에 기초하여 일본 자동차의 사용으로 방향으로 틀었다. 예를 들어 포드의 비중이 영업용 자동차의 87%에 달할 정도로 포드와 돈독한 관계를 맺었던 조선철도주식회사(朝鮮鐵道株式會社)는 곧바로 거래처를 도요타[豊田]로 변경했다(「半島の自動車は愈よ國産車へ!」『京城日報』 1937년 6월 23일).

16 朝鮮總督府, 1936 『朝鮮産業經濟調査會諮問答申書』, 朝鮮總督府, 38~39쪽

개최된 조선 산업 경제 조사회에서 조선총독부는 적극적인 육성이 요구되는 분야로 자동차 공업을 선정했다.[17] 국책(國策)으로 설정된 자동차 양산 공장의 건설이 실현 단계로 나아간 시점은 1938년이었다. 대륙 전진 병참 기지로서 조선의 역할이 본격적으로 탐구되는 시국 대책 조사회에서 조선총독부는 "자동차 공업의 발달 여하는 시국에 극히 중대한 영향"[18]을 미친다는 인식 속에서 구체적인 계획을 입안했다. 아래는 이 회의의 자문 안건으로 조선총독부가 제출한 자동차 생산 방안을 정리한 것이다.

〈표 2〉 1938~41년도 조선총독부의 자동차 수급 계획 (단위: 대수)

연도		수요			공급		
		수출	조선	합계	생산	이입	합계
1938	승용차		1,577	1,577	100	1,477	1,577
	화물차		2,160	2,160	400	1,760	2,160
	합계		3,737	3,737	500	3,237	3,737
1939	승용차		1,736	1,736	500	1,236	1,736
	화물차		2,592	2,592	1,000	1,592	2,592
	합계		4,328	4,328	1,500	2,828	4,328
1940	승용차		1,909	1,909	1,000	909	1,909
	화물차		3,110	3,110	2,000	1,110	3,110
	소계		5,019	5,019	3,000	2,019	5,019
1941	승용차		2,101	2,101	2,000	101	2,101
	화물차	267	3,733	4,000	4,000		4,000
	합계	267	5,834	6,101	6,000	101	6,101

출전: 朝鮮總督府, 1938a 『朝鮮總督府時局對策調査會諮問案參考書(軍需工業ノ擴充ニ關スル件)』, 朝鮮總督府, 71~72쪽

17 조선 산업 경제 조사회에서 결정된 답신안 중에서 자동차에 해당되는 내용은 두 가지였다. 하나는 자동차 운수 사업에 대한 보조금 지급이었고 다른 하나는 '국산' 자동차의 적극적인 도입이었다(1936 「將來の躍進に備へる自動車事業に補助」 『朝鮮の自動車』 79, 19~20쪽).

18 朝鮮總督府, 1938a 앞의 책, 71쪽

<표 2>에 의하면, 먼저 자동차 수급 계획은 1938년도부터 1941년도까지가 제1기였다. 이 기간은 제국 차원의 총동원 계획과 궤를 같이한 결과였다. 기획원이 수립 중인 제1차 물자 동원 계획과 생산력 확충계획의 최종 연도는 1941년도였다.[19] 따라서 조선총독부의 구상도 여기에 맞춰질 수밖에 없었다. 다음으로 자동차 수요는 낙관적인 기대가 투영되었다. 조선총독부는 수요의 연평균 증가율을 17.7%로 계산하여 승용차는 1,577대에서 2,101대로, 화물차는 2,160대에서 4,000대로, 총규모는 3,737대에서 6,101대로 수요가 확대될 것으로 예측했다. 마지막으로 자동차 공급은 수요와 균형을 이루도록 설계가 되었다. 조선총독부는 조선에 신설되는 제조 공장의 생산력이 충분히 발휘되기 이전에는 일본으로부터 조달되는 물량에 의존하고 이후에는 자립도를 높여 나가기로 결정했다. 세부적으로는 이입 차량이 3,237대에서 101대로 줄어드는 대신에 현지 생산 물량이 500대에서 6,000대로 늘어나는 구조가 채택되었다.

자동차 생산 시설의 확충은 국방력 향상이라는 관점에서 필수 사업이었다. 문제는 실현 가능성이었다. 시국 대책 조사회에 참여한 자문위원은 현실에 입각한 반대파와 당위를 강조하는 찬성파로 나뉘었다. 민간 자본가로 구성된 전자는 대규모 자본과 기술이 투여되는 자동차 공업의 특성, 일본이 직면한 원자재 수급난 등을 나열하면서 조선총독부의 계획에 이견을 표명했다. 일례로 미쓰이물산[三井物産]의 경영자인 이시다 레이스케[石田禮助]는 다음과 같은 이유를 제시하면서 조선총독부의 구상은 재고가 필요하다고 주장했다. ① 공작 기계의 경우 앞으로 2년 동안 제품을 수입할 수 없는 상태이다. ② 핵심 부품의 수

19 山崎志郎, 1995「戰時工業動員體制」, 原朗 編,『日本の戰時經濟: 計劃と市場』, 東京大學出版會, 45~48쪽

입은 외화 유출과 국제 수지의 악화로 이어진다. ③ 조선까지 이 분야에 참여하면, 본국과 만주국(滿洲國)에서 추진하고 있는 자동차 공업의 발달이 저해된다.

반면에 조선총독부 관료와 조선 주둔 일본군으로 이루어진 후자는 군비 증강이라는 대의명분, 앞으로 전개될 전세(戰勢), 조선의 지리적 장점을 내세우면서 반드시 자동차 제조 기반을 구비해야 한다고 주장했다. 예를 들어 식산국장인 호즈미 신로쿠로[穗積眞六郞]는 조선에 자동차 생산 공장이 있으면, 최전선에 군용 차량을 안정적으로 공급할 수 있다는 견해를 밝힌 다음 과잉 시설 문제는 정부와의 논의를 통해 해결할 수 있다고 주장했다. 특히 조선 주둔 일본군 참모로서 함께한 이하라 쥰지로[井原潤次郎]는 병기 생산 시설이 일본에 편중된 상황을 지적하고 향후 해상 교통이 차단되는 사태에 대비해야 한다고 강조했다. 그는 시모노세키[下關] 해협이 봉쇄될 경우 대륙으로 보내야 하는 물자 수송에 심각한 차질이 발생하므로 본국에 있는 군수 산업은 되도록 조선으로 옮겨야 한다고 역설했다.[20]

육군의 당위성은 현실을 압도했다. 조선 주둔 일본군의 강력한 지지를 등에 업은 조선총독부의 자동차 수급 계획은 원안대로 분과 회의를 통과했다. 자문 위원회는 1,500만 원의 자금을 투입하여 1941년도에 6,000대의 자동차를 생산할 수 있는 시설을 조성하고 이로써 군사적인 수요와 각종 자원의 효율적인 개발에 이바지한다는 답신안을 채택했다.[21] 다만 연차별 공급 물량은 빈칸으로 남겨졌다. 정부의 생산력 확충 계획이 수입 여력의 배분을 근간으로 한 물자 동원 계획의 수정

20 朝鮮總督府, 1938b『朝鮮總督府時局對策調査會會議錄』, 朝鮮總督府, 223~225·234~236쪽

21 朝鮮總督府, 1938c『朝鮮總督府時局對策調査會諮問答申案試案』, 朝鮮總督府, 189쪽 ; 1938d『朝鮮總督府時局對策調査會關聯資料』, 朝鮮總督府, 59~60쪽

과 더불어 여전히 논의 단계에 있었던 까닭이다.[22]

2. 자동차 양산 체제의 수정과 디젤자동차공업(주)의 부평 진출

1930년대까지 조선의 기계 공업은 본국에 의존적이었다. 광산용 기계와 철도 차량을 제외한 나머지 분야의 생산 능력은 전무했다. 전체적으로 살펴보면, 중요 물자의 자급률은 25%였다. 그 가운데 기계 공업은 10% 전후에 머물렀다.[23] 연장선상에서 자동차 공업의 수준 역시 차량의 신속한 수리가 어려울 정도로 형편없었다. 1936년 조선에는 12개의 자동차 제조 공장이 현존했는데, 망치로 강재를 두드려서 만든 차체를 차대에 덧붙여서 자동차를 완성하는 단순한 조립 공간에 지나지 않았다.[24] 자동차 공업의 열악한 토대는 아래와 같이 조선총독부도 인정하는 부분이었다.

> 조선은 자동차의 제조, 혹은 조립 설비를 가지고 있지 않다. 차체를 만드는 것 이외에 간단한 부품의 제작과 자동차의 수리를 실시하는 공장만 존재한다. 자동차 수요는 전부 수입과 이입으로 해결되는 상태이다.[25]

자동차 공업의 불모지와 다름없는 현실에서 조선총독부가 계획한

22 山崎志郎, 1996「生産力擴充計劃資料の解說」, 原朗·山崎志郎 編,『生産力擴充計劃資料 第1卷: 生産力擴充計劃資料の解說·生産力擴充計劃立案資料(一)』, 現代史料出版, Ⅱ~Ⅲ쪽

23 1942「朝鮮經濟情報」『殖銀調査月報』53, 26쪽 ; 民族問題硏究所 編, 2004『日帝下 戰時體制期 政策史料叢書 第23卷』, 韓國學術情報株式會社, 15쪽

24 「自働車工業 對策 朝鮮서도 講究 中」『조선중앙일보』1936년 2월 4일 ; 鮮交會, 1986 앞의 책, 919쪽

25 朝鮮總督府, 1938a 앞의 책, 67쪽

양산 체제의 실행자로 떠오른 주인공은 조선국산자동차(주)였다. 원래 조선국산자동차(주)는 이스즈 자동차와 관련 부품의 독점적인 판매를 목적으로 한 기업이었다. 그런데 회사의 창립을 주도한 카네츠 료[金津諒][26]가 조선총독부와 유착 관계를 형성하고자 미나미 지로[南次郞] 조선총독의 육군사관학교 동기인 야마시타 사타로[山下佐太郞][27]를 사장으로 영입하고 그가 다시 일본고주파중공업주식회사(日本高周波重工業株式會社)의 전무인 다카하시 쇼조[高橋省三][28]와 손을 잡으면서 처음의 기획이 뒤틀리기 시작했다. 카네츠 료를 대신하여 사업의 전면에 나선 야마시타 사타로와 다카하시 쇼조는 자동차 시장의 변화에 주목하여 회사의 목표를 일본 자동차의 유통에서 생산으로 전환하는 동시에 자본금의 확대를 추진했다.[29]

야마시타 사타로와 다카하시 쇼조의 기획은 조선총독부와 육군의 호응을 이끌어냈다. 생산력 확충 계획에 영향력을 발휘하면서 자동차 생산량의 급속한 증대를 요구하는 육군은 두 사람의 의견에 무조건적

26 카네츠 료는 이스즈 자동차와 부품을 판매하는 회사에서 활동한 기업가이다. 1893년 시마네[島根]에서 태어난 그는 1937년 조선국산자동차(주)의 판매과장을 역임했다. 해방 이후 카네츠 료는 다수의 자동차 관련 업체를 운영하면서 규슈[九州] 지역의 저명한 실업가로 활동했다(金津諒, 1966『二十星霜 回顧録』, 熊本いすゞ自動車株式会社 社内報 編集部, 221~222쪽).

27 야마시타 사타로는 군인 출신 기업가이다. 1877년 가고시마[鹿兒島]에서 태어난 그는 일본 육군사관학교를 졸업한 다음 조선으로 건너와 조선트럭운수주식회사(朝鮮트럭運輸株式會社)의 전무로 다년간 재직했다. 조선국산자동차(주)에 합류한 야마시타 사타로는 국산자동차주식회사(國産自動車株式會社)의 중역으로 줄곧 활동했다[국사편찬위원회,『한국 근대 사료 DB 근현대 인물 자료』, 한국사데이터베이스(db.history.go.kr), 2025년 6월 9일].

28 다카하시 쇼조는 조선의 군수 산업을 이끈 기업가이다. 1884년에 태어난 다카하시 쇼조는 고바야시 나가베[小林長兵衛]의 후원 아래 이원철산주식회사(利原鐵山株式會社)를 비롯한 여러 회사를 경영했다. 1936년 일본고주파중공업(주)를 설립한 다카하시 쇼조는 군부, 조선총독부와 긴밀한 관계를 형성하면서 다방면으로 사업을 확장했다(嶋元勸, 1938「在鮮實業界人物展望(一), 高橋省三と小林采男」『朝鮮及滿洲』365, 49~51쪽).

29 金津諒, 1966 앞의 책, 126~127쪽

인 지지를 보냈다.[30] 조선총독부는 자금적인 측면에서 지원에 나섰다. 조선식산은행(朝鮮殖産銀行)의 자본 참여가 그것이었다. 1937년 3월 조선국산자동차(주)는 경성에 본점을 설치했다. 자본금은 200만 원(불입 50만 원)이었고 최대 주주는 조선식산은행이었다. 그 밖에 핵심 주주는 자동차 운수 사업을 겸업하는 경춘철도주식회사(京春鐵道株式會社)와 이스즈 자동차를 양산하는 도쿄자동차공업주식회사(東京自動車工業株式會社)와 같이 회사와 직간접적으로 연관된 사람들로 채워졌다. 중역진은 다카하시 쇼조(사장)와 야마시타 사타로(전무)로 이루어졌다. 상무에는 조선식산은행(주)에서 파견한 인사가, 판매과장에는 카네츠 료가 선임되었다.[31]

도요타와 닛산[日産]을 제외한 일본 자동차의 독점적인 판매 권리를 가진 기존 회사를 합병[32]하여 안정적인 수익 창출의 통로를 갖춘 조선국산자동차(주)는 1937년 말 국산자동차공업주식회사(國産自動車工業株式會社)로의 사명 변경[33]과 함께 생산 기지의 건설에 착수했다. 낙점된 장소는 부평이었다. 국산자동차공업(주)가 이곳을 선택한 이유는 다음과 같았다. 첫 번째는 지리적으로 만주, 중국 북부와 가까웠다. 두 번째는 철도와 도로가 잘 정비되어 있을 뿐만 아니라 인천항이 근거리에 소재하여 물류 수송이 편리했다. 세 번째는 전력 공급이 안정적

30 「國策に順應して設立された朝鮮國産自動車會社」『京城日報』 1937년 11월 10일. 육군은 조선국산자동차(주)를 통해 조선에서 차량을 구입하고 조선국산자동차(주)가 운영하는 수리 공장을 군용 차량의 정비소로 인정한다는 방침을 수립했을 뿐만 아니라 한반도와 만주 일대의 운수 사업에 대한 통제 업무까지 조선국산자동차(주)에게 맡기려고 했다(1938 「自治的資金調整準則ニ依ル貸付承認ノ件」『自治調整貸付承認指令書』, CJA0003898, 274~275쪽).

31 中村資良, 1937 『朝鮮銀行會社組合要錄』, 東亞經濟時報社, 453쪽 ; 金津諒, 1966 앞의 책, 128쪽

32 「朝鮮國産自動車 舊國産自動車 買收」『매일신보』 1937년 4월 8일

33 「商業及法人登記」『朝鮮總督府官報』, 朝鮮總督府, 1938년 3월 7일

이고 공업용수의 확보가 유리했다. 네 번째는 대도시에 인접하여 값싼 노동력을 쉽게 구할 수 있었다. 다섯 번째는 지가가 저렴하여 적은 비용으로 방대한 규모의 토지를 획득할 수 있었다.[34]

1938년 공장 건설에 소요되는 자금을 마련하고자 1,000만 원에 달하는 대규모 증자를 내정하고 조선총독부에 인가를 신청한 국산자동차공업(주)는 2월경에 부지 매매 계약을 완료했다.[35] 그러나 여기까지였다. 국산자동차공업(주)의 증자 신청은 정부의 문턱을 넘지 못했다. 상공성의 강경한 태도가 문제였다. 총동원 계획에 관여하는 핵심적인 부서로서 물자의 할당 권한을 가진 상공성은 조선의 자동차 공업 확충에 부정적이었다. 다른 어떠한 사업보다 우선적으로 추진되고 있는 도요타, 닛산의 대대적인 설비 확장이 난항을 겪을 정도로 강재, 공작 기계와 같은 전략 물자의 조달이 여의치 않았던 탓이다.[36]

더하여 국산자동차공업(주)의 기획에 찬의를 표명한 육군도 입장을 선회했다. 군용 차량을 비롯한 화물차의 수요가 폭발적으로 증가하는 상황에 직면한 그들에게는 여유가 없었다. 육군은 출발선에 서 있는 국산자동차공업(주)가 기술을 개발하고 독자적인 제조 능력을 구축할 때까지 손을 놓고 가만히 기다리기 어려웠다. 그들은 "이미 기술이 완성 단계에 도달한 내지의 자동차 회사가 조선의 제조 부분을 인수하여

34 1939「都市計劃委員會議事速記錄」『第五回市街地計劃委員會關係綴』, CJA0015675, 190~200쪽 ; 李啓漢, 1939「朝鮮の工業と京畿道」『朝鮮行政』7월호, 29~32쪽 ; 川合彰武, 1939「朝鮮の工業分布とその將來」『朝鮮工業協會會報』76, 6쪽 ; 岸謙, 1941「京仁地方計劃に於ける電力及交通問題」『朝鮮』316, 23쪽 ; 全國經濟調査機關聯合會 朝鮮支部, 1943『朝鮮經濟年報』, 改造社, 272쪽

35 「國産自動車 工場 富平에 卄萬坪 買收」『동아일보』1938년 2월 23일

36 「國産自動車와 東京自動車 合併」『동아일보』1938년 4월 9일 ; 商工省 工務局·臨時物資調整局 第三部, 1996「自動車生産力擴充計劃年次別需給修正案ニ對スル意見」, 原朗·山崎志郎 編,『生産力擴充計劃資料 第2卷: 生産力擴充計劃立案資料(二)』, 現代史料出版, 쪽수 불명

하루라도 속히 더 많은 자동차를 생산"[37]하는 편이 효율적이라고 판단했다.

조선총독부와 육군의 변심 속에서 국산자동차공업(주)는 하는 수 없이 일본 기업과 합병 협상을 시작했다.[38] 대상은 도쿄자동차공업(주)였다. 당시 일본의 3대 자동차 회사 가운데 하나인 도쿄자동차공업(주)에게는 두 가지 과제가 있었다. 하나는 생산 시설의 확장이었다. 중일전쟁 이후 육군의 주문이 쇄도하면서 군용 트럭의 제조에 특화된 도쿄자동차공업(주)의 생산력은 과부하를 맞았다. 서둘러 기존 설비를 확충하고 제조소 신설에 나섰지만, 여전히 역부족이었다.[39] 다른 하나는 승용차 시장으로의 진출이었다. 「자동차제조사업법」의 제정 이래 승용차 시장은 황금알을 낳는 거위가 되었다. 그러나 허가 기업으로 지정된 도요타와 닛산을 제외한 다른 업체는 이 영역에 진출할 수 없었다. 승용차 시장으로 사업 영역을 넓히려는 도쿄자동차공업(주)에게는 대안이 필요했다. 「자동차제조사업법」의 무풍지대인 조선은 승용차 생산을 추진하기에 안성맞춤이었다.[40]

37 いすゞ自動車株式會社·いすゞ自動車史編纂委員會, 1957『いすゞ自動車史』, いすゞ自動車株式會社·いすゞ自動車史編纂委員會, 183쪽

38 「東京自工との合併覺書を交換」『京城日報』1938년 12월 16일 ; 荒牧寅雄, 1979『くるまと共に半世紀』, いすゞ自動車, 99쪽

39 いすゞ自動車株式會社·いすゞ自動車史編纂委員會, 1957 앞의 책, 66쪽 ; 1968「いすゞ30年」『月刊自動車部品: 一般社團法人日本自動車部品工業會機關誌』121, 63~64쪽

40 「國産自動車와 東京自動車 合併」『동아일보』1938년 4월 9일

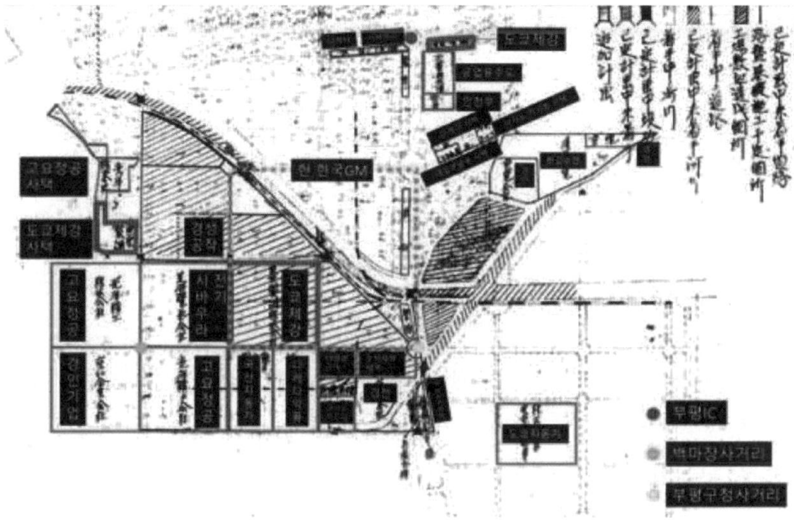

〈그림 1〉 부평 지구의 공업 용지·주택지 분양 현황과 조선제조소의 위치

출전: 부평역사박물관, 2021 앞의 책, 30쪽
비고: 도쿄자동차로 표시된 곳이 조선제조소이다.

이해관계가 일치된 국산자동차공업(주)와 도쿄자동차공업(주)는 1939년 6월 합병을 완료했다. 방식은 이러했다. 도쿄자동차공업(주)가 국산자동차공업(주)를 흡수한다. 도쿄자동차공업(주)의 차량을 독점적으로 판매하는 국산자동차주식회사(國産自動車株式會社)를 신설한다.[41] 국산자동차공업(주)의 자산을 넘겨받은 도쿄자동차공업(주)는 먼저 그동안 미뤄진 공장 건설에 들어갔다. 10월 27일 조선제조소로 명명된 시설의 지진제(地鎭祭)가 부평에서 거행되었다(<그림 1>). 조선제조소를 무대로 한 도쿄자동차공업(주)의 경영 전략은 다음과 같았다. ① 자동차 수요에 맞춰 17만 평의 부지를 순차적으로 개발한다. ② 제1기에는 40,000평의 대지에 공장, 기숙사, 진료소 등으로 이

41 1939「國産自動車工業」『朝鮮公論』317, 75~76쪽

루어진 3,500평의 건물을 신축한다. ③ 조선제조소는 본사로부터 각종 부품을 들여와서 화물차를 조립한다. ④ 월평균 300대를 생산한다. ⑤ 그 밖에 자동차 부품을 생산하고 정비 사업을 병행한다.[42]

이어서 도쿄자동차공업(주)는 기능공 양성을 추진했다. 이제껏 기계공업의 육성이 등한시된 조선에는 기계 부품에 숙달된 인력이 드물었다.[43] 노동자 수급의 불균형이 극심한 본국 공장에서 일본인 숙련 노동자를 데려올 수도 없었다. 1940년 1월 도쿄자동차공업(주)는 조선인 45명을 모집하여 도쿄자동차청년학교에 입학시켰다. 도쿄자동차청년학교에 보내진 조선인은 자동차 조립, 부품의 제작과 수리에 관한 기술을 익히고 10월 20일 숙련공의 모습으로 조선에 돌아왔다.[44] 11월 2일 도쿄자동차공업(주)는 조선제조소에 청년학교를 설치하고 일본에서 귀국한 조선인을 지도 교사로 임명하여 기능공의 재생산을 추진했다. 1941년 7월에는 91명의 조선인 노동자를 대상으로 한 청년훈련소를 신설하여 기술 교육을 강화했다.[45]

42 1941「7 ヂーゼル自動車朝鮮製造所」(아시아역사자료센터, C13021434000), 718~719쪽 ; 自動車工業振興會, 1975『自動車史料シリーズ(2), 日本自動車工業史口述記錄集』, 自動車工業振興會, 204쪽. 1939년 이후 자동차에 대한 생산-배급 통제가 강화되면서 민수용 승용차의 생산은 사실상 중지가 되었다(柳田諒三, 1944 앞의 책, 402쪽). 이에 도쿄자동차공업(주)의 계획은 수포로 돌아갔다. 조선제조소는 대형 화물차와 기타 특수 목적의 차량을 생산하는 역할을 맡았다(東洋經濟新報社, 1943『朝鮮産業年報: 朝鮮産業の決戰再編成』, 東洋經濟新報社 京城支局, 104쪽).

43 중일전쟁 이후 조선총독부는 기계 공업에 관한 인력 양성의 필요성을 인식하고 여러 가지 대책을 시행했다. 1937년에는 조선공업협회가 주관하는 위탁 양성 방식을 도입되었다. 1939년 6월 12일에는「공장사업장기능자양성령시행규칙(工場事業場技能者養成令施行規則)」이 공포되어 주요 공장의 기능공 육성이 의무화되었다. 더불어 조선총독부는 직업학교를 군수 공장이 밀집한 대도시에 증설했다. 인천을 중심으로 한 기계·금속 공업의 노동력 수급 정책에 대해서는 이병례, 2009「일제말기(1937~1945) 인천지역 공업현황과 노동자 존재형태」『인천학연구』10 참조.

44 横浜空襲·戰災誌編纂委員會, 1976『調査概報』6, 横浜市, 9쪽 ; いすゞ自動車株式會社·いすゞ自動車史編纂委員會, 1957 앞의 책, 82쪽

45「私設靑訓續續結成さる」『朝鮮新聞』1941년 5월 6일 ; 京畿道 內務部 學務課, 1943『京畿道教育と宗教要覽』, 京畿道 內務部 學務課, 82쪽 ; 尾崎政久, 1959『自動車事業四十年 三宮吾郎傳』, 自研社, 172쪽. 1944년 2월 기준으로 조선제조소

조선제조소의 건립은 조선총독부와 회사 입장에서 중요한 사업이었다. 그러나 시설 공사는 계속해서 지체가 되었다. 1940년 6월에 공장을 준공한다는 일정은 지켜지지 않았다.[46] 원인은 물자 동원 계획에 심각한 차질이 발생했기 때문이다. 조선의 광공업은 주요한 중간재를 전부 일본에 의존했다. 그런데 1939년도에 입안된 물자 동원 계획의 예측은 크게 빗나갔다. 지속된 가뭄으로 수력 발전 능력이 저하되고 제2차 세계 대전의 발발로 원자재의 수입이 감소하며, 기획된 설비 확충이 지연되면서 물자의 할당은 예정에 미치지 못했다. 예를 들어 강재는 연도 계획에서 생산력 확충용으로 200만 톤이 책정되었지만, 실시 계획에서는 167만 톤으로 줄어들었다. 그 결과 배급표의 후순위에 배치된 사업은 내년도로 착공이 연기되었다.[47]

"자재난으로 상당히 고뇌에 빠져 있다. 9월 완성은 기대하기 어렵다"[48]라는 주장과 같이 조선제조소 역시 사정의 칼날을 피할 수 없었다. 조선제조소의 건립은 본국에 존재하는 자동차 제조 공장의 정비 사업에 밀려서 허송세월을 보냈다.[49] 다행히 조선제조소의 신설에 사용되는 자재는 도쿄자동차공업(주)가 추진 중인 가와사키제조소(川崎製造所)의 확장과 히노제조소(日野製造所)의 건설이 종료되는 1940

에는 직원 65명, 공원 58명, 견습공 1년생 20명, 2년생 27명, 3년생 31명, 도합 201명의 노동자가 재직하고 있었다.[연도 불명 「債券関係」(아시아역사자료센터, A03032186400), 7쪽]

46 「愈よ生れ出る鮮産の自動車, 富平に新工場の運び」『京城日報』 1939년 10월 28일

47 山崎志郎, 2011 앞의 책, 194쪽

48 「東自工富平工場完成後トレラー製作計畫」『朝鮮新聞』 1940년 3월 27일

49 명확한 내막은 확인하기 어렵지만, 조선총독부가 추진한 독자적인 자동차 생산 기반 조성은 정부의 인정을 받지 못했다. 1939년도 생산력 확충 계획을 살펴보면, 조선에 배정된 자동차 생산 물량은 0대였다.(企劃院, 1996 「昭和十四年度生産力擴充實施計劃」, 原朗·山崎志郎 編, 『生産力擴充計劃資料 第3卷: 昭和十四年度生産力擴充實施計劃』, 現代史料出版, 7쪽)

년도에 이르러 물자 동원 계획에 편입이 되었다.[50] 후반기부터 본궤도에 진입한 시설 공사는 1941년 전반기에 마무리를 지었다. 정밀 기계 장치를 포함한 대부분의 설비는 가와사키제조소로부터 이전·설치가 되었다.[51] 준비를 마친 조선제조소는 10월부터 조업을 개시했다.

3. 종속적인 공급망의 붕괴와 조선제조소의 경영 파탄

조선제조소가 정상적으로 작동하기 위해서는 원자재의 안정적인 공급이 관건이었다. 그러나 자동차 제조 환경은 조선제조소에게 불리한 방향으로 급변했다. 먼저 1941년도부터 일본은 설비 증설에 기초한 생산력의 확대를 포기했다. 미국의 설철(屑鐵) 금수 조치로 대변되는 국제 관계의 악화, 엔블록 경제권을 단위로 한 자급자족 체제의 한계에 봉착한 일본은 기존 시설의 가동률을 유지하는 데에 방점을 찍었다. 다음으로 자동차의 전략적인 가치가 낮아졌다. 아시아·태평양 전쟁 이후 일본은 제해권과 제공권을 되찾고자 항공기, 조선, 철강, 경금속, 석탄 등의 산업에 국력을 집중했다.[52] 마지막으로 5대 산업 이외의 분야는 강재 부족에 시달렸다. 일본은 한정된 강재의 대부분을 선박 제조에 투입했다. 예를 들어 1940년도에는 1,750천 톤의 강재 중에서 1,492천 톤이 조선 분야 이외의 산업에 돌아갔는데, 1943년도에는 1,954천 톤 가운데 963천 톤으로 물량이 대폭 감소했다.[53]

50 「東自工富平工場資材獲得本格的着工」『朝鮮新聞』1940년 8월 3일 ; 1968「いすゞ30年」『月刊自動車部品: 一般社團法人日本自動車部品工業會機關誌』121, 64쪽

51 自動車工業振興會, 1975 앞의 책, 204쪽

52 안자코 유카, 2006 앞의 논문, 172~173쪽

53 山崎志郎, 2011 앞의 책, 196쪽

조선제조소에 놓인 악조건은 이것만으로 끝이 아니었다. 더 큰 문제는 기능 부전에 빠진 해상 수송이었다. 1940년 기선 보유량의 약 15%를 차지한 육해군의 선박 징용 비율은 1941년 7월 이후 60% 수준까지 상승했다. 특히 대형 선박의 징용이 본격화되면서 민간 수송 선박은 급감했다. 1942년 1~3월 중요 물자의 선복량(船腹量)은 월평균 159만 톤, 수송량은 216만 톤에 불과했다. 1940년도의 월평균 559만 톤, 1941년도 상반기의 500만 톤에 대비하여 절반 이하로 감소한 수치였다. 수송 대책으로 도입된 기범선(機帆船)의 40%도 연료가 부족한 까닭에 운항이 정지된 상태였다. 조선의 물자 수급 현황을 살펴보면, 1942년 일본에서 이입되는 자재의 배선률(配船率)은 월평균 수요 대비 20~30%에 머물렀다.[54]

> 조업을 시작했을 때에는 매월 50~60대를 조립할 수 있는 부품이 내지에서 들어왔다. 그러나 전국(戰局)이 악화되면서 이입되는 부품은 점차 줄어들었다. 그마저도 1943년경에는 연산 200대로 감소했다.[55]

물자 수급의 불균형이 최악으로 치닫고 극도의 중점주의 배급이 실시되는 현실[56]에서 조선제조소는 본연의 역할을 수행할 수 없었다. 해방이 될 때까지 조선제조소의 공무과장을 역임한 미나미 린노스케[南林之祐]의 주장처럼 조선제조소는 생산적인 측면에서 유의미한 성과를 거두지 못했다. 월평균 300대의 자동차를 조립한다는 목표는 원자재 부족 사태를 만나 5분의 1로 축소가 되었다. 시모노세키와 부산을

54 鹽田正洪, 1942「朝鮮工業の動向に就き私見若干」『朝鮮實業』20-5, 12쪽
55 自動車工業振興會, 1975 앞의 책, 204~205쪽
56 1942「朝鮮經濟情報」『殖銀調査月報』48, 38쪽

오고가는 야간 해상 수송이 중지[57]되는 1943년에는 생산력이 다시 3분의 1로 위축되었다. 결국 1945년 비효율적으로 운영된 조립 라인은 완전히 멈췄다. 아래는 1945년 9월 조선제조소가 문을 닫기 직전까지 작성한 공사 시행 통지서에 적힌 차량 생산 내용을 정리한 것이다.

〈표 3〉 1941~44년도 조선제조소의 차량 생산 내역 (단위: 대수)

연도	국산자동차(주)	경성 지방 철도국	조선자동차배급 주식회사	일본자동차배급 주식회사 경성주재소
1941	30			
1942	118			
1943		7	30	
1944	68		30	30
합계	216	7	60	30

출전: 1941~45「工事施行通知書」(아시아역사자료센터, A03032178800), 1~293쪽
비고: ① 연도는 접수 날짜가 기준이다(이하 동일). ② 경성 지방 철도국이 발주한 차량은 일반적인 의미의 화물차가 아니라 일명 모터(motor) 카(car)로서 철도에서 작업자와 재료를 운반하는 데에 사용되는 궤도차이다.

<표 3>에 의하면, 1944년도까지 조선제조소는 313대의 차량을 제작했다. 유형별로는 도쿄자동차공업(주)의 후신인 디젤자동차공업(주)[58]가 개발한 화물차 306대, 40마력 궤도용 모터 카 7대였다. 본업과 동떨어진 모터 카의 제조는 생산력 확충 계획에 반영된 철도 차량의 공급이 지지부진한 상황[59]을 타개하려는 조선총독부와 저조한 자동

57 自動車工業振興會, 1975 앞의 책, 206쪽

58 가솔린 부족 문제를 해결하기 위해 일본은 디젤 자동차의 보급에 매진했다. 1941년 일본은 디젤 자동차를 전문적으로 제조하는 허가 회사로서 도쿄자동차공업(주)를 선정했다. 4월 30일 여러 회사의 자본 참여가 이루어진 도쿄자동차공업(주)는 사명을 디젤자동차공업(주)로 변경했다(自動車文化硏究所, 1942 앞의 책, ハ9쪽 ; いすゞ自動車株式會社·いすゞ自動車史編纂委員會, 1957 앞의 책, 69~70쪽).

59 1940년대 해상 수송 능력이 급격히 후퇴하는 가운데 조선 철도의 역할은 대단히 중요해졌다. 그러나 조선의 철도 차량 공급은 원자재의 공급난 속에서 수요를 따라가지 못했다. 예컨대 1942~43년도 철도 차량 부분의 생산 계획 대비 실제 달성 비율을 살펴보면, 기관차는 28%에서 19%로, 객차는 62%에서 14%로, 화차는 89%

차 생산량을 보완하려는 조선제조소의 요구가 절충된 결과였다. 수요자별로는 국산자동차(주)가 최대의 고객이었다. 국산자동차(주)는 전체의 69%에 해당하는 216대를 주문했다. 다음으로는 1943년 자동차 정비용 부품의 일원적인 통제를 목적으로 설립된 조선자동차배급주식회사(朝鮮自動車配給株式會社)[60]가 60대, 동일한 성격의 일본자동차배급주식회사(日本自動車配給株式會社)의 경성주재소가 30대였다.

다만 조선제조소의 자동차 납품은 일정대로 흘러가지 않았다. 대부분의 주문은 기한을 넘기기 일쑤였다. 이러한 경향은 시간이 지날수록 두드러졌다. 일례로 1942년 3월 1일에 접수된 국산자동차(주)의 발주가 완료된 날짜는 예정보다 10~20일 정도 늦어졌지만, 1944년 2월 12일 동일한 회사가 주문을 넣은 자동차는 3개월, 1944년 10월 30일에 일본자동차배급(주) 경성주재소로부터 수주한 물량은 6개월이 지나서야 인도를 마쳤다.[61]

낮은 가동률은 조선제조소의 존립을 위협하는 중차대한 사안이었다. 디젤자동차공업(주)는 조선제조소의 경영난을 완화하고자 두 가지 대책을 실시했다. 첫 번째는 자동차의 전반적인 과정을 장악하고 있는 조선총독부와의 유착 관계를 강화하는 일이었다. 구체적인 방식은 인맥을 활용하는 것이었다. 1943년 2월 디젤자동차공업(주)는 조선제조소의 소장을 변경하면서 고이소 구니아키[小磯國昭] 조선총독의 친동생인 고이소 겐지[小磯健治]를 조선제조소의 간부로 선임했다. 그가 부임한 이후 조선제조소의 사업 활동은 이전과 비교할 수 없을 만큼

에서 76%로 극히 저조한 실적을 기록했을 뿐만 아니라 그마저도 갈수록 낮아졌다 [1945 「第四章 資源動員」(아시아역사자료센터, C13070042200), 738~739쪽 ; 박우현, 2024 「총동원체제기 일제의 철도차량 증산계획과 ㈜일본차량제조 인천공장」『역사와 현실』 133, 84~86쪽].

60 「朝鮮自動車配給社設立」『京城日報』 1943년 1월 17일

61 1941~45 「売上伝票」(아시아역사자료센터, A03032265000), 쪽수 불명

활기를 띠었다. 조선총독의 방문과 언론의 선전 보도로 조선제조소의 존재감은 널리 퍼졌다. 고이소 겐지가 주도한 수주 협상은 전부 부드럽게 마무리가 되었다.[62]

두 번째는 노동자의 주거 사정을 개선하는 일이었다. 1940년대 노동 시장의 수급 불균형 속에서 노동자의 확보는 생산력 확충의 성패를 좌우하는 급무였다.[63] 주거 문제가 만연한 대도시, 혹은 그 주변에 공장을 보유한 군수 회사는 노동자용 주거 공간을 직접 신축했다. 직공의 충원과 이동·결근의 방지책으로 대규모의 사택을 조성한 일본제철주식회사(日本製鐵株式會社)가 본보기였다.[64] 연장선상에서 1944년 디젤자동차공업(주)는 조선제조소와 인접한 곳에 사택을 건축했다.

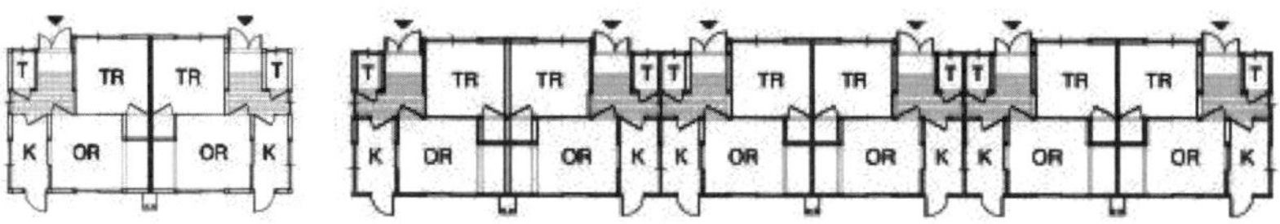

〈그림 2〉 조선제조소 사택의 도면

출전: 이연경, 2021 앞의 논문, 15쪽
비고: 왼쪽이 정(丁)형이고 오른쪽이 무(戊)형이다.

사택의 규모는 총 30호였다. 종류는 두 가지였다(<그림 2>). 하나는 조선주택영단이 마련한 표준형 사택 가운데 노동자용으로 준비된 8평의 정형이었다. 다른 하나는 6평의 무형이었다. 전자와 후자는 각각 2호, 4호 연립으로 5동씩 지어졌다. 구조는 남쪽에 부엌과 온돌방이, 현

62 自動車工業振興會, 1975 앞의 책, 205쪽

63 1937「道知事會議に於ける政務總監訓示要旨」『平壤彙報』70, 16~17쪽 ; 1938「朝鮮に於ける勞務調整」『同胞愛』16-9, 85쪽

64 1943「朝鮮鐵鋼特別調査復命ノ件」(아시아역사자료센터, A16110183900), 쪽수 불명 ; 1943「朝鮮鐵鋼特別調査復命ノ件附屬(一)」(아시아역사자료센터, A16110184200), 쪽수 불명

관 옆으로 다다미[疊]방이 배치되었다.[65] 온돌 생활에 익숙한 조선인 기능공과 견습공이 거주하기에 적합한 형태였다.

〈표 4〉 1941~45년도 조선제조소의 부품 제작과 수리 내역 (단위: 건수)

연도	육군		조선총독부		자동차 관련 회사		민간 회사	불명
	부대	병기창	철도국	행정 기관	국산자동차(주)	그 외		
1941								6
1942	4	2	6		14	1	2	21
1943	8	20	15	1	12	3	5	13
1944	3	10		6	8	20	10	3
1945	2	5		4		3	8	2
합계	17	37	21	11	34	27	25	45

출전: 1941~45 「工事施行通知書」(아시아역사자료센터, A03032178800), 1~293쪽
비고: ① 병기창에 포함된 대상은 인천 육군 조병창, 평양 육군 병기 보급창(4건), 평양 육군 항공창(1건)이다. ② 자동차 관련 회사는 운수 사업과 관련 부품 사업을 영위하는 회사를 범주화했다. ③ 자사용 자동차 정비(30건)는 제외했다.

경영 환경을 정비한 조선제조소는 이가 없으면 잇몸으로 버틴다는 자세로 기계 부품의 제작과 정비 활동에 집중했다. <표 4>를 살펴보면, 1945년 9월까지 조선제조소가 뛰어든 '부업'은 217건이었다. 시기적으로는 조선총독의 친동생이 간부로 재직한 1943년도에 전체의 35.48%에 해당하는 77건이 처리되었고 이후에는 감소세를 나타냈다. 수요자별로는 화물 운송 사업을 경영하거나, 관련 부품을 취급하는 자동차 관련 회사가 61건으로 수위를 차지했다. 세부적으로는 국산자동차(주)가 34건, 항만 하역과 운송 작업의 통제 기관으로 신설된 조선해륙운수주식회사(朝鮮海陸運輸株式會社)[66]가 11건, 자동차 부품의 증산을 위해 설계·제작 기술을 보유한 여러 기계 공장을 한데 묶은 조선

65 인천광역시립박물관, 2014 앞의 책, 106쪽 ; 이연경, 2021 앞의 논문, 15쪽
66 「鮮內港灣作業會社合併」『京城日報』 1943년 8월 31일

자동차부품제조협력회(朝鮮自動車部品製造協力會)[67]가 9건으로 선두권을 형성했다.

두 번째는 54건을 주문한 육군이었다. 그중에서도 돋보이는 발주처는 육군 조병창이었다. 1941년 문을 연 육군 조병창은 주로 육군이 사용하는 총기, 탄환, 전차를 생산했는데,[68] 이 과정에서 필요한 절삭 도구, 압축기 등의 제작과 소유 차량의 정비를 맡겼다. 의뢰 건수는 32건에 달했다. 세 번째는 32건을 기록한 조선총독부였다. 모터 카를 운영하는 철도국을 필두로 인천소방서, 부평경찰서, 인천부청 등이 고객 명단에 이름을 올렸다. 네 번째는 25건의 거래가 진행된 민간 회사였다. 도쿄제강주식회사(東京製鋼株式會社), 고요정공주식회사(光洋精工株式會社), 만치상회(萬治商會)와 같은 다양한 회사는 보유한 승용차와 화물차의 수리를, 조선제빙주식회사(朝鮮製氷株式會社)는 각종 부품의 제작과 정비를 요청했다.

한편 자재 할당 등급이 후순위로 떨어지고 민수용 차량 생산이 중단된 자동차 회사는 다른 분야에서 활로를 찾았다.[69] 항공기를 비롯한 작전용 선박과 잠수정의 엔진 제조가 그것이었다. 1943년부터 일본 자동차 회사는 육군의 지시에 기초하여 연습기용 발동기 생산을 개시했다.[70] 조선제조소도 이러한 흐름에 동참했다. 우선 1944년 조선제조소는 항공기에 들어가는 소형 부품 생산에 주력하는 동시에 평양에 있는 항공창과 협상하여 200대에 이르는 급유차를 수주했다. 다음으로 1945년에는 육군이 주도하는 수송용 잠수정 제조 사업에 참가했다.

67 鮮交會, 1986 앞의 책, 920쪽

68 1945「第四章 資源動員」(아시아역사자료센터, C13070042200), 724~727쪽

69 1968「いすゞ30年」『月刊自動車部品: 一般社團法人日本自動車部品工業會機關誌』121, 64쪽

70 荒牧寅雄, 1979 앞의 책, 132쪽 ; 山崎志郎, 2011 앞의 책, 210쪽

조선제조소는 육군 조병창의 관리 아래 조선기계제작소(朝鮮機械製作所)가 주도하는 잠수정 건조 작업 중에서 엔진을 생산하는 역할을 맡았다. 규모는 매월 30대 분량이었다. 그러나 두 가지 층위에서 이루어진 조선제조소의 고육지책은 일본의 패망으로 결실을 맺지 못했다.[71] 항공기 급유차는 1945년 8월에 설계도가 완성된 탓에 서류상의 자동차에 그쳤다. 수송용 잠수정의 엔진 제작 역시 1945년 6월 1일이 되어서야 발주가 시작되었다.[72]

맺음말

1930년대 일본은 군사력 강화의 차원에서 자동차 공업을 적극적으로 육성했다. 조선총독부 역시 제국 차원의 기조에 편승하여 두 가지 조치를 실시했다. 첫 번째는 일본 자동차의 선도적인 구매였다. 두 번째는 자동차 제조 기반의 조성이었다. 조선총독부가 수립한 자동차 생산의 현지화 계획은 1941년도까지 연 6,000대의 차량을 제조할 수 있는 시설을 구축하는 것이었다. 이 기획은 실현 가능성에 입각한 민간 자문 위원의 반대에도 불구하고 군비 증강이라는 대의명분을 앞세운 육군의 지지에 힘입어 원안대로 성립이 되었다.

71 1945「'ゆ'転換ニ依ル鐵大發動艇整備ニ関スル件」(아시아역사자료센터, C14010947500), 1406~1407쪽 ; 自動車工業振興會, 1975 앞의 책, 205~206쪽 ; 배석만, 2009「일제시기 조선기계제작소(朝鮮機械製作所)의 설립과 경영」『인천학연구』10, 182~189쪽

72 1945「工事施行通知書」(아시아역사자료센터, A03032178800), 39쪽 ; 自動車工業振興會, 1975 앞의 책, 206쪽. 수송용 잠수정은 일본이 패망할 때까지 1척이 진수되었고 잠수정에 들어가는 기관과 주요 부품은 본국에서 조달이 되었다[1945「第四章 資源動員」(아시아역사자료센터, C13070042200), 729쪽]. 그러므로 조선제조소의 엔진 제작은 완제품의 생산에 이르지 못했을 가능성이 높다.

자동차 양산 체제의 구현자로 떠오른 주인공은 조선국산자동차(주)에서 기원한 국산자동차공업(주)였다. 이 회사는 부평 일대에 대규모 부지를 매수하고 공장 설립을 준비했다. 그러나 국산자동차공업(주)의 계획은 수포로 돌아갔다. 상공성의 반대로 증자가 좌절되고 조선총독부와 육군이 일본 자동차 회사와의 합병을 종용했기 때문이다. 결국 권력 기관의 의도는 도쿄자동차공업(주)가 국산자동차공업(주)를 흡수하는 형태로 관철이 되었다. 1939년 말 도쿄자동차공업(주)는 월평균 300대를 양산한다는 목표 아래 조선제조소의 착공식을 개최했다. 더불어 도쿄자동차공업(주)는 자사의 기술학교에 조선인을 파견하고 조선제조소에 청년학교를 신설하여 기능공을 양성했다. 자재 부족으로 1940년대 중반부터 공사가 시작된 조선제조소는 이듬해 10월 조업에 들어갔다.

조선제조소는 군수 산업의 거점으로 기대를 한 몸에 받았다. 그러나 현실은 달랐다. 자동차가 중점 산업에서 제외되고 강재 공급이 위축되면서 조선제조소의 누적 생산량은 313대에 머물렀다. 위기에 봉착한 조선제조소는 조선총독부와의 유착 관계를 강화하고 사택 조성을 통한 노동 생산성의 향상을 도모하면서 부품 제작과 정비 활동에 몰두했다. 1945년까지 조선제조소는 동종 업계, 육군, 조선총독부, 민간 회사로부터 217건의 주문을 받았다. 이것으로 경영난을 돌파할 수 없었던 조선제조소는 1944년 이후 항공기 급유차 생산을 추진하고 육군의 수송용 잠수정 건조 사업에 뛰어들었다. 다만 두 가지 고육지책은 아무런 성과를 거두지 못하고 서류상의 계획에 머물렀다.

중일전쟁이 발발하기 전까지 조선총독부는 기계 공업의 진흥에 관심이 없었다. 그 가운데 등장한 조선제조소는 현실과 동떨어진 '상상' 속의 산물이었다. 조선제조소의 실패는 이미 예견된 일이었다. 국방적인 필요성과 본국에 종속된 공급망은 성장의 기반이 아니라 질곡으로 작용했다. 육군의 관점이 전환되고 일본에서의 부품 조달이 막히자 조선제조소는 순식간에 무너져 내렸다. 조선제조소의 운영 과정은 자생성이 결여된 식민지 경제의 자화상이었다.

참고문헌

김현석, 2018『부평에 새긴 노동의 시간』, 국립민속박물관

부평역사박물관, 2014『부평 산곡동 근로자 주택』, 부평역사박물관

부평역사박물관, 2016『장수산 맑은내 마을, 부평 청천동』, 부평역사박물관

부평역사박물관, 2021『도쿄제강 사택에 담김 부평의 시간』, 부평역사박물관

안자코 유카, 2006『조선총독부의 '총동원체제'(1937~1945) 형성 정책』, 고려대학교 사학과 박사학위논문

인천광역시립박물관, 2014『관영주택과 사택』, 인천광역시립박물관

정병욱 외, 2025『20세기 자동차의 시대와 현대자동차 포니』, 포니정재단

山崎志郎, 2011『戰時經濟總動員體制の硏究』, 日本經濟評論社

呂寅滿, 2011『日本自動車工業史: 小型車と大衆車による二つの道程』, 東京大學出版會

原朗 編, 1995『日本の戰時經濟: 計劃と市場』, 東京大學出版會

박우현, 2024「총동원체제기 일제의 철도차량 증산계획과 ㈜일본차량제조 인천공장」『역사와 현실』133, 한국역사연구회

염복규, 2008「일제말기 지방·국토계획론과 경인시가지계획」『서울학연구』32, 서울시립대학교 서울학연구소

이명학, 2023「총동원체제기(1938~45) 주택지경영사업의 전개와 사택촌의 형성-경인 지역을 중심으로-」『한국사학보』91, 고려사학회

이명학, 2024「식민지 조선의 자동차 보급 추이와 시장 변화」『민족문화연구』105, 고려대학교 민족문화연구원

이병례, 2009「일제말기(1937~1945」) 인천지역 공업현황과 노동자 존재형태」『인천학연구』10, 인천대학교 인천학연구원

이상의, 2016「아시아·태평양전쟁기 일제의 '인천조병창' 운영과 조선인 학생동원」『인천학연구』25, 인천대학교 인천학연구원

이연경, 2021「부평의 노무자주택을 통해 본 전시체제기 주택의 특징과 산업유산으로의 가치」『건축역사연구』30-3, 한국건축역사학회

이연경, 2022「1940년대 인천 일본육군조병창의 설치와 군수산업도시 부평의

탄생」『도시연구』 30, 도시사학회

上山邦雄, 2016「戰前期日本自動車産業の確立と海外展開(上)」『城西經濟學會誌』 37, 城西大學 經濟學會

上山邦雄, 2018「戰前期日本自動車産業の確立と海外展開(下)」『城西大學大學院研究年報』 31, 城西大學大學院 經濟學研究科

조선의 병참기지화와 인천조병창의 학생동원

이 상 의

인천대학교

이 논문은 2016년 8월 『인천학연구』 25집에 발표한 글을 최근의 연구성과를 반영하여 수정 보완한 것이다.

이상의

조선의 병참기지화와 인천조병창의 학생동원

머리말

전쟁으로 연속된 근대 일본의 역사는 한국의 근대사에 적지 않은 영향을 미쳤다. 중일전쟁에 이어 태평양전쟁을 도발한 일본제국주의가 총동원체제를 구축하고 전쟁을 치르는 동안 조선인의 삶은 비정상적인 변화를 감내하도록 요구받으면서 극도로 피폐해졌다. 강제동원으로 표현되는 노동력 동원의 일환으로 학생동원이 거듭되고, 그로 인해 학교 교육이 파행에 이른 것은 그 대표적인 예이다.

1938년에 시작되어 일본이 2차대전에서 패망하고 조선이 해방되기까지 계속된 학생 근로동원은 '국민학생'에서 대학생에 이르기까지 학생들을 전시 노동력으로 동원한 것을 말한다. 연인원 800만 명에 달하는 조선인이 강제로 동원된 상황에서, 학생 역시 예외적인 존재로 남을 수 없었다. 전쟁이 확대되고 전선이 불안해질수록 일제는 새로운 노동력의 공급처를 모색하였고, 학생의 동원은 이러한 정세에서 취해진 조치였다. '근로가 곧 교육'이라고 하면서 학생을 전쟁수행을 위한 노동력으로 동원한 것이다. 학생들은 학교라는 조직을 통해 쉽게 파악되고 '국민'으로서의 이데올로기를 교육받고 지적인 능력을 갖추고 있었으므로 '인적자원'으로 활용하기에 가장 적절한 노동력이자 예비 병력이었다.

강제동원이라고 하면 대체로 국외로의 노무동원이나 징병을 떠올린다. 일제하 조선인의 동원에 대한 기왕의 연구도 주로 성인을 중심으로 일본 지역을 비롯한 국외로 동원된 경우를 대상으로 진행되어 왔다. 그런데 당시 노동력 동원의 실상은 국외보다는 오히려 일제의 대륙병참기지로서 역할해야 했던 조선 국내로 동원된 숫자가 월등히 많았으며, 그중 상당수는 학생층이었던 점이 주목되어야 할 것이다.

일제지배 말기 학생 노동력의 동원 실태와 학교 교육의 변화 양상에 주목한 연구는 아직 소략한 편인데, 그 이유 중 하나도 학생들 대부분이 국내로 동원되었기 때문이다. 이와 관련된 기왕의 연구는, 우선 일제 파시즘 체제하의 식민지 교육 상황에 주목하면서 '황민화교육'과 군사훈련 등의 동원이 이루어진 측면을 규명한 연구가 있다.[1] 또한 전시하의 근로보국대를 통한 노동력 동원에 중심을 두고 그중 일부인 '학도근로동원'에 대한 조선총독부의 정책변화상을 정리한 연구와 1943년 제4차 조선교육령 공포 이후 조선총독부의 교육정책과 병력·노동력 동원의 상관성에 주목한 연구가 있다.[2] 이와 더불어 최근에는 지역 단위의 학생동원에 천착하여 지역 관련 사료를 세밀히 살펴보고

---

1 손종현, 1993 「일제 제3차 조선교육령기하 학교교육의 식민지배관행」, 경북대학교 박사학위논문 ; 오성철, 2000 『식민지 초등교육의 형성』, 교육과학사 ; 정혜정, 2008 「일제하 간이학교(1934-1942)와 근대 '노작교육'」 『한국교육사학』 30-2 ; 김경미, 2009 『한국 근대교육의 형성』, 혜안

2 辛珠栢, 2001 「日帝의 教育政策과 學生의 勤勞動員 1943-1945」 『歷史教育』 78, 歷史教育研究會 ; 이상의, 2006 『일제하 조선의 노동정책 연구』, 혜안 ; 김윤미, 2008 「총동원체제와 근로보국대를 통한 '國民皆勞' - 조선에서 시행된 근로보국대의 초기 운용을 중심으로(1938~1941)」 『韓日民族問題研究』 14

학생동원의 양상을 구체적으로 밝히거나 나아가 이의 국제법적 불법성을 지적한 연구가 나와 차후 연구의 방향을 선도하고 있다.[3]

본고에서는 이러한 선행 연구를 바탕으로, 1944년 조선인 학생의 첫 번째 통년동원(通年動員) 작업장이었던 일본육군인천조병창(日本陸軍仁川造兵廠)을 사례로 하여 아시아·태평양전쟁기의 학생동원 양상을 살펴보고자 한다.[4] 인천조병창은 육군이 설치한 무기제조 시설로, 현재도 출입이 금지되어 있는 인천시 부평구의 미군기지 캠프마켓이 있던 부지와 그 주변 지역에 위치해 있었다.[5] 인천조병창은 일본 본토 밖에 있었던 군사시설로서 관련 자료를 확보하기가 쉽지 않다.[6] 패전 직후 일본병기공업회에서는 각 지역에 있는 조병창의 시설과 인원 현황에 대해 조사하여 『終戰直後の造兵廠現況綴』을 작성하였다. 그런데 이 자료에는 인천조병창에 관련된 내용은 포함되어 있지 않다.

또한 해방 직후 미군이 진주하기까지 20일이 넘는 기간동안 인천조

3 권영배, 2008 「일제말 전시체제하 중등학교의 동원과 저항-대구지역을 중심으로」 『역사교육논집』 40 ; 김미현, 2010 「전시체제기 인천지역 학생 노동력 동원」 『인천학연구』 12 ; 김경남, 2023 「일제의 부산·경남권 전쟁시설 설치와 학생 강제동원의 국제법적 불법성」 『역사문화연구』 85 ; 김경남, 2025 「일제의 대륙병참기지 강화와 학생 강제동원-경성지역 국제법 위반 사례를 중심으로-」 『영남학』 92 등 참조.

4 인천조병창에 대한 연구성과는 다음과 같다. 김현석, 2014 「부평미군기지의 역사와 기지 '반환'의 성격」 『박물관지』 16 ; 이상의, 2016 「아시아·태평양전쟁기 일제의 '인천조병창' 운영과 조선인 학생동원」 『인천학연구』 25 ; 이상의, 2019 「구술로 보는 일제하의 강제동원과 '인천조병창'」 『동방학지』 188 ; 조건, 2014 「인천시 부평 외국군 '兵站基地'의 성립과 해체, 그리고 현재적 의미」 『韓日民族問題硏究』 ; 曺健, 2021 「일제 말기 仁川陸軍造兵廠의 地下化와 강제동원 피해」 『한국근현대사연구』 98 ; 부평사편찬위원회, 2021 『부평사 4 - 인천육군조병창과 애스컴시티』, 경성문화사 ; 인천광역시립박물관, 2021 『인천광역시립박물관 조사보고 34집-미군기지 캠프마켓과 인천육군조병창 유적』 ; 이연경, 2022 「1940년대 인천 일본육군조병창의 설치와 군수산업도시 부평의 탄생」 『도시연구: 역사·사회·문화』 30 ; 허광무, 2023 『부평 조선 병참의 별이 되다』, 동북아역사재단

5 이곳은 현재 인천시 부평구 부평 1동의 동아, 대림, 욱일아파트와 산곡 3,4동의 미군부대, 현대, 우성, 동남, 삼일아파트 단지, 화랑농장이 들어선 일대를 포함한 광대한 지역이다(인천교대 기전문화연구소, 1997 『富平史』, 인천광역시 부평구, 156쪽).

6 인천조병창은 일본육군이 운영한 총 8개의 조병창 중 중국 봉천(현재의 심양)에 있는 남만조병창(南滿造兵廠)과 더불어 드물게 일본 본토 밖에 설치된 조병창이었다.

병창에는 일본군이 그대로 존재하면서 무기와 재료를 파괴하거나 매장하도록 지시하였다. 이 시기에 조병창 관련 문서도 대부분 소각, 소실되었을 것으로 짐작된다. 이러한 가운데 최근 일본 방위성 방위연구소에 소장된 자료에서 1945년 일제가 미군의 상륙에 대비하여 인천조병창을 지하화하려 한 계획 문건이 발견되었다. 이에 근거해 일제의 조병창 지하화는 이른바 본토결전에 따른 조처였고 전쟁의 마지막 순간까지 한반도를 볼모로 희생시키려 한 핵심 계획이었음을 밝힌 연구가 진행되었다.[7]

본고에서는 인천조병창에 동원되었던 사람들의 일부 명부(名簿)와 각 학교의 『校史(교사)』, 동원된 사람들의 구술이나 회고록, 그리고 '일제강점하강제동원진상규명위원회'의 조사 결과물 등을 적극 활용하여,[8] 학생동원의 실상과 학교교육의 파행 과정에 대해 생생하게 살펴보고자 한다. 이러한 작업이 제대로 진행된다면 이 시기 조선인 노동력 동원의 실태를 파악하는 한편 일제의 조선 병참기지화정책의 성격을 규명하는 단서를 얻을 수 있을 것이다.

---

7 『昭和20年3月隷下部隊長會同の際の兵器生産狀況報告(仁川陸軍造兵廠)』, 陸軍一般史料中央-軍事行政兵器-41(アジア歷史資料センタ-C14010849100~C14010849300, 조건 편역, 2021『한반도주둔일본군사료총서7 일제말기 조선군의 전시동원과 식민지배』, 역사공간) ; 조건, 2021「일제 말기 仁川陸軍造兵廠의 地下化와 강제동원 피해」『한국근현대사연구』98, 근현대사연구회)

8 이 위원회는 2004년 발족하여 2010년 '대일항쟁기강제동원피해조사및국외강제동원희생자등지원위원회'로 변화되면서, 2015년까지 11년간의 활동을 통해 1938~45년간에 행해진 일제의 조선인 강제동원 문제의 진상을 밝히는 데 기여하였다. 본고에서 활용하는 구술자료의 일부는 위원회의 조사 결과물로서, 구술자의 개인정보는 최소한으로 공개한다.

1. 일본육군의 인천조병창 설립과 무기생산

1938년 총동원체제를 선포한 일제는 조선을 대륙침략을 위한 병참기지로 삼는다는 정책을 발표하였다. 그리고 이 정책의 일환으로 1939년 일본 육군은 조선에 조병창을 건설하기로 결정하였다. 대부분의 시설을 일본 본토에서 유지하던 해군과 달리, 육군은 조선을 중국 진출의 징검다리로 보고 관련 시설을 만들어 운용했다. 일본 본토보다 한반도에서 전장(戰場)에 군수물자를 조달하는 것이 안전하고 편리하기 때문이었다.[9] 육군이 활용한 조선의 시설은 1940년 12월 조선군관구 사령부 예하부대로 편성된 인천조병창이 대표적이고, 이외 조선기계제작소 등 상당수의 업체들도 육군의 지시에 따라 물자를 생산하고 있었다.[10]

〈사진 1〉 1948년 부평 일대 전경

사진 설명: 중간의 흰색 큰 건물(병원)까지 포함하여 상단부는 인천조병창이고 하단부는 미쓰비시제강 공장과 그 사택이다.
사진 촬영·소장: Norb-Faye

9 宮田節子 編·解說, 1989『朝鮮軍概要史』, 不二出版, 114쪽

10 배석만, 2009.2.「일제시기 조선기계제작소(朝鮮機械製作所)의 설립과 경영(1937~1945)」『인천학연구』10 참조.

육군조병창은 육군이 사용하는 각종 병기를 생산하는 기관으로서, 1940년 육군병기창과 함께 '육군병기행정본부'로 통합되었고, 무기생산을 담당한 '공장'들은 '조병창'으로 불리게 되었다. 이후 각 조병창은 독립적으로 병기를 제조하였고, 자체 생산이 어려울 경우에는 육군관리공장인 민간군수공장에 하청을 주어 생산하게 하였다. 따라서 조병창이 있는 주변 지역은 대개 조병창을 중심으로 한 병기제조의 네트워크를 형성하고 있었다.[11]

조선 내의 조병창 설치 부지로 일본 육군은 부평을 선택하였다. 부평은 조선에서 공업이 발달한 대표 지역인 서울과 인천의 중간에 위치해 있으면서 인천항에서 멀지 않고, 경인선을 이용하여 곧바로 물자를 운송할 수 있는 지역이었다. 게다가 부평평야가 있어 넓은 면적을 한꺼번에 확보할 수 있었다. 따라서 일본육군은 이곳에 백만 평이 넘는 넓은 규모의 조병창을 만들어 중일전쟁을 치르고 있는 전선으로 곧바로 무기를 공급하고자 한 것이다.[12]

1930년대 우가끼[宇垣一成] 총독 주도의 '조선공업화' 정책 진행과 더불어 인천과 부평지역은 이미 일본의 대규모 자본이 들어선 경인공업지대의 중심지로 개발되고 있었다. 1937년 조선총독부는 '인천시가지계획'을 발표하여, 인천을 상업, 공업, 주거지로 구분하여 전쟁 수행에 적합하도록 통제된 계획도시로 개편하고자 하였다.[13] 뒤이어 1940

11 심재욱, 2011.3. 「『工員名票』를 통해 본 戰時體制期 舊日本陸軍造兵廠의 조선인 군속동원」 『한국민족운동사연구』 66, 233~234쪽

12 당시 부평에는 일본군 제 20사단이 관할하던 군사훈련 목적의 부평연습장이 있었다. 일본 육군은 조병창 건설을 위해 부평연습장 부지 70만 8천 평을 이관받는 한편, 지금의 부평구 산곡동과 부평동에 해당하는 경기도 부천군 부내면 산곡리, 대청리 일대 토지를 매수하기 시작했다. 그리하여 조병창의 초기 계획 부지는 약 117만 평, 약 387만m^2에 달했다.(김현석, 2021 「땅의 계보와 공간 서사: 부평연습장, 조병창, 에스컴 시티」 『인천광역시립박물관 조사보고 34집 미군기지 캠프마켓과 인천육군조병창유적』 참조)

13 『每日申報』 1937년 4월 13일자 '仁川市街地計劃 十二日府令으로 公布'

년에는 '경인시가지계획'을 발표하여, 경인지역에서 7개의 공단과 11개의 거주지를 건설하고, 영등포-부평-인천지역을 공업지대로 연결하고자 하였다. 이러한 계획 위에서 총독부는 부평평야 일대에 대공업지대 건설을 위한 시설을 갖추어 갔다.[14] 공업용수 공급을 위한 수도를 노량진에서부터 연결하고, 부평역에 전신취급소를 설치하고, 화물이 증가할 것에 대비하여 경인선을 복선화하면서 부평역에 화물 전용역을 건설하였다.[15]

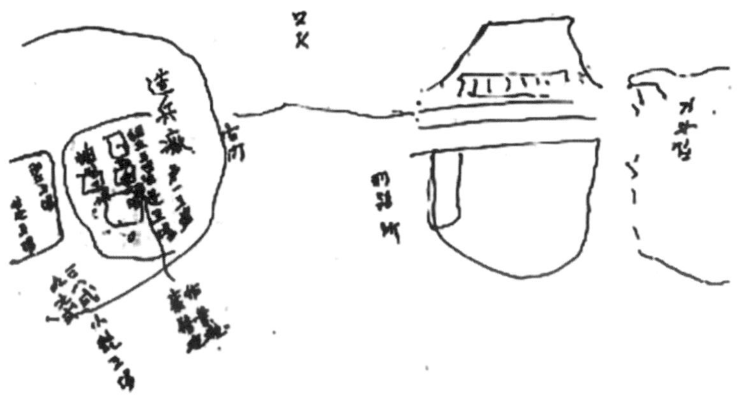

〈그림 1〉 인천조병창 주변 약도

참고: 인천조병창에 강제동원된 김상현(1928년생)이 2017년에 그린 조병창 주변 약도. 왼쪽부터 조선인 숙소인 영단주택과 기능자양성소가 있고, 형무소를 지나 2킬로미터 거리를 두고 조병창 후문이 있다고 표시했다. 조병창은 각 공장별로 넓은 구역 안에 여러 동의 건물로 구성되어 있으며 99식 소총을 주로 생산했다고 적어두었다.

이러한 정책에 부응하여 부평에는 금속·기계공업 중심의 공장들이 들어섰다. 그중에도 가장 대표적인 시설이 일본육군의 인천조병창이

14 손정목, 1990 『일제강점기도시계획연구』, 일지사, 238~241쪽

15 『동아일보』 1939년 10월 6일자 '幸運의 富平平野' ; 1939년 10월 22일자 '자라는 京仁一體, 總督府서 市街地計劃委員會 열고 地區問題 등을 決議' ; 1939년 11월 3일자 '富平外 六驛에 電信取扱所 設置' ; 1939년 11월 8일자 '京仁複線, 明年에 着工, 富平에 貨物驛設置'

다. 인천조병창은 1939년부터 부평에 터를 잡고 공사를 진행하였다. 동쪽은 원통천, 서쪽 호봉산 산줄기, 남쪽 경인선 철도, 북쪽은 백마장 입구에서 관통도로를 경계로 한 넓은 지역을 수용하여 공사를 진행하였다. 또한 일산동, 구산동 지역 일대를 강제 수용하여 거주민을 내쫓고 민가를 철거한 후 경인철도와 연결되는 인입선을 부설하였다.

조병창의 공사는 일본 건설회사인 다마보구미[玉操組], 다다구미[多田組], 간또구미[關東組], 하자마구미[間組], 시미즈구미[淸水組] 5개 업체가 맡았다.[16] 이 공사에 필요한 노동력은 인근의 경기도 김포와 강화를 비롯하여, 조선의 전 지역에서 시, 군 단위의 근로보국대 형식으로 청장년들을 동원하여 투입하였다. 예컨대 경기도 김포에서는 1940년 6월부터 1941년 10월까지 15개월간 매달 100명씩을 근로보국대로 동원하였다.[17] 이러한 조병창 건설 관련 내용을 기밀로 유지하기 위해 조병창에는 일본군 헌병대와 육군이 상주하여 수비를 담당하면서 외부인의 출입을 철저히 통제하였다.

인천조병창은 총검공장과 기능공양성소를 우선 준공하여 1941년 5월 5일 개창식을 가졌다. 인천조병창에는 부평의 제1제조소와 평양제조소가 있었고, 제1제조소 아래에는 대규모의 3개 단위 공장이 있었다. 공장별로 쇠와 나무 등의 원료를 가공하고 주물하는 제1공장, 각종 부품을 만들어내는 선반공장인 제2공장, 부품을 조립해 무기를 완성하는 제3공장으로 구분되었고 완성된 무기를 검사하는 공간도 있었다.[18] 부대시설로 각 건물의 지하시설과 건물 밖의 지하시설, 기숙사, 병원, 매

16 경인일보 특별취재팀, 2000 『격동 한세기 인천이야기』 하권, 다인아트, 121쪽. 인천시의 2011년 부평미군부대에 대한 문화재 조사에 의하면, 인천조병창이 있던 자리에는 일제시기의 건축물 35개 동이 존재한다고 한다.

17 『每日新報』 1940년 5월 25일자 '金浦 勤勞報國隊들 富平工事에 出役'

18 이와 관련해서는 이상의, 2019 「구술로 보는 일제하의 강제동원과 '인천조병창'」 『동방학지』 188, 117~124쪽 참조.

점과 월미도의 해안요양소 등이 있었다.[19]

〈사진 2〉 인천조병창에서 생산한 군검. 인천조병창의 상징 문양이 선명하다

인천조병창에서는 99식소총을 비롯하여 전쟁에 필요한 각종 무기를 생산하였다. 부평의 제1제조소와 평양제조소, 민간 하청공장에서 생산했던 병기의 종류와 수량을 살펴보면 <표 1>과 같다. 매달 소총 4천 정, 총검 2만 개, 소총탄환 70만 발, 포탄 3만 발, 군도 2만 개, 차량 2백 량과 20만 엔에 달하는 피혁·마제품을 생산하였다. 이외에도 1944~45년간 250척의 배를 만들었고, 1945년에 200개의 무전기를 만들었다. 뿐만 아니라 당시 육군의 지시로 잠수함을 건조하고 있던 인천의 조선기계제작소에 필요한 기계기구의 조달을 알선하기도 하

19 이병례·김미현 면담, 2009「일제의 전시공업인력양성정책: 인천·대구공립직업학교 출신자들의 구술 - 양재형」, 국사편찬위원회, 59쪽 ; 宋基澈, 2004『내 인생 黑字인가 赤字인가 日帝下 挫折된 삶』, 保景文化社, 217쪽 ; 이상의·김규혁 면담, 2020「부평부영공원 지하시설물 기초조사 연구」, 인천문화재단, 박의양 구술 참조.

였다.[20] 이를 위해 1942년 말 현재 조병창 관련 공장에서 병기를 만들기 위해 사용하던 선반이 6천 5백 대에 달하였으며, 매년 생산총액은 1942년 2,700만 엔, 1943년 2,630만 엔, 1944년 4,500만 엔, 1945년 1,500만 엔으로 1942~45년간 총 1억 1,330만 엔에 이르렀다.[21]

〈표 1〉 인천조병창의 병기 생산품 종류와 수량

품종	생산량	생산기간
소총	4천 정	매월
총검	2만 자루	매월
총탄	70만 발	매월
포탄	3만 발	매월
군도	2천 자루	매월
차량	2백 량	매월
피혁·마제품	200만 엔	매월
병기수리	1만 엔	매월
배	250척	19944~45년
무전기	200조	1945년

참고: 부평의 제1제조소와 평양제조소, 하청공장의 생산품 총계
자료: 宮田節子 編·解說,『朝鮮軍概要史』, 不二出版, 1989, 117쪽

조병창은 넓은 터의 양쪽에 정문과 후문이 있었으며, 주위는 철문으

20 1943년 4월 일본육군은 인천조병창을 통해 인천의 조선기계제작소에 마루유 잠수함을 건조하도록 명령하였다. 월 10척씩 건조하여 연간 120척을 건조하는 계획이었다. 이를 위해서는 도크 2기와 船臺 6기, 부품생산을 위한 기계공장이 필요했다. 도크 건설은 일본 토목건설업계 오인방 중 하나였던 시미즈구미(淸水組)가 담당했고, 시설건설과 잠수함 건조에 필요한 자재와 각종 기계기구류는 모두 육군을 통해 조달되었다. 대부분의 기자재는 일본에서 구입하였으며, 조선 내에서의 조달은 일부 자체제작 외에는 인천조병창에서 알선하였다. 시설확장 공사를 시작했을 당시 종업원은 총 1,643명으로, 그중 기술자 89명, 공원 1,888명, 양성공이 395명이었다.(배석만, 2009「일제시기 조선기계제작소(朝鮮機械製作所)의 설립과 경영(1937~1945)」『인천학연구』 10, 인천학연구원, 183~185쪽 참조) 당시 잠수함 건조 작업을 위해 인천공업학교 학생의 상당수도 이곳으로 동원되었다(이병례·김미현 면담, 2009「일제의 전시공업인력양성정책: 인천·대구공립직업학교 출신자들의 구술-양윤식, 이춘진」, 국사편찬위원회).

21 宮田節子 編·解說, 1989『朝鮮軍概要史』, 不二出版, 117~118쪽

로 된 출입구를 제외하고는 모두 벽돌로 담을 쌓아 놓았고 출입구마다 군복을 입은 사람들이 작은 총을 들고 서 있었다. 조병창 내부에 있는 병원에서 3년간 서무를 보았던 지영례(1928년생)의 회고에 의하면 조병창에는 "공장들도 많았지만 창고도 많았어요. 공장에서 만든 물건들을 쌓아 두던 곳이죠. 안에 기차가 다녀서 가끔 물건들을 싣고 가기도 했어요"[22]라고 한다. 선로가 조병창 내부까지 연결되어 기차가 목재, 철제품 등의 원료를 실어 오고 완성된 무기를 싣고 나갔다는 내용이다. 한편 조병창의 건물 옥상에는 사각형의 밭을 만들어 보리를 심어 두었다는 구술도 있다. 위에서 볼 때 논이나 밭으로 보이도록 하여 비행기의 폭격을 피하기 위한 위장 조치였다고 한다.[23]

조병창의 간부진은 대개 일본육사 출신 군인으로서, 조병창장을 비롯한 대부분의 간부진은 일본인이었으며, 제1공장장은 조선인 육군소좌 채병덕이었다.[24] 당시 조병창에 동원되었던 학생들은 대부분 조선인 공장장 채병덕 혹은 오시마 헤이토쿠[大島秉德]라는 이름을 기억하고 있고,[25] 일부 학생들은 그에 대해 좋은 기억을 갖고 있었다.[26] 그는 조선인 학생 중 힘이 센 학생들에게 대우를 더 잘 해주었다고 한다.

22 이상의 면담·해제, 국사편찬위원회 편, 2019『구술사료선집 26 - 일제의 강제동원과 인천육군조병창 사람들』, 역사비평사, 지영례 편 참조.

23 이병례·김미현 면담, 2009「일제의 전시공업인력양성정책: 인천·대구공립직업학교 출신자들의 구술 - 양재형」, 국사편찬위원회, 28쪽

24 해방 직전 인천조병창의 일본인 간부진은 조병창장 和気忠文 소장, 작업과장 大窪桓 대좌, 회계과장 山口啓助 대좌, 제1제조소장 国津三喜 중좌, 평양제조소장 井上匡 중좌였다.[http://homepage1. nifty.com]

25 채병덕은 평양 출생으로 평양공립중학교를 졸업하고, 일본육사를 졸업한 후 1937년 6월 말 일본육군 포병으로 소위에 임관하였다. 일본 큐슈의 중포병 연대에 배속되었으며, 1940년에 오사카 육군조병창 공장장을 역임하고, 1943년 소좌로 승진한 후 인천조병창의 공장장으로 부임했다. 해방 후 1949년 한국정부의 국방부에서 병기행정본부 초대 본부장을 맡았다. 6·25전쟁 발발 당시 육군총참모장 겸 육해공군총사령관을 지낸 것으로 유명하다(국방부』, 1992『국방조직변천사 ; 김행복, 2002『6·25전쟁과 채병덕 장군』, 국방부군사편찬연구소 ; 국사편찬위원회 한국역사정보통합시스템 '채병덕').

26 이상의 면담·해제, 국사편찬위원회 편, 2019 위의 책, 김상현 편 참조.

1944년 인천공업학교 재학시 이곳에 동원되었던 양재형(1925년생)은 그 학생 중 한명으로서, '더운 여름 날 조병창 바깥에 있는 매점에 가서 바께쓰에 아이스크림을 삽으로 퍼서 주고 보리빵을 사주어서' 같이 나누어 먹었다고 기억하고 있다. 채병덕이 자신들을 통해 일본인 반장이나 학생들로부터 조선인 학생을 보호하고자 했다고 회고하고 있는 것이다. 그런가 하면 일본인 간부들이 채병덕을 두려워하였고, 조병창 내에서 참모회의를 진행할 때 일본 참모들이 채병덕에게는 연락하지 않은 채 회의를 진행하여 채병덕이 조병창장에게 항의한 적이 있었다고 회고하면서, 같은 민족으로서의 공감을 표현하였다.[27]

조병창에서의 무기생산을 위해 조선 전역에서는 금속품 공출이 이어졌다. 한국인 대부분에게 일제의 가혹한 수탈의 상징으로 기억되는 놋그릇, 놋수저의 공출이 바로 그것이다. 식기를 비롯해 제기, 세숫대야, 징, 절에 있는 범종, 양은냄비에 이르기까지 다양한 금속품이 조병창에 산더미처럼 쌓여 있었다.[28] 이것을 용광로에 녹여 실탄 등의 무기를 만드는 원료로 사용한 것이다. 그런데 패전하면서 조병창에서는 그 금속품들을 지하실에 밀어 넣었다. 조병창에는 공장마다 그 밑에 방공호로 이용하는 지하실이 있어서 비행기가 뜨면 방공호에 숨어 있곤 하였는데, 바로 그곳에 "걷어온 거 죄 집어넣고 그 입구를 공구리로 다 막았"던 것이다.[29]

27 이병례·김미현 면담, 2009 「일제의 전시공업인력양성정책: 인천·대구공립직업학교 출신자들의 구술 - 양재형」, 국사편찬위원회, 27·69~70쪽

28 이로 인해 1973년 4월 21일자 모 신문에는 '인천시 부평동 일대에서 청나라 동전이 쏟아져 나오자 이곳 주민들은 너도나도 땅파기 경쟁이 한창'이라는 기사가 실렸다. 조병창이 문을 닫은 지 30여 년이 지난 후에도 미처 정리되지 않은 동전과 같은 쇠붙이가 남아 있었던 것이다(『한국일보』 2010년 9월 28일자 '조유전의 문화재 다시 보기 51 傳燈寺梵鐘').

29 이병례·김미현 면담, 2009 위의 자료, 72~73쪽

〈사진 3〉 인천 경동지역의 놋그릇 기증 기념사진

사진 설명: 인천 경정 제1정회 이름으로 '공격해서 끝장내자, 미영격멸, 동유기헌납'이라고 적혀 있다.

이러한 조병창 창고 내부의 막대한 물자에 대해 해방 후 인천에서 출간된 『大衆日報』에서는 '부평공업협회장 김석기 씨의 발언에 의하면, 인천 공업인이 1돈에 2,500원을 주어도 입수하기 힘든 코크가 무려 5천 돈이나 쌓여 있고, 어떤 공장에서든지 필요한 스패너가 약 20 화차(貨車) 분이나 쌓여 있으며, 일본이 긁어모은 철재를 비롯한 군수품이 산적해 있다'고 보도하였다.[30]

인천조병창에서는 병기 생산에 하청공장을 적극 활용하였으므로, 조병창의 건설과 더불어 부평 지역에는 그와 연관된 공장들이 들어섰다. 다수의 금속·기계공업 공장들이 증가하여 조병창의 민간 하청공장으로 성장해 가는 한편, 공장과 거주지 건설을 위한 토목건축 업체들이 줄지어 들어섰다.

30 『大衆日報』 1946년 1월 25일자

1939년 수도용 강관을 생산하던 경성공작주식회사의 설립을 비롯하여, 1930년대 말부터 히로나까[弘中]상공주식회사, 고요[光洋]정공주식회사, 국산자동차공업주식회사, 오사카[大阪]섬유공장, 동경자동차공업주식회사, 디젤자동차공업주식회사, 동경제강주식회사, 부평요업주식회사, 일본고주파중공업주식회사, 조선베아링공장 등이 들어서면서 부평 일대는 거대한 공업단지로 변모해갔다.[31] 이중 광산용 기계제작회사였던 히로나까상공은 1939년, 현재의 부평공원 자리에 부평공장을 세웠으나 1942년 경영난으로 미쓰비시[三菱]중공업이 이를 매수한 후 미쓰비시제강주식회사로 분리하고 부평공장을 인천제작소로 불렀다.[32] 이곳에서는 조병창에서 요구하는 특수강판을 제조하여 공급하였다.[33] 부평이 조병창을 중심으로 한 거대한 군수공업기지로 형성되었던 것이다.

조병창 주변에 한꺼번에 많은 군수공장과 토목건축 업체가 들어서면서, 전국에서 사람들이 부평으로 몰려들었다. 1940년대 이곳에서 거주한 노동자가 1만 5천여 명에 달했다고 한다. 조병창을 비롯하여 주변 공장지대에 이들을 수용할 새로운 주택단지와 마을이 형성되어 갔다.[34] 신촌이라 불리는 부평3동과 삼릉 혹은 미쓰비시 줄사택으로

31 吳美一, 2010 「자본주의 생산체제의 변화와 공간의 편성-일제말기 인천지역을 중심으로-」『한국근현대사연구』 53과 이 책에 함께 수록된 이명학의 논문 「총동원체제기(1938-45년) 조선총독부의 자동차 공업 정책과 디젤자동차공업(주)의 부평 공장 운영」 참조.

32 정안기, 2012 「전시기 弘中商工(주)의 성장전략과 경영역량 -성장·위기·재건을 중심으로-」『경제사학』 53, 62쪽 참조. 지금도 부평 일대에서는 三菱의 한국식 발음인 '삼릉'이 지명처럼 쓰이고 있다.

33 三菱製鋼株式會社, 1985 『三菱製鋼四十年史』, 257쪽. 이외에도 조병창은 일부 공정을 전국 각지의 민간 하청공장에 위임하였다. 함흥의 와타나베[渡邊] 철공소를 비롯하여, 인천, 평양, 신의주, 경성, 대구, 부산, 원산 등 전국에 걸쳐 조합형태로 조직화된 하청업체를 두기도 하였다(宮田節子 編·解說, 1989 『朝鮮軍概要史』, 不二出版, 115~118쪽).

34 이와 관련해서는 부평역사박물관에서 펴낸 학술총서 『부평 산곡동 근로자 주택』

불리는 부평2동이 그것이고, 지금은 평화촌이라 불리는 지역이 한동안 다다구미라 불렸던 것도 조병창의 확장공사를 맡았던 일본 토건업체 다다구미의 현장사무소가 있던 자리에 집을 세웠기 때문이다. 조병창에 동원되었던 이재석(1919년생)에 의하면 현재의 산곡3동 현대아파트 자리에는 조병창의 일본인 관리들이 거주하는 관사 수십여채가 있었다고 한다.[35]

조병창 공사가 한창 진행되던 무렵, 부평에 대규모 공장이 들어선다는 정보가 돌자 1940년 7월 각계 인사들이 모여 경인기업주식회사를 설립했다. 이 회사는 1943년까지 부평에 노동자가 거주하는 주택 4,500호를 건설한다는 목표로 사업을 추진하였다. 같은 시기에 설립된 조선주택영단도 1944년 중반 산곡동 일대에 500호 규모의 노동자 주택 건설 계획을 발표하였다. 경인기업주식회사는 산곡동 일대에 노동자 주택 1,080세대를 조성하였는데, 1944년 말 조선주택영단에 이를 모두 이관하였다. 경인기업주식회사와 조선주택영단에 의해 건설된 산곡동 주택에는 인천조병창의 노무자들이 거주하고 있었다.[36]

해방 후 인천조병창은 9월 8일 인천항에 상륙한 미군에 의해 접수되었다. '넓은 부평평야의 거의 절반이나 차지한 왕시의 '인천조병창'은 일본의 패망과 동시에 미군에 점령돼 일반의 출입은 '애스컴'이란 영자(英字) 문패로 금지돼 오는 터이므로 그 구내에 무엇이 얼마나 쌓

(2015), 『이주민의 마을, 부평 신촌』(2015), 『미쓰비시를 품은 여백, 사택마을 부평 삼릉』(2016), 『산곡동 87번지 부평 영단주택 1, 2권』(2022)과 이연경, 2022 「1940년대 인천 일본육군조병창의 설치와 군수산업도시 부평의 탄생」 『도시연구: 역사·사회·문화』 30 참조.

35 『시사인천』 2006년 7월 5일자 '11. 침략전쟁을 위한 군사기지로 변한 '부평 조병창'

36 김현석, 2014 「부평 산곡동 근로자 주택의 형성배경과 환경」 『부평 산곡동 근로자 주택』, 부평역사박물관. 이 영단주택은 2024년 철거되었다.

여 있는지는 우리가 헤아릴 수 없는 바'[37]라는 기사처럼, 일본육군의 조병창에서 주한미육군병참본부로 이어졌다.[38]

2. 학생동원법령의 강화와 인천조병창의 학생동원

중일전쟁 발발과 국가총동원법 공포 이래 일제는 모집, 관알선, 징용 등 다양한 형식으로 조선인을 강제동원하였고, 1944년부터는 조선에서 현원징용과 더불어 일반징용을 실시하였다. 강제동원이 일상화되면서 국외로 동원되거나 탄광으로 동원되는 것을 피하려던 젊은이들이 인천조병창으로 몰려들었다. 무기를 생산하는 군수산업에 종사함으로써 다른 곳으로의 동원을 피할 수 있었기 때문이다. 이로 인해 당시 조병창에 동원되었던 사람들 중에는 '조병창에 근무하면 징용을 면제해주는 특혜가 있어서' 이곳으로 전국에서 많은 외지인이 몰려들었던 것으로 기억하는 사람들이 적지 않다.[39]

일제는 1944년 기업정비령과 더불어 군수회사법을 조선에서 실시하면서 경금속, 제철, 기계공업, 전기제강업 등 군수산업 관련 부문의 100

---

37 『大衆日報』, 1946년 1월 25일자

38 이에 대해서는 한만송의 『캠프마켓』(봉구네책방, 2013)에서 상세히 서술하고 있다. 인천조병창 시설에는 해방 후 미군의 병참 지원을 위한 주한미육군병참본부(ASCOM: Army Support Command Korea)가 들어서서 1970년대 초반까지 운영되었다. 이후 부지와 시설이 축소되기는 했지만 여전히 부평 도심 한가운데 미군기지인 캠프마켓(Camp Market)으로 유지되다가 전국의 미군기지가 평택으로 이전되면서 그 시설이 평택미군기지로 옮겨갔지만, 1939년 이후 현재까지도 80년이 넘도록 한국인에게는 금단의 땅이 되어 있다. 한편 이곳은 2003년 대표적 친일 인물인 송병준의 후손들이 소유권을 주장하면서 소송을 제기했다가 패소한 장소로도 유명하다(같은 책, 28~59쪽 참조).

39 부평사편찬위원회, 2007 『富平史 1』, 부평문화원, 336쪽

개 기업을 군수회사로 지정하였다.[40] 이와 함께 그해 2월부터 11월까지 군수산업과 중점산업 부문의 72개 공장과 71개 광산 종사자를 현원징용하였다.[41] 이 시기 조병창에서 일하던 노무자들도 그대로 현원징용되어 이동이 불가능해졌다. 조병창의 기능자양성소로 동원된 양성공의 경우도 전부 집합시켜 현장에서 바로 군속으로 징용하여 조병창에 배치하였다. 양성소에서 5분 거리인 조병창으로 동원되는 것이었으므로 발대식은 하지 않았다고 하는 것이 당시 동원되었던 학생의 회고이다.[42]

인천조병창에는 많은 수의 군인과 군속, 노무자들이 소속되어 있었다. 1945년 3월 현재 조병창에 소속되어 있는 전체 인원은 총 1만 1,300명으로, 이중 12%는 일본인이었고 그 외는 조선인 노무자로서 약 1만명 내외에 달했다. 뿐만 아니라 본토결전 작전계획에 따라 조병창의 지하화가 결정되면서 제2제조소 신설과 지하공장 건설을 위해 이미 동원되어 있는 정도의 조선인을 더 동원할 계획을 세우고 있었다.[43]

여기에서는 『留守名簿』와 『臨時軍人軍屬屆』 두 자료의 기록을 통해 조병창에 동원된 인원의 수치를 추정해 보고자 한다.[44] 『유수명부』에는 인천조병창에서 근무한 3,056명의 명단이 기재되어 있고, 『임시군인군속계』에는 2,108명의 명단이 들어 있다. 이 두 명부를 합한 5,164명 중 『유수명부』 내에서 이름이 같고 생년월일, 주소가 동일하거나

40 이에 관해서는 정안기, 2014 「식민지 군수동원과 군수회사체제의 연구-군수회사법의 조선 시행과 운용을 중심으로」 『韓日經商論集』 63 참조.

41 이상의, 2006 『일제하 조선의 노동정책 연구』, 혜안, 252~253쪽 참조.

42 당시 이 일은 제1공장장 채병덕 소좌가 담당했다고 한다.(남궁경(1928년생))

43 조건, 2021 「일제 말기 仁川陸軍造兵廠의 地下化와 강제동원 피해」 『한국근현대사연구』 98, 203~205쪽 참조.

44 『유수명부』는 일본 후생성이 구 일본 육해군 인사 관련 자료를 인계받아 관리하던 『유수명부』 중에서 1945~49년 사이에 조선인만 따로 추려 재작성한 명부다. 각 부대별로 작성되어 있으며, 16만여 명이 수록되어 있다. 『임시군인군속계』는 1945년 3월 1일 현재 일본 군대에 동원되어 있던 군인과 군속에 대하여 호주나 가족이 면장에게 보낸 신고서를 엮은 것으로, 출신 도별로 4만 6천여 명이 수록되어 있다.

흡사한 인물 84명과 『임시군인군속계』 내의 동일인물 19명을 제외하면 5,061명이 된다.[45] 또한 두 명부에 동시에 기록되어 있는 인물이 590명으로, 5,061명에서 이 590명을 제외한 4,471명은 명단이 확인되는 사람으로서, 이곳에서 근무했던 사람들의 최소 수치라고 추정할 수 있다.[46]

그런데 두 명부 모두 곳곳에 명단의 일정 분량이 누락되었음을 충분히 짐작할 수 있도록 구성되어 있으므로 위의 수치는 추정 가능한 최소치에 불과하다. 예컨대 『임시군인군속계』의 명단 중에는 인천조병창에 가장 많은 사람이 동원되었을 것으로 보이는 인천이나 강화, 안성, 개성 출신 등의 명단이 전혀 눈에 띄지 않아 누락된 수치가 적지 않을 것으로 보인다. 『유수명부』 역시 그러하다. 한편 강제동원진상규명위원회에 신고한 인천조병창 동원자는 140명으로, 그중 위의 두 명부에 등재된 사람은 56명으로서 전체의 40%에 불과하다. 이러한 제반 내용을 통해서 인천조병창에는 1만 명 이상의 조선인이 동원된 것으로 추정할 수 있다.[47]

동원자들의 연령을 구체적으로 살펴보면, 『유수명부』 명단 중 최저 연령자는 1932년생으로 1명이 있으며, 1931년생 26명, 1930년생은 82명(동일인물 2명 제외)이 있고, 최고령자는 1887년생이다. 『임시군인군속계』 명단의 최저 연령층으로는 1933년생이 1명, 1931년생 13명이 있고, 1930년생 45명이 포함되어 있다. 1933년생의 경우 가장 늦은 시기인 1945년에 동원되었다 해도 12세에 동원되었음이 분명하므로,

45 이름이 동일하고 생일이 유사하거나, 생일이 동일하고 이름이 유사하여 오타로 추정되는 경우는 동일인물로 취급하였다.

46 다만 이 중에는 평안도 출신 826명과 함경도 출신 51명이 포함되어 있는데, 이들은 부평 제1제조소가 아닌 평양제조소로 동원되었을 가능성도 있어 보인다.

47 한편 평양제조소의 경우 1945년 종전 직전 월 18만 발의 탄환 제조 능력이 있었고, 6천 명이 근무하고 있었다고 한다(김태우, 2021 『냉전의 마녀들』, 창비).

이를 통해 인천조병창에는 12세의 어린 아이까지 동원되었음을 확인할 수 있다.

동원자의 연령을 통해 알 수 있듯이 조병창 동원자 중에는 학생들이 적지 않았다. 인천지역은 아시아·태평양전쟁기 전쟁과 관련된 금속·기계공업 노동자가 대량으로 형성된 지역으로서,[48] 공장 가동을 위한 기술자와 관리자 등 핵심 인력은 일본에서 유치하였다. 하지만 전쟁이 길어지면서 일본 내에서 남성 노동력 부족현상이 심각해지고, 조선에서 필요한 노동력은 대부분 조선에서 새로 양성해서 활용해야 했다. 따라서 이 시기 인천지역에 새로 설립된 각 공장의 노동자 중에는 청소년의 비중이 상당히 높았으며,[49] 인천조병창 역시 그러했다.

인천조병창의 노동력 구성에 참고하기 위해 일본에 있는 동경제1육군조병창(東京第一 陸軍造兵廠)의 구성을 살펴보면, 1945년 8월 15일 현재 총인원 50,993명 중 학생은 남자 6,843명, 여자 5,595명, 총 12,438명으로 전체의 약 1/4의 비중을 차지했다.[50] 그런데 조선의 경우 일제강점기 내내 노동법이 시행되지 않았고,[51] 노동력을 확보하기

48 이와 관련해서는 吳美一, 2010「자본주의 생산체제의 변화와 공간의 편성-일제말기 인천지역을 중심으로-」『한국근현대사연구』53 참조.

49 이병례·김미현 면담, 2009「일제의 전시공업인력양성정책: 인천·대구공립직업학교 출신자들의 구술 - 양재형」, 국사편찬위원회, 197쪽

50 東京第一陸軍造兵廠의 노동력 구성

구분	직원			공원						학도					총계
	고등관	판임관 고원 촉탁	직원 합계	일반공원			징용 공원	정신대	공원 합계						
성별	남녀	남녀	남녀	남	여	계	남	여	남	여	계	남	여	계	
숫자	584	1,381	1,965	18,855	15,695	34,550	1,858	188	20,718	15,883	36,596	6,843	5,595	12,438	50,993

자료: 日本兵器工業會, 1945『終戰直後の造兵廠現況綴』, 16쪽

51 일제하 일본에서는 1916년부터 노동법에 해당하는 '공장법'이 시행된 데 비해 조선에서는 노동법이 전혀 시행되지 않았다. 따라서 조선의 노동자, 특히 유년노동자와 여성노동자는 훨씬 혹독한 노동조건에 놓여 있었다. 이와 관련해서는 이상의,

위해 일본에 비해 동원 연령의 기준을 낮추어 적용하였다. 근로보국대의 경우 남녀 모두 14세 이상을 기준으로 한 것이 대표적인 예다. 또한 국민학교 고학년생들도 다수가 노동현장으로 동원된 사정을 감안하면,[52] 인천조병창 동원자 중 학생의 비중은 일본에 있는 여느 조병창보다 작지 않았을 것으로 짐작된다.

전시하 일제의 학생동원은 1938년 근로보국대 활동의 일환인 학도근로동원으로 시작되었다. 학도근로동원이란 중등학생을 중심으로 하여 국민학생에서 대학생에 이르기까지 학생들을 동원하는 것이었다. 노동력이 부족한 상태에서 학생의 동원은 그 의미가 강조되면서 점차 확대되었다.

1941년 11월 일제는 국민근로보국협력령(國民勤勞報國協力令)에 의해 학생도 연간 30일 이내로 근로동원할 수 있도록 규정하였다. 1943년 3월 제4차 조선교육령을 공포하고 그해 5월 일본 내각에서 국민동원실시계획을 확정한 데 이어, 6월에는 학도전시동원체제확립요강(學徒戰時動員體制確立要綱)에 의해 임시로 행했던 학생의 동원을 상시적·집중적인 동원으로 바꾸고, 동원기간도 60일 이내로 연장하였다.[53] 이에 따라 그동안 보조적인 동원대상이었던 남학생과 여학생들을 본격적으로 활용하기 시작하였다.[54] 나아가 1944년 1월에는 동원기간을 10개월 이내로 연장하고, 이 해 3월 학도군사교육요강(學徒軍事 教育

2006『일제하 조선의 노동정책 연구』, 혜안, 91~107쪽 참조.

52 이상의 면담·해제, 국사편찬위원회 편, 2019『구술사료선집 26 - 일제의 강제동원과 인천육군조병창 사람들』, 역사비평사, 윤용관 편 참조.

53 제4차 조선교육령 이후의 교육정책의 변화와 학생동원의 양상 변화에 대해서는 辛珠栢, 2001「日帝의 教育政策과 學生의 勤勞動員 1943-1945」『歷史教育』78 참조.

54 일제가 전쟁을 확대하면서 새로운 노동력 공급원으로서 학생과 여성을 주목한 과정에 대해서는 河棕文, 1996『戰時勞動力政策の展開 - 動員のロジック, 動員機構, 勞動力需給狀況を中心に -』, 東京大學日本史學硏究室 참조.

要綱) 및 학도동원비상조치법(學徒動員非常措置法)을 발포하였다. 다음 달 조선총독부는 학도동원을 위해 정무총감을 본부장으로 하는 학도동원본부규정(學徒動員本部規程)을 공포하였다.[55] 이에 기초해 중학생 이상의 생도를 노동 현장에 1년간 계속 동원하기로 결정함으로써 학교에서의 교육을 정지시킬 수 있게 하였다. 학생의 근로동원이 수업일수에 포함되었을 뿐만 아니라 동원기간이 갈수록 길어지다가 마침내 1년 내내 동원하는 통년제(通年制)로 바뀌게 된 것이다.[56]

이어 학도동원비상조치에 의거한 학도동원실시요강, 학도동원체제정비에 관한 훈령, 학도동원비상조치에 따른 중등교육에 관한 조치요강 등을 잇따라 발표하고, 1944년 7월 23일 일제는 학도근로령(學徒勤勞令)을 발표하여, 학생의 동원을 종래의 국민근로보국협력령에 의한 일반 근로보국대와 분리하여 독자적으로 추진할 법적인 근거를 확보하였다. 여기에서는 ① 학생의 계속동원 기간을 1년 이내로 하여 통년동원의 근거를 확보할 것, ② 국민학교의 고등과와 중등학교의 하등반(조선에서는 1, 2학년생)에 대한 동원을 강화하고, 종래 학생을 인솔·지도한 학교직원도 직접 동원할 것 등의 내용을 담고 있었다. 조선총독부는 이 법령을 바로 조선에서도 적용하기로 하였다.[57] 그런데 이는 새로운 내용을 담고 있는 법령이기 보다 이미 시행하고 있는 학생동원에 관한 내용을 법령으로 밑받침하여 보다 더 강력히 시행하고자 한 것이었다.

1945년 3월 일제는 결국 결전교육조치요강(決戰教育措置要綱)과 그에 근거한 학도동원실시요강(學徒動員實施要綱)을 공포하였다. 그해 4

55 『朝鮮總督府官報』 1944년 4월 28일자 ; 『每日新報』 1944년 4월 29일자
56 歷史學硏究會 編, 1997 『日本史史料-現代』, 岩波書店, 133~134쪽
57 『每日申報』 1944년 8월 24일자 '勤勞가 곧 教育-學徒勤勞令, 朝鮮에도 適用方針'

월 1일부터 국민학교 초등과를 제외한 국민학교 고등과부터 대학에 이르기까지 모든 학교의 수업을 정지하고 국민근로동원령(國民勤勞動員令)의 적용에 발맞추어 학생들을 총동원하였다. 학교가 다음 세대를 육성하는 교육기관이 아닌, 전쟁에 필요한 노동력과 병력을 공급하는 기관으로 변질된 것이다. 이러한 정책의 시행 결과 공식적인 자료에 등재된 내용만 보아도 1944년 한해동안 통년동원된 학생은 약 15만 8천 명에 달했고, 1945년 동원 계획치도 16만 4천 명에 이르렀다.[58]

학생동원의 기준을 보면, 광공과(鑛工係) 대학과 전문학교 3학년은 통년제로 분산 배치하여 주로 작업 지도자의 지도와 학생의 연성을 담당하게 하였다. 그 외의 학교에서는 지역별로 집단 배치하고 작업효율이 저하될 염려가 없는 경우에는 일정 기간마다 교체를 인정하였다. 동원기간은 상급 학년은 원칙상 통년제로 하고, 하급 학년은 임시 긴급한 경우에 동원하도록 하고, 동원의 기동성을 발휘한다는 명분 하에 조선총독부와 각 도에 설치된 학도동원본부가 도 차원에서 동원장소와 계획을 정하고 학교에 '하명(下命)'하였다. 학교나 개인의 선택이 용납되지 않았던 것이다.

대학과 전문학교 학생들 중 광공관계 학생은 항공창(航空廠)과 교통국 공장, 광산 등에 배치되었고, 농수산관계 학생은 농축산 지도와 어로 수산 가공장 등에, 의약관계 학생은 도립병원과 교통국 병원 등에, 문과계 학생들은 조병창, 항공창, 비행장 등에 배치되었다. 사범학교 학생들은 전국의 국민학교로 '교육동원'되거나 식량증산, 국방시설, 토목공사, 운모가공작업 혹은 군피복(軍被服) 수선 부문으로 동원되었다. 또한 중등학교 학생들 중 공업학교 학생은 공장 사업장으로, 농수

58 자세한 내역은 이상의, 2006 『일제하 조선의 노동정책 연구』, 혜안, 299쪽 <표 24> 1944·45년 학도근로동원 상황 참조.

산학교 학생은 식량증산과 토건공사 부문으로, 중학교와 상업학교 학생은 식량증산과 국방시설, 토건공사 부문으로, 여자 중등학교 학생은 식량증산과 군 피복 수선 부문으로 보내졌다.[59]

이와 함께 남자 문과계 학교나 상업학교를 공업학교로 전환시켜 전쟁수행을 위해 필요한 기술자를 양성하고자 하였다.[60] 전쟁 막바지의 다급한 노동력 보충을 위하여 갑종중학교를 5년제에서 4년제로 단축하는 조치도 취하였다. 또한 인문계에서는 영어교육을 폐지하였고, 공업학교에서만 공업영어 교육을 위해 주 1회 영어수업을 하였다.[61] 이러한 조치에 따라 3년제였던 인천공립직업학교의 경우 1944년 3월 31일 갑종학교인 4년제 인천공립공업학교로 개편되었다. 공업학교 개편 당시 기왕의 기계과와 야금과 외에 새로 조선과(造船科)를 신설하였는데, 조선기계제작소의 잠수함과 선박 제조를 담당할 인력을 확충하기 위한 긴급 조치였다.[62]

전문학교와 관립대학의 학교명도 이 시기에 변경되었다. 명륜전문학교는 청년연성소로 바뀌었고(1943.10.), 이화여전과 숙명여전에는 여자청년연성소 지도원 양성과가 설치되고 다른 학과의 수업은 폐지되었으며(1943.12.), 보성전문학교는 경성척식경제전문학교로, 경성법학전문학교와 경성고등상업학교는 경성경제전문학교로 변경되었

59 2000「學徒動員ノ狀況及將來ノ方針如何」, 民族問題硏究所 編,『日帝下 戰時體制期 政策史料叢書』22, 韓國學術情報株式會社, 162~165쪽

60 동산중·고등학교의 전신인 인천상업전수학교가 그 사례로서, 1944년 전시비상조치에 의해 인천공업전수학교로 개편되었다(東山中·高等學校 同窓會, 1988『東山五十年史』, 東山五十年史編纂會 참조).

61 仁川機械工業高等學校同窓會, 1990『仁川機械工高五十年史』, 111~115쪽

62 신설된 조선과의 경우 1944~45년 두 해동안 신입생을 받았으나, 전쟁이 끝나자 바로 폐과되어 1945년 9월 조선과 학생들은 기계과로 편입되었다(仁川機械工業高等學校同窓會, 1990『仁川機械工高五十年史』, 115~116쪽).

다.(1944.4)[63] 연희전문학교는 적산이라 하여 조선총독부에 몰수되고 경성공업경영전문학교로 바뀌었다.(1944.5.)[64] 상과를 경제학과로 개편하는 등 문과의 학과명도 대폭 변경되었다.[65] 전쟁에 필요한 기술자를 급히 조달하기 위해 법과와 같은 문과계통의 교육을 축소·폐지하고 이공계 및 실업계를 확대하고자 한 것이다.

이러한 정책 변화의 이유에 대해 총독부에서는 다음과 같이 설명하였다.

> 금년도에는 법문과계 학도들의 대다수가 용약 총을 메고 학병이 되어 출정하였으므로 주로 이공과계의 학도가 많은데, 현재 조사에 의하면 그 총수는 전문 이상이 남자 240~50명, 여자 30명, 또 그 외에 전문 이상 정도의 각종 학교가 4백 명, 합계 7백 명 정도이다. 이외에도 중등학교의 학년 단축으로 말미암아 한꺼번에 4, 5학년이 졸업한다. 이 총수는 약 2천5백 명 내외인데 그중에 약 1천명은 곳 취직전선에 나아갈 것이라고 예상된다.[66]

전문학교와 관립대학 문과학생들은 학병으로 보내고,[67] 이과 남녀 학생과 학년을 단축하여 확보한 중등학교 학생들을 군수산업 부문에 동원할 수 있는 배경을 만든 것이다. 종전을 예상하는 듯 최대한 동원

63 이혜영 외, 1997『한국 근대 학교교육 100년사 연구 Ⅱ-일제시대의 학교교육』, 한국교육개발원, 31~32쪽 ;『每日新報』1944년 12월 21일자 '梨花 淑明 兩女專 新發足-廿年부터 教育內容 刷新'

64 연세대학교백년사편찬위원회, 1985『연세대학교백년사 1』, 연세대학교, 306쪽

65 보성전문에서는 재학생만이라도 상과와 법과 그대로 졸업시킬 것을 건의했으나 학무국은 이를 거부하고 새 학기인 1944년 4월부터 학과명을 변경하도록 했다. 그 해 입학시험에서 경제과 이름으로 76명이 선발되었지만 징병이 되거나 관공서, 조병창 등으로 동원되어 해방될 때까지 실제 강의는 이루어지지 못했다(고려대학교 100년사편찬위원회, 2008『고려대학교 100년사 1』, 고려대학교, 526~527쪽).

66 『每日新報』1944년 7월 1일자 '行學一體로 邁進 "半島學徒問題" 川岸 理事長 報告'

67 이는 학도지원병이라는 이름으로 진행되었으나 실제 지원을 피한 학생들은 징벌 성격의 가혹한 노동현장으로 징용되었다. 이에 대해서는 이상의, 2017「태평양전쟁기 조선인 전문학생·대학생의 학도지원병 동원 거부와 '학도징용'」『역사교육』141 참조.

해나가는 모습에서 일제 당국의 초조함마저 엿보인다.

이러한 배경에서 진행된 인천조병창의 학생동원 양상은 일시적인 학생근로보국대 동원 이외에도 다음 세가지 형태의 상시동원으로 구분해 볼 수 있다. ① 전국에 걸쳐 국민학교 고등과 재학생이나 졸업생을 지역 단위로 동원한 경우, ② 통년동원의 첫 번째 사례로서, 서울과 인천의 중등학교에서 각 학교마다 수십명씩 집단으로 동원한 경우, ③ 전문학교 학생 수십명을 일률적으로 한꺼번에 동원한 경우가 그것이다. 그중에서 첫 번째인 전국의 국민학교에서 졸업 전후의 학생을 지역단위로 동원한 경우가 가장 큰 비중을 차지했다. 이들의 동원은 모집 형식으로 진행되었지만, 조병창 소속 군인들이 각 학교로 가서 시험을 치르거나 학교장의 추천을 받아 지역별로 일정한 인원을 동원했으며, 조병창에 입소한 후에는 해방이 될 때까지 귀가할 수 없었던 강제동원이었다.[68]

인천조병창에 동원된 사람 중 강제동원진상규명위원회에 피해 신고를 한 사람은 140명이다. 그중 재학 중이나 졸업 직후에 동원되어 학생으로 분류할 수 있는 인물은 33명이다. 이들은 대개 매해 3월 말 4월 초에 동원되었다. 국민학교 졸업 직후 또는 졸업을 앞두고 곧바로 조병창으로 동원되었기 때문이다. 이들의 동원 당시 연령은 22세인 전문학교 학생을 제외하면 모두 10대로서, 13~16세의 국민학교를 갓 졸업한 학생들이 많았다. 13세 3명, 14세 5명, 15세 12명, 16세 8명, 17세 2명, 18세 2명이었다. 33명을 동원 시기별로 구분해 보면, 1941년 1명, 1942년 2명, 1943년 7명, 1944년 14명, 1945년 9명으로 일제의 패전

68 이에 관한 내용은 이상의 면담·해제, 국사편찬위원회 편, 2019 『구술사료선집 26 - 일제의 강제동원과 인천육군조병창 사람들』, 역사비평사, 장화두, 김상현 편에 상세하다.

이 가까워질수록 학생들의 동원 숫자가 점차 증가해 갔음을 확인할 수 있다. 이들의 동원기간은 1941년 4월 1일에 동원되어 해방 후 1945년 9월 8일에 귀가한 구주서(1927년생)의 4년 5개월이 가장 길고 동원된 시기에 따라 조금씩 차이가 있지만, 모든 사람들이 1945년에 이르러서야 귀가했다는 공통점을 보인다.

동원된 지역별로 구분해보면, 경성 종로 1명을 비롯하여 경기도 여주에서 3명, 용인 파주 평택 각 1명, 강원도 춘천 1명, 충북 충주 2명, 청주 1명, 충남의 공주 보령 부여 각 1명, 전북 고창 남원 순창 익산 진안 각 1명, 전남 광주 1명, 경북 달성 3명, 안동 의성 각 2명, 경산 영주 칠곡 각 1명, 경남 부산 사천 하동 각 1명으로, 위원회에 신청 가능한 남한 지역 내의 전국 각지에서 동원되었음이 확인된다.[69]

이들의 동원 계기는 학교장 혹은 담임교사의 추천이 가장 많았다. 진학을 원하는 학생들에게 교사가 직장도 얻고 기술도 배우고 돈도 벌 수 있다고 회유하거나 중등교육을 받을 수 있는 곳이라고 설득하여 졸업식 직후 조병창의 기능자양성소로 입소시키는 경우, 6학년 학생들이 희망진로를 정하는 과정에서 반강제로 특공대예비교, 소년항공학교, 인천육군조병창, 진해 해군공작창, 평양항공창 등으로 분류하고 졸업과 동시에 배치하여 가게 된 경우, 졸업식을 한 달 앞두고 반에서 심지뽑기로 3명을 선발하여 동원된 경우 등이 그러했다.[70] 이러한 학교측의

69 전국적인 동원양상은 위원회 신고자 140명 전체의 동원지역에서도 드러난다. 동원지역을 살펴보면, 경성부 종로 3명, 경기도 용인 11명, 여주 6명, 안성 이천 파주 각 5명, 인천 4명, 강화 김포 포천 각 3명, 부천 수원 양주 옹진 각 2명, 개풍 광주 시흥 양평 연천 평택 각 1명, 강원도 춘천 횡성 각 1명, 충북 옥천 진천 청원 청주 충주 각 2명, 단양 제천 각 1명, 충남 공주 보령 부여 서산 홍성 각 3명, 아산 2명, 논산 당진 대전 예산 천안 청양 각 1명, 전북 익산 5명, 남원 진안 각 2명, 고창 김제 부안 순창 정읍 각 1명, 전남 광주 순천 완도 장성 각 1명, 경북 달성 의성 각 4명, 안동 3명, 선산 2명, 경산 경주 대구 영주 칠곡 각 1명, 경남 부산 사천 하동 합천 각 1명, 그리고 미확인 1명이다.

70 박채기(1929년생), 윤종근(1929년생), 한호영(1930년생), 김창기(1931년생)

지원 종용과 진학, 취업 등을 빌미로 한 회유는 매우 흔한 방식이었다.

예상치 못한 채 불시에 차출되는 경우도 있었다. 진학시험을 치르러 갔다가 학교 운동장에서 7명이 강제로 동원되거나, 졸업식 직후 등교령이 내려 학교에 갔다가 운동장에서 군인들이 트럭을 태워 연행한 경우도 있었고, 다른 지역으로 공부하러 갔다가 동원된 경우도 있었다.[71]

1944년부터는 5~6학년 재학생이 동원된 경우도 적지 않았다. 6학년 때 헌병 4명이 학교에 와서 상급학교 진학을 위해 공부하던 70명을 모이게 한 후 키 크고 건강한 20명 정도를 조병창 기능자양성소로 데려가기도 하였고, 국민학교 5학년 재학생을 학교에서 차출하기도 하였다. 아버지 대신 동원된 경우도 있었다.[72] 이렇게 지역별로 학생들이 수십명씩 함께 동원되어, 일행이 모이면 수백명에 달하였다.[73]

전국 각지의 학교에서 산발적으로 동원된 이들과 별도로, 조병창에는 총 11개교의 전문학교와 중등학교 학생들이 집단으로 동원되었다. 조선총독부 학무국에서는 1944년 3월 학도동원비상조치요강(學徒動員非常措置要綱)을 발표하고, 뒤이어 4월에는 이를 실제로 운영할 학교별동원기준에 의해 동원령을 내렸다. 이른바 '공장을 교실로 삼고 긴급한 전력의 증산에 정신하기' 위한 통년동원(通年動員)을 실시하였는데, 그에 따른 첫 번째 동원 대상업체가 인천조병창이었다.

1944년 5월 8일, 인천지역의 인천공립중학교, 인천공립상업학교, 인천공립공업학교의 남학생 196명, 그리고 인천공립고등여학교와 인

71 이에 관해서는 이상의 면담·해제, 국사편찬위원회 편, 2019『구술사료선집 26 - 일제의 강제동원과 인천육군조병창 사람들』, 역사비평사, 장화두 편 참조.

72 탁종규(1930년생), 서정식(1927년생) ; 이상의 면담·해제, 국사편찬위원회 편, 2019 위의 책, 윤용관, 이학수 편 참조.

73 1942년 3월 20일의 경우 충북에서 50~60명, 전국에서 300명 정도가 같이 동원되었다고 회고한다.(김동수(1924년생)) 또한 1944년 4월 3일의 경우 여수에서 출발한 열차에 중간 중간 징집자들이 탑승하여 화물차 10칸 기차에 800명 정도가 타고 갔다고 하였다.(서정식(1927년생))

천소화고등여학교 2개교의 여학생 120명과 더불어 경성공업학교 남학생 44명 등 총 360명의 남녀 중등생이 조병창으로 동원되었다.[74] 동원 첫날, 인천지역 학생들은 9시 30분까지, 경성지역 학생들은 10시 40분까지 인천조병창 본부에 도착하여 '증산의 문'이라고 적힌 정문을 통과하였다. 의무과에서 신체검사를 하고 남학생은 '국방색'의 전투모자와 작업복으로, 여학생은 여성 작업복 '몸빼'로 갈아입은 후 2시 30분부터 조병창 서쪽 광장에서 입창식에 참석했다.

〈사진 4〉 1944년 5월 8일 인천조병창 입창식에 참석한 학생들

사진 설명: 학생 대표는 인천중학교 太田昭, 좌측 원은 大野謙一 학무국장, 우측 원은 和氣忠文 廠長이다.
사진 출처: 『每日新報』 1944년 5월 10일자

입창식은 학교별로 정렬하여 서서, 국민의례, 궁성요배, 묵념을 하

74 『每日新報』 1944년 5월 7일자 '校服을 作業服으로, 京仁六校로 男女學徒動員 進發' ; 『每日新報』 1944년 5월 10일자 '半島學徒動員第一回發動 仁川造兵廠에 入廠 - 六男女中等校生三百六十名'

고, 조병창장의 훈시, 정무총감 축사, 조선군 병무부장 축사, 경기도지사의 격려사, 동원학생 대표 선서, 일본 군가인 '우미유까바' 제창,[75] '천황폐하만세' 삼창의 순서로 진행되었다. 식이 끝난 후 학생들은 성악신사(聖岳神社)에 참배하고 각자 일할 부서를 배치받았다. 입창식에는 정무총감 대리로 오노[大野] 학무국장이 참석하여 1년동안 생산전에 돌격할 것을 학생들에게 훈시하였다. 그 외에도 조선군 참모장 대리 나까이[中井] 병무부장, 경기도 지사 대리 와다나베[渡邊] 내무부장, 곤도[近藤] 시학관 등이 참석하여,[76] 일본육군과 조선총독부의 관심 정도를 보여주었다.

이러한 학도동원의 취지에 대해 학도동원본부장 다나까[田中] 정무총감은 "아 교학의 본지인 행학일체의 본의에 입각하야 청신강인한 황국근로관(皇國勤勞觀)을 확립하고 근로 즉 교육 즉 훈련의 실을 거두는 데 있다. 즉 학도는 근로를 통하여 직접 국가에 봉공하는 동시에 학도 자신이 심신을 연성하고 그 생산한 군수업을 가지고 숙적 미·영을 격쇄하라는 것"이라고 하였다.

동원된 학생들은 다음 날부터 바로 작업을 시작하였는데, 기능자양성소가 아닌 조병창으로 곧장 동원되어 '일반공'과 같이 일하였다. 인천지역 남학생들은 단체로 조병창으로 통근을 하고, 여학생들은 조병창에서 일감을 받아 학교에 가서 작업을 하였으며, 경성지역 학생들은 조병창 기숙사인 아오바료[靑葉寮]에서 머물면서 출퇴근하였다. 기숙사에 있었던 학생들의 일정을 보면, 오전 5시 50분 기상 점호, 체조를

75 우미유까바는 아시아·태평양전쟁기에 널리 불린 일본 군가로, 죽음으로써 일본 '천황'에 대한 충성을 맹세하는 내용으로 이루어져 있다.

76 『每日新報』 1944년 5월 7일자 '仁川造兵廠으로 - 八日, 全員集合하여 盛大한 入廠式' ; 『每日新報』 1944년 5월 10일자 '兵器만드는 工具學徒 - 先陣勇躍出動, 最初로 仁川造兵廠서 作業'

하고 6시 10분 아침식사 후, 7시 반이 되면 각과로 배치되어 인천지역에서 출근한 학생들과 함께 조례를 하고 작업을 개시하였다. 오후 5시 반까지 10시간 동안 일을 하고 오후 6시 목욕 후 저녁식사를 하였다. 이후 숙사에 들어가 훈화를 듣고 공부를 하고 밤 10시 반에 취침하는 일정이었다.[77]

당시 동원의 대상이 된 인천공업학교의 학생들의 경우, 동원의 과정이 비교적 상세히 전한다. 인천공업학교 3학년 학생들은 공업학교의 현장실습이라는 명분으로 1944년 5월부터 1년간 인천조병창과 동구 해안의 조선기계제작소로 동원되었다.[78] 기계과 두 반은 인천조병창에서 군수품과 무기를 만들었고, 야금과(冶金科) 학생들은 조선기계제작소에서 선박과 잠수함을 만들었다. 조병창으로 동원된 학생들 중 일부는 다시 조선기계제작소로 옮겨가 그쪽 일에 합류하였다.[79]

1944년 3학년에 재학 중이던 양재형(1925년생)도 그해 가을 인천조병창에 동원되어 해방이 될 때까지 탄창과 총구에 끼우는 칼을 만들었다. 학생들은 처음에는 담당교사의 인솔하에 기차로 '통학'을 해서 부평역에 내린 후 대열을 맞추어 조병창까지 걸어서 정문 앞에 집합하고, 인원 점검과 몸수색을 마친 후 조병창에 들어가 각자 배치받은 공장 건물로 가서 일을 했다. 그러나 1944년 후반기에 들어서면서 학생들을 매일 출퇴근시키는 방식에서 백마장에 있는 기숙사에 묵으면서

77 『每日新報』 1944년 5월 10일자 '京城工業生은 靑葉寮에, 女學徒는 學校서 作業'

78 인천공업학교는 중일전쟁 이후 기술자의 필요성이 강조되는 가운데 1940년 3년 과정의 인천공립직업학교로 설립되어 1944년 인천공립공업학교로 개칭되었고, 해방 후 1946년 인천공립공업중학교, 1951년 인천공업고등학교, 1976년 인천기계공업고등학교로 개편되었다(仁川機械工高五十年史 編纂委員會, 1990 『仁川機械工高五十年史』, 仁川機械工業高等學校 同窓會 참고).

79 이병례·김미현 면담, 2009 「일제의 전시공업인력양성정책: 인천·대구공립직업학교 출신자들의 구술 - 양재형」, 국사편찬위원회, 61쪽

주야로 교대 근무하는 방식으로 변경되었다.[80] 지각 등으로 효율성이 떨어진다는 명분으로 추진된 생산력을 높이기 위한 조치였다.

학생들이 학교에는 전혀 가지 않고 공장으로 직접 출동하여 매일 노동을 해야 했으므로 정상적인 교과수업은 행해지지 않았다. 따라서 1944년 당시 인천공업학교 학생들의 학적부에는 성적이 공란으로 되어 있으며 “學徒動員으로 因하여 成績이 無함”이라고 기재되어 있다.[81]

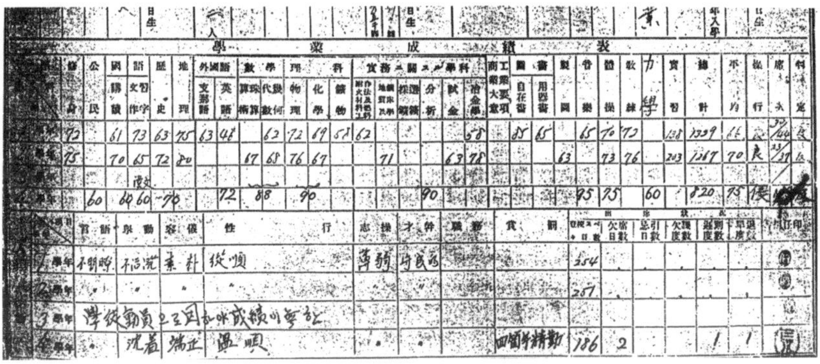

〈사진 5〉 인천공업학교 학생의 학적부에 적힌 학생동원

사진 설명: 1944년의 3학년 성적이 공란으로 되어 있고, 왼쪽 하단 품행에 대한 평가란에 “學徒動員으로 因하여 成績이 無함”이라고 적혀 있다.
사진 출처: 仁川機械工業高等學校同窓會, 『仁川機械工高五十年史』, 1990, 121쪽

인천상업학교 학생들도 인천조병창에 동원되었다. ‘수업은 제쳐놓고 조병창에서 무기를 생산하거나 기계제작소에서 배 만드는 일에 많은 시간을 보내게 되었으니 학생들에겐 고달픈 나날의 연속’이었다고 졸업생들은 그 당시를 회고하고 있다.[82] 4학년에 재학 중이던 윤능선

80 이병례·김미현 면담, 위의 자료, 17~27·54쪽

81 仁川機械工業高等學校同窓會, 1990 『仁川機械工高五十年史』, 120~121쪽

82 仁高九十年史編纂委員會, 1985 『仁高九十年史』, 上仁川中·仁川高等學校同窓會, 191~192쪽

(1925년생)도 제3공장에서 대부분 소총을 만들던 부서로 동원되어 본인을 포함한 4명만 기술과에 배치되었는데, 일본인 대위인 과장 밑의 전 직원 60명이 모두 일본인 여성이었다고 기억하였다.[83] 한편 이보다 앞서 1942년 근로봉사라는 이름 아래 인천지역 학생들이 이곳에 동원된 적이 있어, 이 시기 인천상업전수학교였던 동산고등학교 학생들도 동원 당시의 일을 회고하였다.[84] 당시 인천지역에 있던 6개의 모든 중등학교[85] 학생들이 조병창에 동원되었던 것이다.

1차동원에 이어 1944년 9월 1일 다시 2차로 경성중학교와 용산중학교, 인천상업학교 3개교에서 학생들이 동원되었다. "전력증강의 속도 여하는 직접 戰局을 좌우한다는 것을 명심하라"는 조병창장의 훈시를 듣고 곧장 작업장으로 배치된 이들은 다음 해인 1945년 3월까지 동원되었다.[86]

앞에서 보았듯이 조병창에는 여학생들도 있었다. 인천지역에서 동원된 여학생들은 처음에는 학교에서 무전기를 조립하거나 군복을 수선하고 내복을 세탁하는 등의 작업을 하였지만, 점차 조병창에 출근하여 총알을 만들고 총의 기름을 닦거나 분류하는 작업을 하였다.[87]

학교를 통해 학생들을 직접 동원하지 않아도 학교를 졸업하거나 중퇴하고 곧바로 취업하도록 하는 방식의 동원도 적지 않았다. 예컨대 부평의 소화고녀에 다니던 지영례는 만 13세인 2학년 때 중퇴를 하고

83 그들은 중년층의 사무관, 촉탁 등 다양하였는데, 출정한 군인의 부인, 미혼 여성 등 모두 여성이었다고 한다(尹能善, 『경제풍월』 2001년 2월호).

84 동산중고등학교동창회, 1988 『東山五十年史』, 479쪽

85 인천광역시사편찬위원회, 2002 『인천광역시사 2 인천의 발자취』, 인천광역시, 608쪽

86 『每日新報』 1944년 9월 2일자 '第二次로 三校-仁川造兵廠에 動員'

87 『京城新報』 1944년 6월 4일자 '大攻勢は增産から5-學徒動員篇' ; 인천박문여자중고등학교, 1991 『博文五十年史』 ; 인천여자고등학교 편찬위원회, 2009 『인천여자고등학교 百年史: 1908-2008』, 인천여고총동창회

조병장 병원의 서무과에 가서 일했다. 구장이 자꾸 집에 와서 직장이 없는 젊은 여자들은 '정신대'에 간다고 하면서 명단을 적어가는 것을 보고 겁에 질린 지영례에게는 학교를 자퇴하고 취업을 하는 게 유일한 탈출구였다. 지영례 뿐만 아니라 한 반 인원 20~30명 중 절반 이상이 자퇴를 했다. 그녀가 학교에서 나올 때도 같은 반에서 친구들 10명이 함께 학업을 포기했다. 그렇게 나와서 조병창에 취업한 학생들은 대개 '센반[旋盤]' 공장으로 들어갔다. 기름 묻고 힘든 곳이라고 알려져 있었지만 달리 방법이 없었다. 당시 소화고녀에는 일본 학생들이 3분의 1을 차지하고 있었는데, 조선인 학생들만 자퇴를 하였다. 일본 학생들은 학교를 졸업한 후 일자리를 얻기 위해 조병창에 들어간 경우가 많았다.[88] 이러한 구술을 통해 학생동원의 경우도 민족에 따라 차별적으로 적용이 되었고, 조선 내에 있었다 해도 일본 사람의 경우에는 공장법의 적용을 받고 있었음을 알 수 있다.

조병창에서는 1943년 3월 경성직업소개소를 통해 간호부양성소의 생도를 모집하였다. 자격은 만 15~16세의 여자로서 고등여학교 졸업이나 국민학교 고등과 졸업 이상의 학력을 가진 자로 규정하였다. 1944년 1월에도 국민학교 고등과 졸업 이상의 만 14~18세 여자를 대상으로 간호부를 모집하였다. 그해 조선총독은 인천 육군조병창 인천병원을 간호부양성소로 지정하였다.[89]

중등학교 학생들에 이어 전문학교 학생과 대학생들도 동원되었다.

88 이상의 면담·해제, 국사편찬위원회 편, 2019『구술사료선집 26 - 일제의 강제동원과 인천육군조병창 사람들』, 역사비평사, 지영례 편 참조.

89 『每日新報』 1943년 3월 6일자 '나와라 半島 女性들-陸軍浩兵廠에서 白衣天使 募集' ; 『每日新報』, 1944년 1월 27일자 '造兵廠에서 看護婦募集' ; 『朝鮮總督府官報』 5126호, 1944년 3월 8일자
조병창 병원은 미군정기 제 382 위수병원으로 변경되었다. 1948년 8월 애스컴시티 제 836부대에 간호장교 교육대가 설치되었는데, 한국군 제1기 간호장교 후보생 20명은 이 위수병원에서 실무교육을 받았다.

1944년 7월 1일 대학생, 전문학생, 사범학교 학생 등 4천여 명이 각 분야의 노동력으로 동원되었다. 도별 학도동원본부의 지시에 따라 공장, 광산, 식량증산, 국방건설사업 등 각 분야로 이들이 배치되면서 학생 근로동원 배치가 완료되었다.

그에 의거해 경성척식경제전문학교로 교명이 바뀐 보성전문학교의 2학년 학생 수십명이 1944년 6월 30일 인천조병창에 동원되어 1945년 2월 말까지 있었고,[90] 1945년 3월 신입생 입학식을 치른 직후 2학년 학생 중 척식과 학생 약 50명과 경제과 학생 50명 합 100명 정도가 교복차림 채로 동원되었다. 척식과 학생들은 제1공장으로, 경제과 학생들은 제2공장으로 나뉘어 배치되었다.[91] 이들은 하루 2교대 12시간 노동을 매주 주야로 번갈아 하면서, 선반기로 하루 최대 150개의 총신을 깎았다.[92]

경성광산전문, 경성공업전문, 경성법학전문 등 다른 학교의 학생들도 동원되었다.[93] 경성대학 이공학부 1회 졸업생인 강명순도 "3년 중 공부는 1년 반만 하고 나머지 1년 반은 전시에 동원이 됐어. 나는 부평조병창 기계설비과로 동원됐는데 동원된 와중에 해방이 된 거야"라고 인천조병창에 동원된 시기를 회고하였다.[94]

90 『每日新報』 1944년 7월 1일자 '四千學徒 生產戰에 進發, 最大能率 發揮하라, 先輩의 뒤이을 覺悟로'

91 宋基澈, 2004 『내 인생 黑字인가 赤字인가 日帝下 挫折된 삶』, 保景文化社, 212쪽. 이에 비해 같은 시기에 동원된 이식화(1923년생)는 상과 학생들은 제1공장, 법과학생들은 제3공장으로 배치되었다고 기억하였다.

92 宋基澈, 2004 위의 책, 212~216쪽

93 『每日新報』 1944년 8월 24일자 '손수 만든 兵器들고 滅敵第一線에 進發-仁川造兵廠動員學徒들 入營壯行會' ; 1944년 8월 31일자 '見하라 自弟들의 勤勞-仁川造兵廠에서 學徒父兄招待'

94 한양대 기계공학과 명예교수인 강명순은 다음 회고 글을 남겼다. 「분단 이후 엇갈린 운명, 남과 북의 제자들이 만나 스승의 아픔 보듬을 날은 언제…」 『민족 21』 72, 2007.3.

1944년 결국 조선인에 대한 징병제가 시행되면서, 조병창에 동원된 대학생들도 만 20세가 되면 징병의 대상이 되었다. 그해 8월 조병창에서는 징병되는 학생들에 대한 장행회를 조병창 무도장에서 성대히 열었다. 이 자리에는 조병창장 와케 타다후미[和氣忠文]와 보성전문학교 부교장 김영주(金泳柱) 등이 참석하였다.[95]

이 시기 인천조병창의 학생동원은 조선에서 학생이 처음으로 통년 동원된 사례였으므로 조선총독부와 일본육군은 이들의 역할을 대대적으로 홍보하였다. 학생동원을 확대하는 한편 이에 유리한 여론을 환기시키기 위해 사회의 유지들을 자주 초청하는 기회를 마련했던 것이다. 인천조병창의 기능자양성소는 군대의 병영, 지원병훈련소와 더불어 여론 형성에 영향력 있는 지역유지들의 정신교육을 위한 견학 일정에도 포함되어 있었다.

1942년 10월에는 충청남북도의 유지들이 조병창에 다녀갔고, 매일신보사 주최로 지방유지부로견학단(地方有識父老見學團)을 꾸려 평안남북도의 유지들이 다녀갔으며, 11월에는 조선사법보호협회 주도로 전국 7개소의 대화숙(大和塾)에서 선발한 '모범적인' 인물 70명이 견학을 하고 갔다.[96] 1943년 7월에는 경성 숭례국민학교 고등과 1, 2학년 523명이 조병창까지 '내서행군(耐暑行軍)'을 명분으로 견학하였고,[97] 10월에는 경성직업소개소에서 경성부 내의 국민학교 교장과 교사 40여 명이 견학하도록 주선하였다.[98]

조병창에서 견학단을 맞이하는 데는 일정한 양식이 있었다. 강당에

95 『每日新報』 1944년 8월 24일자 '손수 만든 兵器들고 滅敵第一線에 進發-仁川造兵廠動員學徒들 入營壯行會'

96 『每日新報』 1942년 11월 11일자 '造兵廠, 兵營見學 大和塾 特別錬成生들'

97 『每日新報』 1943년 7월 27일자 '耐署行軍'

98 『每日新報』 1943년 10월 1일자 '國民校長訓導들 見學'

서 점심식사를 하고, 기능자양성소의 연혁과 훈육에 대한 설명을 한 후, 양성소의 깨끗한 교사와 기숙사 시설을 자랑하고, 양성소 학생 일부와 면회하는 방식이었다. 견학단에게 양성소장은 기능자양성소의 목표에 대해 학생을 기숙시키면서 군대식의 규율 하에 3년의 수업을 마치고 기능전사로서 출전하는 것이라고 소개하고, 이 양성소에 들어가면 갖가지 특전을 누리고 수당까지 받으면서 기능을 연마할 수 있다고 선전하였다.[99] 그러면서 병사들이 병영에서 군인의 혼과 기술을 연마한다면 양성소생들은 그 혼과 기술을 충분히 나타낼 수 있는 우수한 병기를 만들도록 심신을 단련하고 기술을 닦는다고 하여, 양성소 생활이 군대와 전혀 다르지 않다고 강조하였다.[100]

이와 함께 학교 단위로 조병창에 동원된 학생들의 학부형 131명을 초청해 작업현장을 보여주고 간담회를 개최하기도 하였다.[101] 학부형들의 우려를 잠재우고 이후 본격적으로 시행하게 될 학생들의 통년동원을 준비하는 과정이었다. 경성지역 학생들이 추가로 동원되면서 학부모들의 반발이 확산되지 않도록 대비하고자 했던 것이다. 학부모의 작업장 초청은 인천조병창 만이 아니라 일본 내 학생동원의 경우에도 자주 활용된 방법이었다.[102]

그런가 하면 이타가키[板垣征四郎] 조선군사령관이 인천조병창에 방문하여 무기생산 현황을 점검하였고, 1944년 5월에는 오가타[尾形健一] 시종무관(侍從武官)이 방문하였으며, 9월에는 조선총독 아베 노

99 『每日新報』 1942년 10월 5일자 '技術少年들에 感激 造兵廠技能養成所를 見學 忠南北父老見學團見學完了 歸鄕'

100 『每日新報』 1942년 10월 12일자 '責務의 重大를 覺悟-有識父老見學團平南, 北班歸鄕'

101 『每日新報』 1944년 8월 31일자 '見하라 自弟들의 勤勞-仁川造兵廠에서 學徒父兄招待'

102 김미현, 2010 「전시체제기 인천지역 학생 노동력 동원」 『인천학연구』 12, 32쪽

부유키[阿部信行]도 조병창을 시찰하였다.[103] 이 시기 인천조병창의 운영에 일본 육군과 조선총독부가 얼마나 관심이 지대했는지를 확인할 수 있는 대목이다.

3. 인천조병창 학생들의 노동현실과 대응

조병창은 일본육군이 설치한 무기제조 시설로서, 노동력 배치와 물자의 배급에서 우선권이 있는 특배의 대상이었다. 따라서 조병창의 노동조건은 다른 현장에 비해 양호한 편이었다. 그러나 당시 이곳에 동원되었던 학생들에게 조병창은 '천장절 날 떡 두 개 얻어먹은 기억뿐 늘 배가 고팠던 곳', '진학할 시기를 놓쳐 배움을 포기하게 만든 곳'으로 기억되고 있다.[104] 전쟁 말기 물자와 노동력이 절대적으로 부족했던 일제의 현실을 짐작하게 하는 표현이다.

조병창에 동원된 학생들은 조병창의 무기생산 각 영역에서 일반노무자들과 함께 일을 하였다.[105] 그들은 총열에 구멍을 뚫거나 총구에 열처리를 하거나 소총 몸통 약실 제조, 쇠 깎는 일, 제품을 줄로 다듬는 일, 놋쇠를 녹여 만든 동판 프레스 작업, 총알 세척, 노리쇠에 도장 찍는 작업 등을 하면서 총탄과 소총, 단검 등을 만들었고, 기계수리,

103 『每日新報』 1943년 8월 24일자 '酷暑와 싸우는 戰士 板垣軍司令官이 視察激勵' ; 『每日新報』 1944년 5월 6일자 '工員 增產熱意昂揚 仁川造兵廠, ○○工場實視' ; 『每日新報』 1944년 9월 26일자 '기름에 젖은 "學徒工"에 慈愛가 넘치는 激勵 阿部總督 仁川造兵廠 視察'

104 한호영(1930년생), 탁종규(1930년생), 김종헌(1929년생), 최덕원(1927년생)

105 이병례·김미현 면담, 2009 「일제의 전시공업인력양성정책: 인천·대구공립직업학교 출신자들의 구술 - 양재형」, 국사편찬위원회, 23쪽

장부정리, 물품정리에 이르기까지 다양한 작업에 배치되었다.[106]

학생들의 작업은 매주 단계별로 진행되었다. 1주는 근로동원의 이념파악 주간, 2주는 기술 완전습득 주간, 3주 증산본부의 주간, 4주 학도의 직장연구 주간, 5주 개인능률보공 주간 등 매주 활동 목표를 정해두고 학생들이 일정한 생산력을 유지해 나가도록 했다.[107] 또한 각자 매일 일한 것에 대한 '연구기록'을 작성하게 하였다. 다음은 그 내용 중 일부다.

> 5월 29일(월)
>
> 아츰에 아메다니[雨谷] 교관으로부터 이번 주 일은 「학도의 직장연구」라는 통달이 잇섯슴으로 오늘은 위선 총신 한 개를 싹는 데 필요한 시간을 측정해보니 「스윗치」를 너허가지고 싹기 시작하야 스윗치를 끈기까지가 6분간인데, 좀 더 준비를 빨리 하고 동작을 빨리 놀닌다면 짤분 시간에 충분한 능률을 내일 수 잇다는 것을 아럿다.
>
> 5월 30일(화)
>
> 오늘은 총신(銃身)을 싹근 대패밥의 형상이 가지가지인 것은 무슨 까닭인가를 아러보니 「싸이쏘」[108]가 잘드는 때는 곱고 보통의 형상이며 잘 들지 않는 때는 거칠고 「싸이쏘」 조짐에 따러서 다르다는 것을 아럿다.[109]

날마다 자신이 맡았던 작업에 대해 일과 이후 시간에 '진지하게' 기

106 조병창 내에서의 다양한 업무에 대해서는 심재욱, 2011.3. 「『工員名票』을 통해 본 戰時體制期 舊日本陸軍造兵廠의 조선인 군속동원」 『한국민족운동사연구』 66, 247~248쪽 참조.

107 『每日新報』 1944년 7월 1일자 '態度도 健康도 滿點, 下-動員學徒 仁川造兵廠一朔의 成果 眞摯한 硏究期錄'

108 끝부분에 절삭 날이 달린 절삭 공구 '바이트'를 의미한다.

109 『每日新報』 1944년 7월 1일자 '態度도 健康도 滿點, 下-動員學徒 仁川造兵廠一朔의 成果, 眞摯한 硏究期錄'

록하고 반성하면서, 효율적으로 더 빨리 더 많은 양을 생산하기 위해 고민하도록 촉구한 것이다.

조병창에서는 기능자양성소를 함께 운영하면서 이곳에 나이 어린 사람들을 동원하였다. 부평 백마정 1번지에 위치한 양성소는 조병창에서 2킬로미터 거리로 도보로 20~30분 걸렸으며, 소장은 일본군 마루야마[丸山] 소좌가 맡았다. 이곳에는 조선 전국과 일본 오사카 등 여러 지역에서 온 10대 초반의 어린아이들 수백 명이 있었다. 애초의 계획에 의하면 양성소는 3년 과정으로서, 학생들은 학년별로 1학년은 흰색 한줄, 2학년은 검은색 두줄, 3학년은 빨간색 세줄을 모자에 두르고 있었다.[110] 동원된 학생들은 대개 양성소를 국민학교 졸업과 동시에 중등교육을 받을 수 있는 곳으로 알고 입소하였다. 그러나 중등교육은 행해지지 않고 양성공들은 군수품 생산을 위해 새벽부터 밤까지 군사훈련과 실습교육을 하고 작업을 하여야 했다.[111] 1944년 이후 입소자들의 경우에는 조병창에 도착한 다음 날 군복을 착용하고 연병장에서 제식훈련을 받고, 양성소에서 3일간 공구사용법과 공구의 명칭 등 실내교육을 받은 뒤 곧바로 조병창 공장에 배치되어 단검 제작이나 철판 프레스 작업 등 무기생산 작업에 들어갔다.[112]

이론수업만이 아니라 실습의 명목으로 조병창에서 일반공과 함께 일을 해야 했으므로 그들의 생활은 매우 혹독하였다. 아직 나이가 어리고 교육을 제대로 받지 않은 상태에서 동원된 학생들은 성인 노무자에 맞추어 작업을 하였다. 더욱이 전쟁이 막바지에 이르면서 책임 생산량이 늘어나 '월월화수목금금'이라고 하여 휴일도 없이 공장에 나가

110 이병례·김미현 면담, 2009「일제의 전시공업인력양성정책: 인천·대구공립직업학교 출신자들의 구술 - 양재형」, 국사편찬위원회, 71쪽

111 남궁경(1928년생), 최경락(1930년생), 윤용관(1929년생)

112 최덕원(1927년생), 구주서(1927년생), 탁종규(1930년생)

일을 해야 했다.[113] 600℃의 납물 기름으로 총의 부품을 만들었고, 석유가 부족해지자 관솔로 만든 기름으로 기계를 작동시키다가 작업 도중 기계가 멈추고 기름이 새어 나와 얼굴과 몸이 기름으로 뒤범벅이 된 적이 한두 번이 아니었다. 미군의 공습이 시작된 이후에는 작업도중 비행기가 날아 공습경보가 발령되면 다 같이 지하 방공호로 대피하면서 힘겹게 작업을 이어갔다.[114]

〈사진 6〉 인천육군조병창 기능자양성소 건물 앞의 양성공들

사진 설명: '1944년 5월 4일 인천양성소 현관 입구 앞'이라고 쓰여있다.
사진 소장: 일제강제동원역사관. 양성공이었던 이범영 기증

기능자양성소에서는 규율이 엄격하였는데, 일석점호와 취침점호를

113 이상의 면담·해제, 국사편찬위원회 편, 2019 『구술사료선집 26 - 일제의 강제동원과 인천육군조병창 사람들』, 역사비평사, 최덕원 편 참조.

114 정택호(1925년생), 김종술(1929년생), 최경락(1930년생)

하고 강한 기합도 받고 아침식사 시 식사훈을 하였다. 조병창으로 이동할 때는 연병장에 집결하여 인원파악과 동시에 구호를 선창하면 양성소장이 구호를 하고 행진하면서 소년가를 부르며 조병창에 도착하여 각자 작업장으로 해산하였다. 양성소 기숙사는 산비탈에 있었는데, 3동의 건물에 다다미방이 여러 개 있어 한 방에 6명 정도씩 들어갔고, 식사는 식당에서 하였다.[115]

조병창 내에서의 노동환경에 대하여 해방 이후에 출판된 소설「해방공장」에서는 다음과 같이 묘사하였다.

> … 노무자수첩이니 하여 현장징용 이전부터 직장 이동이 불가능한 것을 기회로 장시간 노동을 강요한 오까 노무과장, 겨울에는 연료 없는 직장에 동사할 것 같고 여름에는 통풍장치 없는 노역장에서 질식할 것 같고 화상, 타박상 등 공장 일에 불구하고 휴식을 주지 않던 하야시 총무과장, 지독한 기아와 쇠약임에도 공휴일 출근 명령을 하야 반공설비 구축, 공장수리, 공장하천 도로 개수 등을 시키고, 정상임금을 지불할 성질의 것을 근로봉사란 편리한 협잡으로 처리하던 나까야마 연성과장, 어쩌다 나오는 쌀, 피륙, 신발, 약품, 술 등의 노무자 특배품을 딴 구멍으로 돌리던 쯔다 후생계장, 조선사람 종업원을 전부 도적놈으로 보고 게으름뱅이로 인정하고 경찰서 끄나풀로 앉아서 마치 사법형사의 권력을 부리던 후꾸다 수위장 …[116]

열악한 환경 속에서 장시간 노동을 하면서 형식적인 임금을 받았지

115 최경락(1930년생), 남궁경(1928년생). 일반공 숙소 영단주택도 기능자양성도 옆에 있어서 매일 일본군인의 인솔에 따라 숙소에서 공장까지 2키로미터 정도를 줄맞추어 걸어 이동했다. '일성료'라고 불린 다른 숙소에서는 10~11명 정도가 다다미방 한 칸에서 같이 생활하였다(이와 관련해서는 이상의, 2019「구술로 보는 일제하의 강제동원과 '인천조병창'」『동방학지』188, 연세대학교 국학연구원, 121~123쪽 참조).

116 李揆元, 1948「解放工場」『우리文學』10, 文章社(신덕룡 엮음, 1990『폭풍』, 시인사 재수록) 70~71쪽

만, 걸핏하면 태업, 사칙 위반, 명령불복종 등의 명분으로 감봉하거나 물자의 배급을 중지하거나 경찰에 넘기고, 출퇴근 시간에는 정문에 설치된 신사에 절을 하게 하고, 징용공들에게 연성을 강조하면서 식량을 줄이거나 추위를 견디게 하고, 국민의용병(國民義勇兵)을 조직한 후 밤에도 강제로 출동시키고, 특배용 쌀과 솜이불을 빼돌리는 등[117] 조병창 내에서 행해진 온갖 현상을 빗대어 서술하고 있는 것이다.

이러한 환경 속에서 학생들은 충분한 안전교육을 받지 못한 채 작업에 들어갔으므로 상해의 위험에 그대로 노출되어 있었다. 더욱이 학생들이 사용하는 기계나 설비는 성인을 기준으로 만들어진 것이었고 성인과 동일한 노동시간과 노동강도를 버티기 어려웠으므로 조병창 내에서는 부상이나 사고가 더 잦았다. 기계의 오작동으로 팔이 절단되는 사고도 있고, 작업 중에 기계 피대줄에 걸려 넘어져 머리를 부딪혀 조병창 병원에 입원하기도 했다.[118] 지하 벙커 실험실에서 총과 칼 손잡이에 니스칠을 하면서 손과 얼굴에 옻이 올라 안면부종으로 눈을 제대로 뜰 수 없었으며 결국 한센병 발병으로 이어진 경우도 있었고, 옴과 말라리아, 이질에 걸리고 열악한 환경과 노동으로 신체가 극도로 쇠약해져 사망에 이른 경우도 있었다.[119]

작업장 내 구타도 적지 않았다. 일한지 두달이 되도록 월급을 주지 않아 실장에게 항의했다가 구타당하여 실신한 후 만성 두통과 소화불량에 시달리기도 하였으며, 기초교육도 없이 일을 못한다고 하여 기합을 받고 구타를 당해서 정신이 불안해지기도 하였고, 양성소에서 심하

117 李撰元, 앞의 글, 66~67쪽

118 남궁경(1928년생), 정진호(1927년생)

119 정성채(1929년생) ; 이상의 면담·해제, 국사편찬위원회 편, 2019 『구술사료선집 26 - 일제의 강제동원과 인천육군조병창 사람들』, 역사비평사, 윤용관·변명식 편 참조.

게 구타를 당해 귀가 잘 들리지 않는 경우도 있었다.[120] 막사에서 돗자리를 깔고 생활하였는데 습기가 많이 차서 습진으로 고생한 사람도 적지 않았다.[121]

〈사진 7〉 인천조병창 병원 서무과 직원들의 단체 사진

사진 설명:사진 뒷면에는 '서무과장 니시하라[西原]상 기념, 이케다니 나가꼬[池谷良子] 18세'라고 적혀 있다.
사진 소장: 지영례, 뒷줄 오른쪽에서 여섯 번째 인물이 지영례다.

일이 위험하여 부상당하는 경우도 많았으므로 조병창에서는 대규모의 병원을 운영하고 있었다. 무기생산의 시급성에 대응하여 전쟁 진행에 차질이 없도록 하기 위한 조치였다. 조병창 병원 서무과에서 일했던 지영례의 회고에 의하면 "공장에 국민학교를 겨우 졸업한 아이들도 많이 있었죠. 한번은 어떤 아이가 옷이 기계에 빨려 들어가는 바람에 팔이 하나가 떨어져서, 팔 하나 따로 가져오고 좀 있다가 아이를 따로 데려오

120 김창기(1931년생), 장진형(1931년생), 최경락(1930년생)
121 이식화(1923년생)

고 하는 일도 있었어요. 날마다 다친 사람이 많았어요"라고 하여, 조병창에서 일하던 사람들의 사고와 부상이 적지 않았다고 전하였다.[122]

이러한 노동현실로 인해 인천조병창에서는 군인들의 엄격한 감시 아래서도 학생들과 노무자들 사이에서 저항이 지속되었다. 조병창의 감시가 몹시 심했고 탈출을 시도하다가 걸리면 징역간다는 소문 때문에 대개는 포기하고 말았지만, 몰래 도망쳐 나와 멀리 친척 집에 피신해 숨어지내거나, 작업이 너무 힘들어 탈출하여 고향으로 갔는데 주재소 순경이 체포하러 와서 다시 동원되거나, 이리저리 도피생활을 하다가 한 달만에 해방을 맞은 경우도 있었다.[123]

조병창에 동원되었던 인천공업학교 학생들은 동원 초반에는 출퇴근을 하였는데, 공장 내에서 유독 심하게 감독하거나 매질을 일삼는 일본인 군인들에 대해 퇴근길에 곧잘 보복 행위를 하곤 하였다.[124] 학생들은 조병창에서 일한 성적이 좋으면 휴가를 얻을 수 있었으므로 반장의 신임과 평가가 매우 중요하였다. 그런데 반장은 대개 일본인으로서, 조선인 학생들을 힘들게 하거나 구타하는 경우가 잦았다. 이에 몇몇 학생들이 모의하여 반장을 몰래 혼내주는 사건도 있었다. '심하게 행동하는 일본인 간부를 점찍어 놓았다가 그가 화장실에 가는 기미가 있으면 모르게 먼저 가 있다가 그가 나타나면 온 힘을 다하여 밀어 넘어뜨리고 주먹과 발로 실컷 때려주곤 하였다. 그리고 돌아와 태연하게 작업을 하였다. 물론 즉시 일본인 헌병이 나타나 수색을 하는 법석을 떨었다. 그러나 적발되지는 않았다'는 것이 당시 학생들이 무용담처럼

122 이상의 면담·해제, 국사편찬위원회 편, 2019 『구술사료선집 26 - 일제의 강제동원과 인천육군조병창 사람들』, 역사비평사, 지영례 편 참조.

123 이상의 면담·해제, 국사편찬위원회 편, 2019 위의 책, 변명식·김우식·장화두 편 참조.

124 이병례·김미현 면담, 2009 「일제의 전시공업인력양성정책: 인천·대구공립직업학교 출신자들의 구술 - 양재형」, 국사편찬위원회, 29~30쪽 ; 仁川機械工業高等學校同窓會, 1990 『仁川機械工高五十年史』, 122쪽

자랑한 회고담이다.[125]

한편 1944년 생산 확대를 위해 조병창에서는 학생들이 매일 집에서 출퇴근하는 방식에서 기숙사 생활을 하면서 바로 조병창으로 출퇴근하는 방식으로 변경하였다. 이에 인천공업학교 학생들은 조병창 내에 얽매이는 것에 반대하여 인천 서공원, 지금의 자유공원에 모여 집단농성을 하였다. 그러나 이내 말을 타고 채찍을 휘두르는 헌병들에게 모두 연행되고 기숙사 생활을 시작하게 되었다.

학생들의 기숙사는 나무로 지은 2층 건물로 양쪽에 기다란 다다미방으로 만들어져 있었다. 서로 다른 학교 학생들이 위, 아래층을 나누어 사용하면서 주야 2교대로 근무를 하였다. 1944년 동원된 인천중학교 학생들이 2층에서 생활하던 건물의 1층에는 아사히[旭]중학교 학생들이 생활하고 있었다. 그런데 두 학교 사이에서는 종종 소음 등을 빌미로 조선인 학생과 일본인 학생 간의 주먹다짐이 벌어졌다. 이에 인천공업학교의 힘센 조선인 학생이 인천중학교 모자를 쓰고 그 학교 학생으로 가장하여 아사히 중학교의 일본인 학생들과 겨루면서 인천중학교의 조선인 학생들을 비호하고 나서기도 하였다.

한편 동원되어 있던 보성전문 학생 오까모토[岡本]는 함께 일하던 중학생 중 몇 명을 물색해 일본인 반장을 혼내주도록 지시하고, "조선독립만세(朝鮮獨立萬歲)"라고 쓴 종이를 밥풀로 화장실 문에 붙이도록 해서 조병창이 떠들썩해진 적도 있었다.[126]

보성전문의 김연성(金連聲)[127]을 비롯한 일부 학생들은 '이 전쟁을

---

125 이병례·김미현 면담, 2009 앞의 자료, 23~26·69~70쪽

126 仁川機械工業高等學校 同窓會, 1990『仁川機械工高五十年史』, 122쪽 ; 이병례·김미현 면담, 2009 위의 자료, 17~27쪽

127 보성전문 학생으로서 해방 직후 좌익학생 대표로 활약하다가 6·25 전쟁시 사망하였다.(徐泰源, 1984『徐泰源 自敍傳 回想과 隨筆選』, 一潮閣, 35쪽)

유리하게 하는 무기를 만들지 말자'고 하면서 사보타지를 일으키는가 하면, 무더위에 밤새 모기, 벼룩, 빈대에 시달린 학생들이 공장에서 졸거나 멍하게 시간을 보내는 등 작업에 태만한 모습을 보였다. 학생들의 작업능률이 갈수록 저하되자 반장, 조장, 공장장이 여러 차례 학생들을 다그쳤다. 급기야 일본육군 당국에서는 학생들의 의도적인 태업을 이유로 보성전문학교를 폐교시키겠다는 주장이 나왔다. 이에 김성수, 장덕수, 윤행중, 서재원을 비롯한 여러 교수들이 번갈아 조병창을 방문하여 학생들을 설득하고, 채병덕 공장장과 지역유지들이 나서서 겨우 사태를 무마한 일도 있었다.[128]

학생들은 아니지만 당시 조병창에 동원된 조선인 내부에서는 무기를 밀반출하거나, 무기 제조법을 빼내기 위한 조직적인 움직임도 일어났다. 1942년 병기를 직접 만들어 조선총독을 암살하기 위해 조병창에서 무기제조법을 빼내려던 비밀 결사단체가 검거되었다. 서울 창천감리교회에 다니던 오순환(1921년생), 김군희(1918년생) 등은 친목을 가장한 비밀 항일결사조직 창천체육회와 조기회를 만들었다. 1941년 10월 이들은 조병창에 위장 취업하여 무기제조법을 빼내기로 하였다. 조선총독과 일제 고관을 암살해 동포들의 민족의식을 앙양시킬 계획을 세운 것이다. 그러나 이들은 1942년 체포되어 1944년 5월 치안유지법 위반 혐의로 오순환은 징역 2년, 김군희는 징역 1년을 선고받고 서대문형무소에서 옥고를 치렀다.

한편 1943년 3월 5일 조병창 내에서는 30여명이 비밀리에 고려재건당(高麗再建黨)을 조직하였다. 경기도 파주의 황장연(1923년생)은 이 조직에서 당원들에 대한 무기공급 책임을 맡았다. 1944년 8월 임

128 徐泰源, 앞의 책, 30~37쪽

시정부에서 밀파된 신교선과 접선하고 무기 공급을 지령받은 그는 조병창에서 권총 3정과 실탄 50발을 빼내 신교선에게 인계하였다. 이 일이 경찰에 발각되어 결국 그는 체포되고 이듬해 2월 조선군법회의에서 치안유지법 위반으로 징역 1년형을 언도받아 옥고를 치르던 중 해방과 함께 출옥하였다.[129]

1945년 8월 14일 밤, 조병창에서는 '내일 천황의 중대발표가 있으니 공장에 모여서 다 같이 그 방송을 엄숙하게 들으라'는 통지가 있었다.[130] 일본인 장교와 사병 그리고 소수의 조선인 군속들이 모여 방송을 들었다. 말이 잘 들리지 않아 자세히 알아들을 수는 없었지만, 일본이 항복한다는 내용임을 짐작할 수 있었다. 조병창에도 마침내 해방이 온 것이다.

서슬이 퍼렇던 조병창의 일본군 장교들은 얼굴이 벌겋게 상기되었고, 다른 일본인들은 엉엉 울거나 눈물을 삼키며 풀이 죽어 있었다. 조선인들은 당장 무엇을 어떻게 해야 할지 몰라 우왕좌왕하였다. 수많은 사람들이 바삐 움직이던 조병창은 적막에 잠겼고, 정국을 궁금해하던 보성전문 학생들 몇 명이 그날 밤 서울로 간 후 다음날 버스 한 대를 갖고 돌아와 다른 학생들과 함께 서울로 가서 건국준비위원회의 경비와 치안유지를 담당하였다.[131]

조병창에 동원된 조선인들의 귀가 과정은 각자마다 조금씩 달랐다. 위에서 보았듯이 해방 당일 대기하라는 명령을 무시하고 밤에 단체로 담을 넘어 탈출하여 서울로 가거나 개인적으로 걸어서 귀가한 경우도 있었다. 해방 후 보름 정도 지난 8월 말에 군속이 해산되면서 약간의

129 국사편찬위원회 한국사데이터베이스 일제감시대상인물카드 '오순환' ; 국가보훈처 공훈전자사료관 독립유공자기본정보 '오순환', '김군희', '황장연' 참조.

130 宋基澈, 2004 『내 인생 黑字인가 赤字인가 日帝下 挫折된 삶』, 保景文化社, 213쪽

131 宋基澈, 2004 위의 책, 216~218쪽 ; 2004 『내 인생 黑字인가 赤字인가 高麗大學校와 나』, 保景文化社, 1쪽

여비를 지급받고 조병창 안으로 들어온 기차를 타거나 도보로 주안역으로 가서 기차편으로 귀가한 경우도 있었다.[132] 그런가 하면 해방 후 조병창에서 생산된 총과 무기들을 일본인 입회하에 전부 소각 처리하고 기계도 사용할 수 없도록 모두 분해하느라 10월에야 해산되어 뒤늦게 귀가한 사람도 있었다.[133]

맺음말

지금까지 아시아·태평양전쟁기 일제의 조선 대륙병참기지화 정책과 관련하여 일본육군이 조선에서 인천조병창을 설립하고 그곳에 인천과 서울은 물론 전국에 걸쳐 국민학생부터 중학생, 대학생까지 동원해 간 양상에 대해 고찰하였다. 이하에서는 본문의 내용을 요약하여 결론에 대신한다.

일제는 1930년대 들어 교통·운송의 편의와 전장에서 가까운 지리적 이점을 감안하여 서울과 인천을 연결하는 경인공업지대를 설정하고 이곳에서 군수산업을 집중 확대하였다. 1939년 그 선상의 부평 일대에서 육군이 조병창 설립을 추진하면서, 조병창 주변에는 금속·기계공업 중심의 관련 업체들이 줄지어 자리잡게 되었다. 1941년 개창한 인천조병창에서는 조선 전역에서 금속제품을 수거하여 소총, 탄환, 단검 등의 무기를 생산하였다.

132 이기우(1930년생), 손종혁(1931년생), 서정식(1927년생)
해방 후의 귀가과정은 이상의 면담·해제, 국사편찬위원회 편, 『구술사료선집 26 - 일제의 강제동원과 인천육군조병창 사람들』, 역사비평사, 2019 최덕원 편에 상세히 서술되어 있다. 이와 관련해 이상의, 2019 「구술로 보는 일제하의 강제동원과 '인천조병창'」『동방학지』 188, 148~154쪽 참조.

133 이식화(1923년생), 탁종규(1930년생)

인천조병창에는 1만 명 이상의 군인, 군속, 노무자가 있었다. 그중에는 12세 어린이를 비롯한 학생의 비중도 적지 않았다. 조선총독부는 국가총동원법 발포 이후 학생을 근로보국대로 동원하기 시작하였다. 특히 1943년 제4차 조선교육령 발포 이후 학생을 상시적으로 노동현장에 동원하였고, 1944년부터는 1년 내내 통년동원하기에 이르렀다. 인천조병창의 학생동원은 이 통년동원의 첫번째 사례로서 주목된다.

인천조병창에 동원된 학생들은 세 부류로 구성되었다. 첫째, 전국에 걸쳐 국민학교 고학년 재학생 혹은 갓 졸업한 학생을 지역 단위로 동원한 경우, 둘째, 서울과 인천의 여러 남녀 중등학교에서 각각 수십명씩의 학생을 집단으로 동원한 경우, 셋째, 전문학교 학생을 수십명씩 한꺼번에 동원한 경우가 그것이다.

학생들은 조병창의 무기생산 각 영역에 일반노무자와 함께 배정되어 작업을 하였다. 이들은 충분한 사전교육 없이 장시간 노동하였으므로 기계를 오작동시키거나 신체 발달이 미숙하여 사고와 부상이 잦았다. 이러한 조건에서 학생들은 탈출을 시도하거나, 개인적으로 일본인 간부를 폭행하거나, 집단으로 태업을 하고 항일운동을 벌이는 등의 방식으로 저항하고 있었다.

이러한 인천조병창의 학생동원은 학교가 교육이라는 본래의 기능을 포기하고 전쟁을 치르기 위한 산업요원과 국방요원의 양성기관이자 공급기관으로 변질되었음을 잘 보여준다. 전쟁수행을 위한 학생의 동원과 동원으로 인한 교육의 파행은, 학생들에게 자신의 존재를 부정하고 산업전사 혹은 예비군인으로서 사고하고 훈련받고 기능하기를 요구하는 것이었다. 이러한 일제하 교육정책의 파행은 당시 일제가 국가로서 미래를 구상할 수 없을 만큼 다급해진 상황을 의미하는 것이었고, 이는 곧 일제의 패전을 예고하는 것이었다.

참고문헌

『每日新報』, 『大衆日報』, 『인천일보』, 『경인일보』, 『기호일보』

徐泰源, 1984 『徐泰源 自敍傳 回想과 隨筆選』, 一潮閣

宋基澈, 2004 『내 인생 黑字인가 赤字인가 日帝下 挫折된 삶』, 保景文化社

『昭和20年3月隷下部隊長會同の際の兵器生産狀況報告(仁川陸軍造兵廠)』, 陸軍一般史料中央-軍事行政兵器-41(アジア歷史資料センタ-C14010849100~C14010849300(조건 편역, 2021 『한반도주둔일본군 사료총서7 일제말기 조선군의 전시동원과 식민지배』, 역사공간)

李揆元, 1948 「解放工場」 『우리文學』 10, 文章社(신덕룡 엮음, 1990 『폭풍』, 시인사 재수록)

이병례·김미현 면담, 2009 「일제의 전시공업인력양성정책: 인천·대구공립직업학교 출신자들의 구술 - 양재형」, 국사편찬위원회

이상의·김규혁 면담, 2020 「부평부영공원 지하시설물 기초조사 연구」, 인천문화재단

仁川機械工高五十年史 編纂委員會, 1990 『仁川機械工高五十年史』, 仁川機械工業高等學校 同窓會

宮田節子 編·解說, 1989 『朝鮮軍概要史』, 不二出版

日本兵器工業會, 1945 『終戰直後の造兵廠現況綴』

(日本)陸軍造兵廠, 1945 『昭和二十年度 各造兵廠作業計畫』, 陸軍造兵廠

김미정, 2021 『강제동원을 말한다 - 잊혀진 여성들, 기억에서 역사로 일제말기 여성노무동원』, 선인

김행복, 2002 『6·25전쟁과 채병덕 장군』, 국방부군사편찬연구소

남도현, 2014 『무기의 탄생』, 플레닛미디어

부평사편찬위원회, 2007 『富平史 1』, 부평문화원

부평사편찬위원회, 2021 『부평사 4 - 인천육군조병창과 애스컴시티』, 경성문화사

부평역사박물관, 2015 『학술총서 1 부평 산곡동 근로자 주택』, 부평역사박물관

부평역사박물관, 2015 『학술총서 2 이주민의 마을, 부평 신촌』, 부평역사박물관

부평역사박물관, 2016 『학술총서 3 미쓰비시를 품은 여백, 사택마을 부평삼릉』,

부평역사박물관

부평역사박물관, 2022『학술총서 10 산곡동 87번지 부평 영단주택』1·2, 부평역사박물관

손정목, 1990『일제강점기도시계획연구』, 일지사

이상의, 2006『일제하 조선의 노동정책 연구』, 혜안

이상의 면담·해제, 국사편찬위원회 편, 2019『구술사료선집 26 - 일제의 강제동원과 인천육군조병창 사람들』, 역사비평사

이혜영 외, 1997『한국 근대 학교교육 100년사 연구 Ⅱ-일제시대의 학교교육』, 한국교육개발원

인천광역시립박물관, 2021『인천광역시립박물관 조사보고 34집-미군기지 캠프 마켓과 인천육군조병창 유적』

인천교대 기전문화연구소, 1997『富平史』, 인천광역시 부평구

한만송, 2013『캠프마켓』, 봉구네책방

허광무, 2023『부평 조선 병참의 별이 되다』, 동북아역사재단

권영배, 2008「일제말 전시체제하 중등학교의 동원과 저항-대구지역을 중심으로」『역사교육논집』40, 역사교육학회

김경남, 2023「일제의 부산·경남권 전쟁시설 설치와 학생 강제동원의 국제법적 불법성」『역사문화연구』85, 역사문화연구소

김경남, 2025「일제의 대륙병참기지 강화와 학생 강제동원 - 경성지역 국제법 위반 사례를 중심으로 -」『영남학』92, 영남문화연구원

김미현, 2010「전시체제기 인천지역 학생 노동력 동원」『인천학연구』12, 인천대학교 인천학연구원

김현석, 2014「부평미군기지의 역사와 기지 '반환'의 성격」『박물관지』16, 인하대학교 박물관

배석만, 2009「일제시기 조선기계제작소(朝鮮機械製作所)의 설립과 경영(1937~1945)」『인천학연구』10, 인천학연구원

배성준, 2000「戰時下 '京城'지역의 공업 통제」『국사관논총』88, 국사편찬위원회

辛珠栢, 2001「日帝의 教育政策과 學生의 勤勞動員 1943-1945」『歷史教育』78, 歷史教育研究會

심재욱, 2011 「『工員名票』을 통해 본 戰時體制期 舊日本陸軍造兵廠의 조선인 군속동원」 『한국민족운동사연구』 66, 한국민족운동사학회

염복규, 2007 「1930-40년대 인천지역의 행정구역 확장과 시가지계획의 전개」 『인천학연구』 6, 인천대학교 인천학연구원

吳美一, 2010 「자본주의 생산체제의 변화와 공간의 편성 - 일제말기 인천지역을 중심으로 -」 『한국근현대사연구』 53, 한국근현대사학회

이병례, 2009 「일제말기(1937~1945) 인천지역 공업현황과 노동자 존재형태」 『인천학연구』 10, 인천대학교 인천학연구원

이상의, 2003 「일제지배 말기의 노동문제와 조선인의 저항」 『역사연구』 13, 역사학연구소

이상의, 2016 「아시아·태평양전쟁기 일제의 '인천조병창' 운영과 조선인 학생동원」 『인천학연구』 25, 인천대학교 인천학연구원

이상의, 2019 「구술로 보는 일제하의 강제동원과 '인천조병창'」 『동방학지』 188, 연세대학교 국학연구원

이연경·홍현도, 2019 「부평 미쓰비시(三菱)사택의 도시주거로서의 특징과 가치-1930년대 말 부평의 병참기지화와 노무자주택의 건설」 『도시연구: 역사·사회·문화』 22, 도시사학회

이연경, 2022 「1940년대 인천 일본육군조병창의 설치와 군수산업도시 부평의 탄생」 『도시연구: 역사·사회·문화』 30, 도시사학회

전성현, 2015 「전시체제기 학교 隊조직의 변화와 집단 노동력 동원-조선총독부의 학생동원정책을 중심으로」 『석당논총』 62, 동아대학교 석당학술원

정연학, 2014 「부평 산곡동 근로자 주택과 생활문화」 『부평 산곡동 근로자주택』, 부평역사박물관

조건, 2015 「전시 총동원체제기 조선 주둔 일본군의 조선인 통제와 동원」, 동국대학교 박사학위논문

조건, 2021 「일제 말기 仁川陸軍造兵廠의 地下化와 강제동원 피해」 『한국근현대사연구』 98, 근현대사연구회

부평 애스컴 시티와 지역사회의 동학

주둔부터 반환까지, 공간의 상호관계

금보운

영남대학교

금보운

부평 애스컴 시티와 지역사회의 동학

주둔부터 반환까지, 공간의 상호관계

머리말

미군 기지와 그 주변 생활 공간은 경제적·군사적 이익과 책임을 분담하며 상호 영향을 미쳐왔으며, 시기에 따라 안보적 상황, 경제적 수준, 국제적 환경과 국내의 분위기가 달라지는 만큼 그 관계도 변화해 왔다. 이에 미군이 정부 수립의 역사보다 긴 시간 한국에 주둔한다는 것에 대해 일차원적으로 한미 동맹과 한국 사회의 안보적 가치 수용이라고 해석하는 것을 넘어 미군과 지역 사회 관계의 동학과 지역사회에서의 미군 기지의 의미를 명확히 분석할 필요가 있다.

이 글은 부평에 위치했던 미군기지, 애스컴(Army Service Command, ASCOM: 미 육군 군수지원사령부, 이하 애스컴) 시티가 주변 지역과 관계를 형성해 온 양상과 기지의 변화에 따라 그 관계와 대응이 변화해오는 과정을 규명한다. 미군이 지역사회와 밀접한 관계를 형성하던 시기의 주민-미군 관계와 그 관계가 해체된 이후 지역사회의 미군 기지에 대한 대응을 살펴보는 것이다. 특히 미군과 지역사회의 관계가 오랜 시간 기지 운영을 하는 데 필요한 요소로서 정책적으로 형성되어 왔다는 점을 주목한다. 이를 통해 기지 운영이 안보정책 및 제도뿐만 아니라 주민의 생활 공간을 동원하며 유지되어왔음을 규명할 수 있다. 이와 함께 미군이 수립한 지역사회관계 및 기지 해체 이후 주민의 대응 속에서 지역주민이 정책 대상이자 수동적 주체에 머물지만은 않았음에 주목한다.

본 연구의 대상 시기는 정전 이후 미군의 상시 주둔이 시작되었던 1950년대 중반부터 1973년 애스컴이 해체된 이후 2000년대까지이다. 광범위한 시기를 다루고 있지만, 그만큼 애스컴이 지역사회에 미친 영향을 통시적으로 확인할 수 있다. 특히 정전협정 이후 1950년대는 미군이 장기 주둔을 시작하며 안정적인 기지 운영을 위해 지역사회관계에 대한 정책을 수립하고, 지역사회 운영에 개입하던 시기였다.[1] 이는 기지의 주둔을 목적으로 한 적극적인 지역사회 개입이라는 점에서 미군정 시기, 전쟁시기와 비교할 수 있는 특징을 갖는다. 구체적으로 미군정 정책의 일환으로 소요사태를 예방하거나, 위생 및 범죄를 통제하는 관리자의 입장에 있었으며,[2] 전쟁 시기 전선에 따라 이동하며 피난민 관리 및 보급 지원을 하던 전시통제의 역할을 수행했다.[3]

---

1 주한미군은 기지를 운영하며 지역사회를 “군 시설 혹은 인력(Army facilities and/or personnel)이 주민에 특별한 혹은 경제적 영향을 미치는 지역”이자 “한미 관계에 직접적인 영향을 미치는” 지역으로 규정하였다. 그리고, 미군기지를 안정적으로 운영하기 위해 협조를 도모해야 하는 공간으로 활용하려고 하였다. 미군의 지역사회 정책에 대해서는 금보운, 2022 「군사도시의 지역사회관계 형성-주한미군의 근린 정책과 ‘기지생활권’을 중심으로 (1957~1971년)」 『도시연구:역사·사회·문화』 29 참조.

2 애스컴은 미군정 시기 인천지구에 대한 통제 역할을 부여받았다(국사편찬위원회, 2014 『주한미군사』 1, 국사편찬위원회, 75~76쪽, 184~185쪽).

3 애스컴은 전쟁 중과 전후에 이르기까지 군수 물자를 관리하는 역할을 수행했다(“Historical Study of ASCOM City,” 1956.5.15., (국사편찬위원회, AUS251_09_00C1456)).

본고에서 주목하는 미군과 주민의 관계는 미군이 주둔하고, 주민이 기지 주변에 모여들면서 소비 등의 관계 속에서 발생하는 단편적인 관계에 그치지 않는다. 그보다 미군이 지역사회를 기지운영의 정책 대상으로 삼아 실행하였던 지역사회관계 활동 속에서 형성된 '의도된' 관계를 말한다.

부평 미군기지의 변화와 지역사회에 관한 연구는 주로 부평 미군기지의 형성 과정과 지역사회에 미친 영향에 관한 분석을 담고 있다. 우선 일제 시기와의 연속성에 주목하여 미군이 주둔하는 과정과 이후의 변화, 기지 내에 남아있는 유적의 의미에 대해 분석한 연구가 있다.[4] 이 연구는 시계열적인 연속성과 점령 주체의 차이, 공간의 의미를 규명하였다는 의미가 있다. 하지만, 미군 주둔 이후의 상황은 소략하게 서술되었고, 지역사회와의 관계는 조명되지 않았다.

미군 주둔을 계기로 이주민이 모여들게 되었다며 부평의 지역성을 분석한 연구도 있다.[5] 이 연구는 미군 기지가 주변 지역, 특히 인구 구성에 미친 영향을 규명하였는데, 이주민의 도시라는 부평의 지역성을 통사적으로 규명하며 미군의 영향에 대해서는 소략하였다. 또한, 미군을 지역사회에 영향을 미친 적극적 주체로서 조명하지 않았다.

이와 더불어 주한미군의 지역사회에 대한 경제적, 문화적 영향과 함께 미군 감축 정책의 배경과 내용, 이에 따른 부평 주민의 대응을 종합적으로 다룬 저서를 주목할 수 있다.[6] 이 저서 역시 일제시기부터 이어져 온 기지의 역사와 지역사회에 미친 영향을 정리하며 부평 미군기지

4 조건, 2022 「인천시 부평 외국군 '병참기지'의 성립과 해체, 그리고 현재적 의미」 『한일민족문제연구』 43

5 오미일·조관연, 2010 「부평 로컬리티와 이주민 - 1945~1960년대를 중심으로 -」 『인문과학』 45

6 한만송, 2013 『캠프 마켓』, 봉구네 책방

의 역사와 그 영향을 이해하는 데 기여했다. 하지만, 미군의 주둔 목적과 이를 달성하기 위한 지역사회관계 형성이라는 측면에서 미군-지역사회 관계의 성격을 규명하지는 못했다.

조사 연구의 차원에서 지역사회 관련 자료를 수집하고, 구술을 진행하여 망라한 연구를 확인할 수 있다.[7] 이 연구는 미군기지를 중심으로 형성된 '새로운 마을' 신촌의 역사적 배경과 지리 정보를 포함하여 기지 주변 지역사회의 변화상을 규명했다는 의미가 있다. 하지만 풍부한 사실 규명 외에 미군이 주둔하면서 형성한 지역사회관계의 정책적 의미와 지역사회의 대응에 대해서는 분석되지 않았다.

이 글은 애스컴 시티라고 불린 부평 미군기지의 주둔과 지역사회관계의 변화 양상을 통해 미군이 기지 운영을 목적으로 지역사회관계를 형성하였으며, 이러한 관계망이 애스컴 해체 이후 축소되며 미군에 대한 인식 및 대응도 변화하였음을 규명한다. 지역사회의 대응과 미군에 대한 인식을 확인하기 위해 지역조사 자료와 편찬사료, 신문, 구술자료를 활용하고, 미군의 지역사회관계 형성 및 기지 운영 정책을 규명하는 데에 미국 국립문서기록관리청(NARA), 국사편찬위원회, 국립중앙도서관 소장 미군 자료를 참고하였다.

7 김현석 외, 2015『이주민의 마을, 부평 신촌』, 부평역사박물관

1. 1950년대 이후 미군 기지 중심 지역사회관계의 형성

1) 지원사령부 운영과 미군-지역관계 형성

애스컴 시티는 1949년 미군 철수 이후 1950년 '6·25전쟁'이 발발하기까지 짧은 시간을 제외하고, 이후 1973년 캠프 마켓만 남겨두고 해체할 때까지 주한미군의 보급기지로 활용되었다. 일제시기 조병창이었던 만큼 대규모로 남겨져있던 창고 및 건물들은 미군이 태평양 지역을 포함하여 대부분 오키나와를 통해 도입했던 물자와 기기들을 저장하기에 적합했기 때문이다. 실제로 미군 점령 당시 일본군의 송환으로 소유자가 부재했던 건물은 부평 애스컴 시티가 미 육군 군수지원사령부의 역할을 수행하는 데 영향을 미쳤다.[8]

물류뿐만 아니라 애스컴 시티의 특징을 반영하는 것이 보충대의 역할이다. 특히 애스컴 시티는 인천항과 인접한 위치 때문에 해외에서 전입해 오는 입영장정을 접수하고, 관리하는 인천 보충대(8057th AU) 부대가 위치하고 있었다. 또한, 부평역과 인접하여 철도 교통을 이용할 수 있다는 점은 애스컴 시티가 지원사령부로서 미군 물자와 인적 자원의 유통을 도모하는 기지로 활용될 수 있었던 물적 조건이 되었다.[9] 이러한 이유로 부평에는 부사관 학교(NCO Academy)가 위치하기도 했다.[10]

8 "Historical Study of ASCOM City," 1956.5.15., Ascom City, Korea, Box24, Organizational History Files, 1959-1973 (Entry A1 1, formerly RG338 UD34407), Records of the U.S. Army, Pacific, 1945-1984 (RG550), AUS251_09_00C1456 (국사편찬위원회 소장)

9 "Historical Study of ASCOM City," 1956.5.15., Entry A1 1, RG550, AUS251_09_00C1456 (국사편찬위원회 소장)

10 PFC Lyndon Ruber, "History of Ascom Area," 1957.5.29., *The 55th Quarterman*, Entry A1 1, RG550, AUS251_09_00C1456 (국사편찬위원회 소장)

애스컴의 보급창 역할이 강조되었던 시기는 1948년 한국 정부수립 이후 미군이 철수를 준비할 때였는데, 소수의 인원만이 남는 상황을 감안하여 지원사령부를 한 곳에 집중하는 것이 물자 관리에 현실적이라는 판단을 했던 것이다. 물류의 집합처 역할은 전쟁 중에 보다 고정화되었다. 전쟁 초기 애스컴은 한국군의 관할로 이전된 상태였지만, 곧 인민군에 넘어가게 되었다. 1951년 미군이 완전히 수복하게 된 애스컴 시티의 내부는 피난민들로 인해 '아수라장(ransacked)'이 되었지만, 건물은 상대적으로 전투로 인한 손상을 입지 않은 상태였다. 이 시기 이후 애스컴 시티는 본격적으로 미 육군 군수지원사령부 기지의 역할을 수행하며 전쟁 이후 남은 시설을 지원했다. 정전협정이 체결된 1953년 후반 이후 한국에 남아있는 군대의 활동을 지원하기 위해 애스컴 시티 지역에 모든 지원활동을 집중하라는 최고 사령부의 명령이 내려지기도 했다.[11]

1955년에는 애스컴 시티 지역사령부(ASCOM City Area Command)가 설립되면서 121 후송병원, 인천 보충대, 제 55병참창이 산하에 배치되었다.[12] 당시 부평의 인근 주민들은 애스컴 시티를 '애스컴 데뽀(Depot)', '55부대', '8057부대'라고 불렀는데,[13] 물자 및 인적자원의 보급을 담당하는 이들 부대가 애스컴 시티의 역할을 대표하는 부대이기 때문이었다고 할 수 있다. 그밖에 기지의 성격을 드러내는 '보급창'도 자주 거론되는 명칭 중 하나였다. 그만큼 보급기지로서 당시 애스

11 "Historical Study of ASCOM City," 1956.5.15., Entry A1 1, RG550, AUS251_09_00C1456 (국사편찬위원회 소장)

12 "Historical Study of ASCOM City," 1956.5.15., Entry A1 1, RG550, AUS251_09_00C1456 (국사편찬위원회 소장)

13 김현석, 2020 「부평미군기지의 역사: 캠프 마켓과 애스컴 시티」, 부평역사박물관 편, 『헬로우 애스컴 시티 굿바이 캠프 마켓』, 부평역사박물관, 137쪽

컴 시티의 역할이 지역 주민들에게도 잘 인지되어 있었다는 것이다.[14]

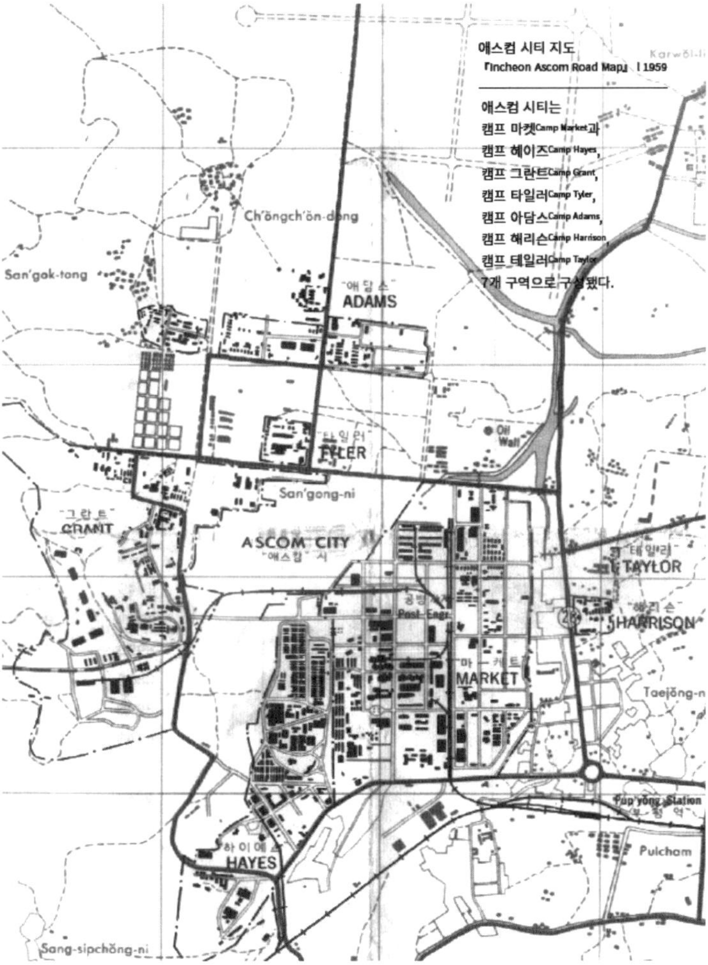

〈그림 1〉 애스컴 시티 지도

출전: 부평역사박물관 편, 2020『헬로우 애스컴 시티 굿바이 캠프 마켓』, 부평역사박물관, 32쪽

14 김현석 외, 2015 앞의 책, 80쪽

애스컴 시티는 '도시'라고 지칭되었던 만큼 여러 개의 부대(camp)로 구성되어 있는 하나의 밀집 지역(complex)이다. 가장 오래 남아 있었던 캠프마켓(Camp Market)을 비롯해서 캠프 헤이즈(Camp Hayes), 캠프 그란트(Camp Grant), 캠프 타일러(Camp Tyler), 캠프 아담스(Camp Adams), 캠프 해리슨(Camp Harrison), 캠프 테일러(Camp Taylor) 등이 있었다.[15]

1955년 사령부 배치를 시작으로 미 극동 육군은 활동 범위 내에서 임무를 전달했다(1956년 AFFE/8A Circular Number 10-1으로 대체). 여기에는 일반적으로 미군이 한국에 주둔하여 수행하는 임무들과 크게 다르지 않은 방향이 포함되어 있다. 이를 살펴보면 아래와 같다.[16]

<애스컴 시티에 대한 미극동육군(AFFE)의 지침>

1. 치안을 포함한 지역 방위, 방어적 항공 방위, 화생방 훈련, 항공 공격·소요·난동·게릴라 공격·태업에 대한 방위
2. 구역 훼손 통제
3. 비전투원의 대피
4. 밀수와 도난 방지
5. 화재 방지 및 보호
6. 교통 통제
7. 다음에 대한 높은 기준 유지:
   a. 기지 내와 밖에서의 행동과 복장 규칙 준수를 포함한 사항에 대한 훈육 / b. 법과 질서 / c. 도덕 / d. 위생과 보건
8. 정훈과 교육 활동

15 김현석, 2020 앞의 책, 138~139쪽

16 "Historical Study of ASCOM City," 1956.5.15., Entry A1 1, RG550, AUS251_09_00C1456 (국사편찬위원회 소장)

9. 개인적 활동:
   a. 종교 활동 / b. 개별 위생 / c. 여가 및 유흥 / d. 물자 구매 /
   e. 복지 활동 / f. 생활 환경
10. 부동산 분배
11. 지역 급전시설 활용

(강조는 필자)

이 임무들 중 강조된 항목(1, 4, 7, 8)을 주목할 수 있는데, 이는 애스컴 시티가 주둔하는 동안 주변 지역과 형성한 관계와 연계되는 지침이기 때문이다. 물론 애스컴 시티와 부평 주민 간 관계는 애스컴 사령부 설치 이전부터 시작되었다. 일례로 1948년 애스컴 시티에 제 181 통신대대와 제74병기대대가 이전해 오며 미군이 재건 프로그램(a rebuild program)을 시행했는데, 이에 따라 정비대 건물을 건축할 때 한국인 노동력을 동원하였던 것이다.[17] 이 한국인 노동자들은 미군과 주한미임시고문단에 배치된 전문가들의 지도 하에 건설사업에 참여하였다.

그런데, 위의 지침에서 강조된 항목들은 미군기지의 지역 주민 동원과 같은 일차적 접촉뿐만 아니라 애스컴 시티의 운영이 지역사회 운영과 연계되어 있음을 보여준다. 우선 1번에서 제시한 미군기지 주변 지역에 대한 안보 및 방위의 강조, 소요사태와 게릴라, 태업에 대한 경계는 기본적으로 기지 주변 지역에 대한 경계심에서 비롯된 것이라 할 수 있다. 미군은 실제 한국에 주둔하며 미군기지가 예측할 수 없이 발생할 수 있는 민간인 '소요사태'와 게릴라 공격의 대상이 될 수 있다고 여겼기 때문이다.[18] 특히 미군기지 내에서 일을 하는 고용자는 미군

17 "Historical Study of ASCOM City," 1956.5.15., Entry A1 1, RG550, AUS251_09_00C1456 (국사편찬위원회 소장)

18 이러한 경계심은 한국에서의 경험에서 비롯된 것이기도 하다. 일례로 1955년 중립국 감시위원단 내 공산국가 철수를 주장하는 시민들이 미군기지 입구까지 진입하

의 임무, 병력, 계획, 장비 및 활동에 관한 정보에 근접할 수 있다는 점에서 북한 간첩의 포섭 대상이 될 수 있다고 생각하기도 했다.[19] 이에 미군은 기지에서 일하는 고용자에 대해서도 "미군에 반대하거나 미국 정부를 전복시킬 것을 주장하는 어떠한 단체에도 참가할 수 없다"는 규정을 두는 등 민간인 집단행위가 기지에 위협을 가할 수 있다고 경계했다.[20] 부평이 '이주민의 도시'라고 불렸던 만큼 그 중에는 북한 지역 출신도 포함되어 있었는데, 이는 미군의 경계심을 키우는 요인이기도 했다.[21]

4번 밀수와 도난 방지는 기본적으로 미군기지에서 기지 내 한국인 고용자 및 미군들을 대상으로 강조해 오던 항목이었지만, 특히 보급기지로서 애스컴 시티에서는 더 중요한 사안이었다. 실제로 1945년 미군은 점령을 시작하며 밀수를 방지하기 위해 지원사령부를 한 곳에 집중해야 한다고 강조하였다.[22] 미군의 장기 주둔이 시작되면서 애스컴의 물자 보급 역할은 더욱 강조되었고, 그만큼 지역사회로 부터의 도난과 밀수에 대한 경계도 심화되었다.

보급기지가 아니더라도 미군기지는 미국 물자가 도입되는 곳으로서

는 일도 있었는데, 미군은 이에 최루탄과 실탄을 발포하며 대응하기도 했다(「폭력행동 삼가라」『동아일보』 1955년 8월 11일, 3면 ; 「미군, 전투태세 준비 최고조에 달한 각지 데모」『동아일보』 1955년 8월 14일, 3면).

19 "Saeda Briefing for Korean National Employees," UNC/USFK/EA Reg600-2, 227-01 Publications Record Set Files (76) UNC/USFK/EA Reg, 338-81-500(Box3), Pamphlets, and Regulations, 1973-1976 (EntryUDWW145), RG550

20 "Civilian Personnel Guidance for the Conduct and operation of Civilian personnel Management Within EUSA-FY1965", (1964.11.9.), 205-06 Publications Background Files (65) EUSA PAMP 690-8 COFF 31 Dec 65 TRF RHA Jan 67, TRF RHA Jan69. Permanent, RHA Korea(Box6), EntryUDWW127, RG550

21 오미일·조관연, 2010 앞의 논문, 105~106쪽

22 "Historical Study of ASCOM City," 1956.5.15., Entry A1 1, RG550, AUS251_09_00C1456 (국사편찬위원회 소장)

미군에게도, 한국인에게도 밀수와 절도의 유혹이 도사리는 곳이었다. 하물며 보급창이 배치된 애스컴 시티에 있어 밀수와 도난에 대한 방지 태세는 기지 운영을 위한 중요한 지침이 될 수 있었다. 실제로 1962년 1월~6월 말 사이에 부평에서 일어난 총 범죄 건수 650건 중 15%가 미군 관계 절도사건이었다.[23] 미군 기지 주변에서 발생하는 밀수는 지역 주민과 미군 간 관계 속에서 발생하였기 때문에 미군은 밀수를 방지하려는 미군의 정책 방향에 지역 주민들이 협조할 수 있도록 주민 대상 교육을 시행하거나 우호적 관계를 형성하고자 했다.

마지막 7번, 8번에서 미군의 행동에 대한 높은 기준을 요구하는 것과 정훈 및 교육은 지역사회가 미군에 대해 우호적인 감정을 갖게 하여 기지를 안정적으로 운영하고자 하는 목적에서 비롯된 것이었다. 주한미군은 미군들의 비우호적인 행동이 주민들의 심리를 공산주의로 기울게 할 것이라고 강조하였다.[24] 그리고 미군 주둔의 목적이 냉전 하 자유 진영의 안보를 유지하는 것인 만큼 미군의 태도를 통제하고, 주민에 대한 친밀한 행동을 취하도록 장병들을 교육하고자 했다. 정훈 및 교육은 미군 병사들을 대상으로 미군의 안정적인 기지운영을 위한 대민정책과 지침을 전달하는 활동이었던 것이다. 정훈 및 교육의 내용에는 미군이 지역사회와 우호적 관계를 형성해야 한다는 점이 포함되어 있는데, 해외 주둔 미군과 피주둔국 주민 간 갈등이 발생한다면 이를 빌미로 공산세력의 전복 활동을 벌일 수 있다는 점을 경계했기 때문이었다.[25] 안정적인 '지역사회관계'는 미군이 피주둔국에서 수행하

23 「철조망 주변 미군부대촌의 현실 (5) 부평」『동아일보』 1962년 7월 29일, 3면

24 "Proposed Eighth Army Pamphlet 600-207"(1968.10.14.), 227-04, Centralized background instr file, EA Pam 600-207 Cold War Supplement-NonCobts. COFF 31 Dec71. Trf RHA Jan 74. Ret Jan 76 WNRC. Permanent, 338-76-227(Box2), EntryUDWW152, RG550

25 "Troop topic: the Soldier and the Nation He Defends", USARPAC Cir 360-

는 군사적 임무의 성공적인 수행을 상징하는 것으로, 공산진영의 침투를 방지할 방안이었다.[26]

2) 미군-주민의 연계망과 관계의 층위

애스컴 시티가 전달받은 기지 운영 방침의 지역사회관계와 관련한 조항은 구체적인 정책으로 실현되었다. 이때 기지 운영의 대상으로서 지역사회는 기지와 인접한 지역에 위치하여 미군으로부터 경제적, 정치적 영향을 받는 생활공간이었다.[27] 이 지역사회는 미군기지를 중심으로 유사한 경제활동, 문화정체성, 미군-지역사회 관계를 공유하였다. 지역사회의 지리적 범위는 명확하게 규정되지 않지만, 애스컴 시티의 경우 아래 그림에서 표기된 지역과 유사하며, 신촌이 그 중심적인 지역이라고 할 수 있다.

애스컴 시티가 지역사회를 대상으로 시행했던 정책 중 하나는 주한미군 대한원조(AFAK: Army Force Assistance to Korea)였다. 주한미군 대한원조는 주한미군의 지역사회에 대한 원조로 직접적인 경제적 지원보다 사회시설 건설 및 구호 활동으로 이루어진다. 이는 미군기지 주변 지역의 생활환경을 지원하여 미국의 '기여와 성과'를 선전하고 지역사회와 우호적인 관계를 형성하기 위한 것이었다.[28]

1-4(1966.3.29.), 360-1-1 thru 360-1-28 Command Report, USARPAC Record Pubs(Box4), EntryUDWW36, RG550

26 "Troop Topic: For Every Person's Betterment," USARPAC Cir 360-1-16(1967.11.29.), 360-1-1 thru 360-1-28 Command Report, USARPAC Record Pubs(Box4), EntryUDWW36, RG550

27 "Relations Between United Nations Military Forces and Korean Nationals," (1957.5.29.), 006, General Correspondence Files, Eighth U.S. Army 1957-58, General Admin Files, 1957, Decimals 006 to 014(Box46), EntryA1 278, RG33

28 "Quarterly Review, 1969: Public Affairs Program," 3rd Quarter, EUSA

〈그림 2〉 애스컴 시티 지역사회

출처: 김현석 외, 2015 『이주민의 마을, 부평 신촌』, 부평역사박물관, 77쪽

애스컴은 고아원이나 학교와 같은 시설 건설에 필요한 자재를 지원하기도 했고, 부대 내에서 양로원 건설과 같은 특정 프로그램을 시행하는 위원회를 만들어 병사들을 건설에 참여시켰다.[29] 애스컴의 주한미군 대한원조 활동은 부평 지역에만 한정되지 않았다. 미군에 대한 우호적 인식 형성에 영향을 줄 수 있는 지역으로서 부평동 주변의 다른 지역에까지 그 활동이 적용되었다.

주한미군은 대민정책 중에서도 주한미군 대한원조에 대해 "공공시

Quarterly Review 3rd Qaurter FY69, 8th U.S. Army Quarterly Review, FY1959 to 8th U.S. Army Chronology, 1971(Box132), EntryA1 2, RG550

29 "Armed Forces Assistance to Korea," 1963.5.14., Box2210, Entry A1 255, RG550, AUS004_103_00C0164 (국사편찬위원회 소장)

설 건설 등을 포함한 각종 건설사업으로 한국의 사회경제적 개발에 기여하고, 자연재해를 구호하는 활동"이라며 그 중요성을 강조했다.[30] 하지만, 주한미군 대한원조의 시행내역을 보면 미군이 제시했던 의미와 달리 직접적으로 '한국의 사회경제적 개발에 기여하는 원조'로 볼 수는 없다. 다만 주한미군이 지역 주민의 생활을 개선하며 사회·복지 차원에서 지원하였음을 알 수 있다.[31]

근본적으로는 교육시설 및 구호시설의 건설을 비롯하여 재해구호 및 물자지원 등 주민 대상 일상적인 행정 운영에 개입하는 것이었다. 일례로 주한미군이 우호적인 지역사회관계를 형성하기 위해 시행했던 '보이스카우트'의 유니폼을 지원하거나 기지 주변 지역사회 질서를 도모하는 데 협력하던 한국 경찰의 미망인에게 의복 및 이불을 지원하는 것 등이 주한미군 대한원조에 포함되었다.[32] 또한, 상이용사들을 위해 설립된 화랑농장 건물을 증축하기도 했고, 화재로 소실된 부평동국민학교 복구 자재를 제공하거나, 부평동국민학교 부개분교에 원조를 하였다.[33]

애스컴 시티의 주한미군 대한원조는 지방 정부와의 협조 속에서

30 "Quarterly Review, 2nd Quarter 1966: Public Affairs Activities," EUSA Quarterly Review 2nd Quarter FY66, 8th U.S. Army Quarterly Review, FY1959 to 8th U.S. Army Quarterly Review, FY1966(Box131), EntryA1 2, RG550

31 "Consolidated Quarterlyu Report of Armed Forces Assistance to Korea Program-1st Quarter FY 1963(Status Report #84)," (1962.10.20.), Program-AFAK, Jan 1962, Korea Subject Files, FY61-63, Records of the Agency for International Development(RG286), (국립중앙도서관 소장)

32 "Donation of Salvage Material," 1960.7.11., Box 2208, AFAK [Armed Forces Assistance to Korea] Administrative Files, 1960: 280/69, Salvage and Surplus Files (ASCOM), Project Files, 1954 - 1963 (Entry A-1 255), Records of U.S. Army Operational, Tactical, and Support Organizations (World War II and Thereafter), 1917 - 1993 [I](Record Group 338), AUS004_103_00C0135 (국사편찬위원회 소장)

33 부평사편찬위원회 편, 2007a 『부평사』 제1권, 부평사편찬위원회, 414~415쪽

전개되었다. 이러한 협조 체제는 1950년대부터 시작되었는데, 그 매개가 되었던 것은 부평 지역 '지역사회관계 자문위원회(CRAC: Community Relations Advisory Committee)'였다. 일례로 1962년 당시 부평을 관할하고 있던 행정지역으로서 경기도에서는 교육국장을 비롯한 학교 사업 관계자와 애스컴 지역 사령부 민사관이 회의를 가졌다. 이 자리에서 경기도는 주한미군 대한원조의 규모와 계획을 공유할 것을 요구했고, 애스컴 사령부는 경기도의 자금 지원을 요청했다. 경기도는 주한미군 대한원조 프로젝트를 수행하는 데 대한 협조를 약속하였다.[34] 또한, 경기도 경찰국이 직접 복무 중 사망한 경찰의 가족들을 위한 의복 지원을 애스컴 사령부에 요청하기도 했다.[35] 이처럼 애스컴 시티 주변 지역에 대한 대민정책은 주한미군의 원조를 중심으로 지방정부와 미군의 협조 하에 전개되었다. 애스컴 시티와 경기도는 기지 주변 지역의 행정 운영에 협조하며 주민과 생활공간을 기지 운영의 체계 안에 배치한 것이라고 할 수 있다.

물론 미군의 지역사회관계 활동이 근본적으로 안정적인 기지 운영을 목적으로 시행되었던 만큼 우호적이고, 시혜적인 성격만 갖고있지 않았다. 미군은 헌병을 활용하여 지역사회를 통제하기도 하였다. 애스컴 시티에는 제278 헌병대대 A중대와 D중대가 배치되었다. 기본적으로 헌병대는 교통 통제, 귀빈 에스코트, 법과 질서 준수 관리 임무를 수행한다. 하지만, 헌병은 미군의 기지 주변 지역사회에 대한 경계심을 반영하듯 일상적인 경비 활동도 진행했다. "미군이 있는 곳에는 언제나 헌병이 있다"라는 지역주민의 회고처럼 지역 내에서 주한미군

34 "Meeting Summary," 1962.2.21., Box2210, Entry A1 255, RG550, AUS004_103_00C0164 (국사편찬위원회 소장)

35 "Special Request for Assistance," 1960.11.5., Box2208, EntryA1 255, RG338

경찰은 일상적으로 대면할 수 있는 존재였다. 지역주민은 "또 신촌 일대에는 사고가 날까봐 미군 헌병들이 순회를 자주했어요. 좌우지간 미군들이 나와있으면 미군 엠피차가 나와 가지고 길가에 차를 세워 놓고 왔다갔다하고 그랬어요"라고 회고했다.[36] 미군 헌병은 기지 주변에서 일상적으로 미군과 주민 간 갈등이 발생하지 않도록 질서를 통제하고 있었던 것이다.

미군 헌병의 통제 방식은 기지 주변 주민들의 생계수단이기도 한 병사들의 출입을 금지하는 것이었다. 이는 '오프 리밋(off limits)'으로 미군이 제시한 규칙을 지키지 않거나, 폭행, 밀매와 같은 사건이 발생했을 때 병사들을 해당 업소나 구역에 출입하지 못하게 하는 것이다. 즉 병사들의 소비로 생계를 이어가는 주민들로 하여금 소비 주체가 출입하지 못하는 상황을 만들지 않기 위해 규칙을 지키거나, 갈등을 일으키지 않도록 예비하게끔 한 것이다. '오프 리밋'은 기지 주변 지역에서 일반적으로 시행되었고, 클럽이나 바와 같은 유흥시설 외에도 기념품 가게, 식당 등 일반 상점에도 설정되었다. 1956년 인천 애스컴 지역은 28번 도로 북서쪽, 제60 한국 군수품 창고 동쪽과 경인 철도 남쪽에 이르는 '신촌(Sinchon Village: 현재의 부평동)' 내의 상업시설에 대해서 '오프 리밋'이 내려진 바 있다.[37]

이처럼 미군기지와 지역사회가 미군과 지방 정부의 행정적 협조, 미군 헌병의 통제 하에서 연계되어가고 있었다. 무엇보다 실질적으로 미군과 지역 주민을 잇는 연결고리는 경제적 이익에서 비롯되었다. 부

36 부평사편찬위원회 편, 2007b「부평구의 "노른자위"-부평 미군기지」(이광희씨 구술)『부평사』제2권, 부평사 편찬위원회, 418쪽

37 "Off-Limits" Areas and Establishments," 1956.7.10.; "Off-Limits" Areas and Establishments," 1957.8.16., 250.2, General Correspondence Files, Eighth U.S. Army, 1957-58 General Admin Files, 1957, Decimals 250.2 to 293(Box69), EntryA1 278, RG338

평 주민 중 미군 부대의 일자리와 연관이 있는 서비스업이나 기타업에 종사하는 비율이 인천의 다른 어느 지역보다 높았다. 1950년대 후반, 지역적으로는 애스컴 시티 주변 지역인 부평동과 산곡동 그리고 청천동 주민 가운데 서비스업이나 기타업을 가진 주민의 비율이 절반에서 3/4정도에 이를 정도였다. 애스컴 시티가 폐쇄되는 1973년까지 부평의 지역경제는 미군 원조와 일자리에 의존하고 있었다고 할 수 있다.[38]

1960년부터 애스컴 시티 경비원으로 근무했던 한 주민은 당시 월급이 8,000원으로 촉탁 임시직 공무원으로 병원에서 일했던 남편 월급(6,000원)보다 높았으며, 미군 물자 판매로 부수입을 올릴 수 있어 경제적 이익이 컸다고 회고한다. "나는 일 다니는거 좋았어. 부대에 들어가면 나는 편안해"라는 그의 회고는 미군기지로 인한 경제적 이익이 지역사회에서 미군에 대한 인식을 우호적으로 형성하는 데 중요한 역할을 하였음을 보여준다.[39] 이 외에도 부평 신촌에서 애스컴 시티를 오가는 미군 부대 전용택시(아리랑 택시)를 운영했던 주민의 회고,[40] 카투사로서 미군과 작당하여 기지 물품을 빼돌리며 수익을 얻었던 회고에서도 미군을 매개로 얻은 경제적 이익에 만족했음을 확인할 수 있다.[41] 특히 군수품 보급기지로서 애스컴 시티는 공식적이든, 비공식적이든 미군을 매개로 돈을 벌 수 있는 요소가 풍부했던 곳이었다. 부평에서 흘러나오는 기름까지도 돈이되던 기지 주변은 "쓰레기도 전부 돈이었"

38 부평사편찬위원회 편, 2007a 앞의 책, 430~435쪽

39 안태윤 외, 2024「하인덕: 부평 미군기지 애스컴 시티에서 근무한 민간 경비원」『부평 주한미군기지와 인천여성의 삶』, 인천여성가족재단, 54쪽

40 "Memories in Bupyeong 첫 번째 이야기. 10년간 미군부대 전용 택시(아리랑 택시)를 운전하셨던 정근님의 이야기", 부평역사박물관 (https://portal.icbp.go.kr)

41 "Memories in Bupyeong 두 번째 이야기. 부평 미군부대 카츄사 복무와 신총 지역에서 식당을 경영하시는 한정철님의 이야기", 부평역사박물관 (https://portal.icbp.go.kr)

던 곳이었다.[42]

이때 주목할 점은 미군기지 주변에서 상업활동을 하던 주민들의 이익을 더해주던 주체로서 미군만 있었던 것은 아니었다는 것이다. 이들은 미군 대상 성판매업에 종사하는 여성들이었다. 기지 주변 지역사회의 한 주민은 1962년 신촌에서 대부분 성판매 여성들을 대상으로 미용실을 운영하며 수익을 얻었다. 그는 기지 폐쇄 이후 신촌 경제가 쇠락하면서 서울로 이주하였다.[43] 하지만 성판매 여성들은 지역사회 내에서 퇴폐적이고 불량한 존재로 낙인찍혀 사실상 다른 곳에 일자리를 얻기도 쉽지 않았다. 그들은 기지 주변 지역사회의 행정-통제-경제적 연대의 미군-주민 관계에서도 배제되었다. "양색시"라고 불리었던 이 여성들은 여성에 대한 성적 순결함을 강조하는 사회적 분위기 속에서도 "달러를 버는 애국자"라고 칭송받기도 했지만, 동시에 민족을 배반한 더러운 여성으로서 비난받고 사회적으로 소외되었다.[44] 미군에 있어서는 성병을 퍼뜨리며 병력을 손실시키는 병인이자 통제 대상이었다.[45] 미군 대상 성판매 여성은 지역사회에서도 환영받지 못한 존재였다. "어른들이 쭉 앉아있으면 양색시들이 뾰족구두를 신고와요. 그럼 할아버지들이 '저런, 저런 것들을 봤나' 그랬어요"라는 주민의 회고에서 알 수 있듯이 부평도 마찬가지였다.[46] 미군 '위안부'의 회고 속에서도 이러한 이중적 시각을 확인할 수 있다.

42 부평사편찬위원회 편, 2007b 「부평구의 "노른자위"-부평 미군기지」 (이광희씨 구술) 앞의 책, 426쪽

43 김현석 외, 2015 「청파 미용실 한정순」 앞의 책, 287~292쪽

44 미군'위안부'여성에 대한 한국 사회의 이중적 시선에 대해서는 이나영, 2007 「기지촌 공고화 과정에 관한 연구」 『한국여성학』 23 참조.

45 이에 대해서는 박정미, 2019 「건강한 병사(와 '위안부') 만들기-주한미군 성병 통제의 역사, 1950-1977년」 『사회와 역사』 124 참조.

46 부평사편찬위원회 편, 2007b 「(좌담) 부평 상인들이 말하는 부평의 상업활동」 앞의 책, 333쪽

> "'당신들 덕에 그래도 내가 먹고 살았다'라고 얘기해주는 사람 하나도 없어. 그냥 나중에는 괄시야. 미군에 붙어서 먹고 살았다고. 어디 할짓이 없어서 그 짓하고 사냐고 그러면서… 미군들은 그래도 우리한테 친절하게 잘 대해줬던 것 같아. 우리 괴롭혔던건 한국 사람들이었어."[47]

요컨대 미군-정부 간 행정적 협조, 미군 헌병의 통제, 미군-주민 간 경제적 이익의 관계망을 기반으로 기지 운영의 체계 및 애스컴과 기지 주변 지역의 관계가 형성되었다. 하지만 이 과정에서 미군과 지역사회 내에서 이중적으로 배제된 주체로서 미군 '위안부'도 존재하고 있었다. 미군이 기지 운영을 목적으로 형성한 지역사회관계 속에 관계의 층위가 형성된 것이다.

2. 1970년대 이후 주민 중심 관계의 배치와 공간의 재구성

1) 애스컴 해체와 지역사회관계의 조정

애스컴을 중심으로 한 지역사회관계망은 1970년대 애스컴이 해체되면서 변화를 맞이하였다. 애스컴의 해체는 1971년 121후송병원이 용산으로 이전되면서 시작하였다. 애스컴은 전선 지역에 있는 미군 부대를 대상으로 무기 및 군사 물자를 보급하고 있었기 때문에 1971년 전선 지역 미군의 재배치에 따라 애스컴의 역할도 축소되었다. 애스컴의 이전 및 폐쇄 작업은 2년여 동안 계속되었고, 보급창 기능과 중장비 정비지원업무가 왜관의 캠프 캐롤(Camp Callol)로 이전되면서 기

47 김현석 외, 2015 「부평의 미군 위안부-K씨」 앞의 책, 278쪽

존 기지 내부 대부분의 부대와 시설들도 이전되었다.[48] 이 중 미8군의 미사일과 항공지원업무는 평택 캠프 험프리스(Camp Humphreys)로 이전되었다.[49]

이후 국군이 일제시기에 지어진 12개의 건물을 회수하였고, 제55 헌병중대, 빵공장 등 일부 시설들만 남아 캠프 마켓이라는 이름으로 불리게 되었다. 캠프 마켓과 국군 육군창고를 제외한 애스컴 시티 부지는 부평의 산업, 주거, 상업 단지 등으로 바뀌었다. 캠프 마켓이 반환되기 전까지 미군이 필요로 하는 물품들을 출하하는 저장시설이 있었으며, 미 교역기관이 취급하는 각종 자재들이 쌓여있다 전국으로 실려나갔다. 이러한 활동을 지원하는 매점 창고와 인쇄 및 출판 사무실, 폐품 수집소 등도 있었다.[50] 캠프 마켓에 근무하는 미군은 9명에 불과했고 이들 이외에는 한국인 노무자 400여 명, 카투사 10여 명 정도가 있었다.[51]

1973년 부평 미 육군 지원사령부의 해체는 기지를 중심으로 형성되었던 미군-지역사회 관계에도 영향을 미쳤다. 가장 직접적으로 지역 구성원의 변화가 있었다. 애스컴의 해체와 함께 부대 내에 종사하던 한국인 근로자들도 대폭 감원되었다. 1971년부터 1973년까지 약 2,400여명의 사람들이 실직하였고, 300~400여 명 가량은 타지역으로 이전하는 부대를 따라거나, 다른 미군부대에서 새로운 일자리를 얻었다.[52] 기지에 의존하여 살아가는 생계 양식의 연속성이 발현된 것이

48 국방부, 2015 『주한미군기지 역사: 반환기지를 중심으로』, 국방부 주한미군기지이전사업단, 85~86쪽

49 「미20지원단 해체」 『매일경제』, 1973년 5월 8일, 1면

50 국방부, 2015 앞의 책, 85~86쪽

51 부평사편찬위원회 편, 2007a 앞의 책, 642쪽

52 부평사편찬위원회 편, 2007a 앞의 책, 516쪽

다. 이는 미군 '위안부'의 경우에도 마찬가지였다.

"내가 부평에서 평택으로 내려온 게 1979년이에요. 부평에서 미군이 다 빠져나가고 난 다음에 대부분 다 캠프 험프리로 내려오더라고요. 그 당시에 내가 아직 나이도 젊었고 근데 모아놓은 돈은 없고 그냥 막연하게 여기 내려와야겠다고 생각을 한거에요."[53]

"여기에 미군들도 다 떠나고 그래서 이제 내가 여기서는 돈을 벌 수가 없으니까 정말 마지막이라고 생각하고 이제 평택으로 내려간거야."[54]

미군 기지 이전에 따른 상업 및 서비스업 종사자의 경로 의존성은 미군기지의 기능이 집중되는 지역에서 미군이 이들을 중심으로 지역사회관계를 재편하는 결과로 이어지기도 했다. 기존에는 미군이 기지 주변 지역에 거주하는 다양한 직업, 나이, 계층의 주민들을 대상으로 대민정책을 전개했다면, 주한미군 감축과 재배치 이후에는 기지와 이해관계를 공유하는 구성원을 중심으로 지역사회를 운영하고자 한 것이다. 이는 미군 감축과 함께 미군의 기지 운영 정책이 기지 밖이 아닌 기지 내부에서 달러를 소비하도록 하는 방향으로 바뀌었던 것과도 관련이 있다. 기지 주변 지역사회가 미군의 일상적인 소비가 아닌 유흥업과 성매매업 중심의 상업 지역으로 변화되어 가기 시작한 것이다.

이에 따라 미군이 중점적으로 관계를 형성하게 된 구성원도 기존의 '지역사회관계' 정책에서의 일반 주민들이 아닌 상인협회였다. 이들은 지역사회 내에서 지역 관광협회(Local Tourist Association)와 같은 상인 조직으로 시작하여 지역 내 의사결정에 대한 영향력을 행사

53 김현석 외, 2015 「부평의 미군 위안부-K씨」 앞의 책, 278쪽
54 김현석 외, 2015 「부평의 미군 위안부-J씨」 앞의 책, 284쪽

하기 시작했다.[55] 지역 관광협회는 미군기지 사령관의 이해와 직결되는 지역사회의 사안들에 대해 정부보다 강한 영향력을 지니고 있는 조직이었다. 주한미군은 지역사회관계 회의체의 주체를 지역사회 관계자와 한국관광협회(the Korean Tourist Association)의 지도자, 성판매 여성 협회(business girls' association)의 대표로 설정했다. 회의는 2~3시간 정도 진행되었고, 상황을 보고받고 질의응답을 하는 시간을 가졌다. 이와 함께 지역사회 내 미군들이 자주 방문하는 클럽 등을 돌아보았다. 이러한 활동은 한미 간의 관계에 부정적인 영향을 줄 수 있는 요소들을 제거하는 데에 초점을 맞추었다.[56] 이처럼 '지역사회관계'가 지역사회 내 상업시설 관계자 주도의 정화 활동, 이른바 '기지촌 정화운동'을 중심으로 전개되었다. 이에 따라 1971년 주한미군 사령부는 지역사회 대표와 미군 대표 간에 통합적으로 사안을 논의하던 '지역사회관계 자문위원회'의 명칭도 '한미친선협회'(Korean-American Friendship Councils)로 바꾸었다.[57]

기지의 기능이 재배치되면서 미군이 중점을 둔 지역사회관계가 조정되어 가는 가운데, 부평의 경우는 기지 해체와 함께 사실상 미군을 중심으로 한 지역사회와의 관계가 소멸되었다고 할 수 있다. 특히 미군과 주민의 '현실적인 유대'를 형성하게 했던 경제적 이해관계가 제

55 "Republic of Korea-United States Ad Hoc Subcommittee on Civil-Military Relations,"(1971.11.24.), 68th meeting 24 Nov 71, 1971 Minutes 67~69, 1972 Minutes 70~80(Box3), EntryUDWW130, RG550

56 "Second Report of Ad Hoc Subcommittee on Civil-Military Relations," (1971.10.18.), 67th meeting 21 oct 71, 68th meeting 24 Nov 71, 1971 Minutes 67~69, 1972 Minutes 70~80(Box3), Meeting Minutes of the united States-Republic of Korea Joint Committee(EntryUDWW130), RG550

57 "Third Report of the Ad Hoc Subcommittee on Civil-Military Relations," (1971.11.19.), 68th meeting 24 Nov 71(Box3), Meeting Minutes of the United States-Republic of Korea Joint Committee(EntryUDWW130), RG550

거되고, 다른 지역으로 이전되면서 사실상 지역 구성원과 생활 환경의 재편이 시행되었다. 당시 부평에는 1966년 기공식을 갖고 1968년 완공한 부평 수출산업공단이 새로운 경제적 수단으로 기대를 받고 있었다. 효성동·갈산동·작전동 일대에 위치한 공단의 운영은 초기 입주 기업의 실질적 운영 문제와 적자 규모 등 문제점이 지적되고 있었다.[58] 하지만, 부평공단의 경우 인접 자동차 공장에 부품을 공급하는 전자, 전기, 금속, 기계 제품류를 포함하여 1960년대 소비재 경공업의 주력 수출품이던 제조업 등 지역 산업들을 기반으로 정부의 수출진흥정책에 협력하여 해외 수익을 얻을 준비를 하고 있었다.[59] 즉 새로운 경제 수단이 갖추어지면서 부평의 주민 구성과 소비주체의 변화가 시작되었던 것이다. 명절 때만 되면 시장을 찾아오는 공단 근로자들로 인해 발 디딜 틈이 없었다는 시장 상인들의 회고를 통해 미군이 떠난 자리를 공단 근로자들이 새로운 소비의 주체로 메워가며 지역사회의 관계망이 조정되고 있었음을 알 수 있다.[60]

2) 부평의 기지 반환 운동과 지역 간 연대

부평의 기지 반환운동은 애스컴 해체 이후 20여 년이 지난 시기인 1996년에 시작되었다. 미군을 중심으로 한 지역사회 운영에 장기간 공백이 발생한 이 시기 부평에서 다시금 미군을 중심으로 한 지역사회의 움직임이 형성되었던 이유는 도시 개발과 산업을 중심으로 경제 구조가 변화했기 때문이다. 미군기지가 이러한 경제구조에서 걸림돌

58 「퇴색하는 단지조성-20개 공단현황과 문제점」『매일경제』 1971년 11월 24일, 5면
59 서민철, 2016「인천의 초기 국가산업단지의 형성 과정과 산업집적지의 특성」『기전문화연구』 37, 119쪽
60 부평사편찬위원회 편, 2007a 앞의 책, 520쪽

로 인식되기 시작한 것이다. 실제로 캠프 마켓에 대한 반환 운동은 인천시가 부평구청 앞부터 서구 가좌동 장고개 구간에 도로개설 공사를 계획하고 있었는데, 이 구간을 막고 있는 캠프 마켓의 반대로 공사가 진척되지 못하는 상황 속에서 전개되었다. 한국 정부는 이를 해결하기 위해 1994년부터 국방부를 통해 미군과 협의중이었지만, 캠프 마켓 측이 반대하여 전혀 진척되지 않는 상황이었다. 당시 캠프 마켓 주변은 아파트가 건축되는 등 주거 공간이 조성되어 있었고, 13만 평에 달하는 캠프 마켓의 도시계획 용도도 공원지역으로 정해져 있었다.[61] 이미 정부 차원에서는 도시개발을 추진하며 이를 방해하는 존재로 미군기지를 인지하고 있었던 것이다.

이러한 상황에서 부평의 시민 조직이 결성되기 시작했다. 우선 1996년 5월 홍현웅 신부를 대표로 '평화와 참여로 가는 시민문화센터'가 조직되었다. 이들은 '부평 미군부대 터 되찾기 서명운동'을 전개하여 이틀 동안 2,000여 명의 서명을 받았다. 이와 함께 민주주의 민족통일 인천연합 등 재야, 사회단체들도 '우리 땅 미군부대 되찾기 시민모임'을 준비하였다. 향후 20만 명 서명을 목표로 미군 부대 이전 운동을 계속한 뒤 서명 용지를 인천시와 국방부, 국회 등에 전달할 계획을 수립했다.[62]

이렇게 시민 운동이 조직되는 과정에서 미군기지가 차지하고 있는 부지 활용에 대해서는 시민들이 입장을 달리하기도 했지만, 주변 환경 정화와 '집값' 상승에 대한 기대로 기지를 그대로 두자는 사람들은 없

61 「한국 교통난 미군엔 '남의 일'」『한겨레』 1995년 4월 4일, 21면. 용도는 부평구청이 인천시에 미군부대 이전을 건의하며 미군기지 터 가운데 10만 평에 1,526억의 예산을 들여 시민휴식공간을 조성하겠다는 계획 하에 결정되었다(「부평 '미군부대 되찾기' 본격화」『한겨레』 1996년 5월 26일, 17면).

62 「부평 '미군부대 되찾기' 본격화」『한겨레』 1996년 5월 26일, 17면

었다고 한다.

> "미군기지 반환 문제를 인근에서 오래 살아온 사람의 입장에서 접근했다. 미군기지가 나가야 지역이 발전하고 우리 동네가 살기 좋아지겠다는 기대감이 컸다. 친미냐, 반미냐는 다른 문제다. 부평 발전을 위해서는 미군기지나, 그 전에 떠난 공수부대나, 모두 도심에서 떠나야 한다고 생각했다."[63]

시민단체의 성격마다 운동에 나서는 근본적인 입장은 다를 수 있었지만 미군기지가 지역발전을 저해한다는 인식에는 공통분모를 갖고 있었다. 인천 출생으로 1996년 6월 창립한 '평화와 참여로 가는 인천연대'에서 활동하며 기지 반환 농성 운동에 참여했던 주민에 따르면 종교, 의료계, 민주노총 등 다양한 단체들이 참석하였다. 농성과 더불어 '미군기지 되찾기 24시간 감시단 활동'을 전개하기도 했다. 주민들이 지나가다 음식을 전해주기도 하며 뜻에 동참하였다. 1990년대 탈냉전의 분위기와 도시 개발 및 경제라는 지역 이익에 주민들이 연대하였던 것이다.[64]

지역사회 구성원이 미군을 중심으로 관계를 형성했던 시기와 달리 미군이 지역에 장애가 된다는 인식은 오히려 주민들을 연대하게 만들었다. 기지의 영향력이 주민들의 층위를 나누지 않는 상황에서 기지 반환 혹은 이전은 활용할 수 있는 부지를 확보한다는 공통지점을 형성하였고, 지역사회의 연대를 형성하게 했던 것이다.

63 한만송, 2015「박한섭 산곡 현대 1지구 아파트 전 입주자 대표회의 회장 구술」앞의 책, 253쪽

64 안태윤 외, 2024「김영란: 부평 미군기지 터에 새로운 상상을 꿈꾸는 여성활동가」앞의 책, 241~250쪽

이러한 연대는 지역주민 간에 형성되는 것으로 그치지 않았다. 같은 시기 연쇄적으로 전개되었던 다른 미군 주둔 지역의 기지 반환 및 이전 운동에 영향을 미치고, 함께 연대하기도 했던 것이다. 의정부와 동두천 지역의 기지 반환 운동을 주도했던 '우리땅 미군기지 되찾기 의정부 시민연대회의'는 "캠프 마켓의 이전을 추진하고 있는 인천 부평구처럼 시 당국과 시민단체 등이 모두 머리를 맞대고 지혜를 짜내야 한다"고 주장했다. 이 단체는 1996년 의정부 지역 13개 시민단체가 결성한 단체인데, 다른 지역의 사례를 검토하며 운동 방향을 설정하고 있음을 알 수 있다.[65]

더 나아가 1997년 부평에서 오키나와 미군기지 반환을 지지하며, 미군 부대의 공원조성 필요성을 알리기 위해 개최된 행사에 일본 시민단체가 참여하기도 했다. 이 행사는 '우리땅 부평 미군부대 되찾기 및 시민공원 조성을 위한 인천시민회의'와 '부평 미군부대 공원화추진시민협의회'가 주최하였으며, 1997년 2월 오키나와에서 진행되었던 미군부대 반환운동 공동 대응을 위한 시민단체 간 협약에 따라 시행되었다. 같은 날 평택에서도 시민단체가 연대하여 기지반환 지지 행사를 진행하였다.[66] 이들은 2001년 주민투표로 행정을 압박하기 위해 주민투표 시행을 위한 조례 개정 운동을 전개하기도 했고, 걷기대회와 같이 주민과 결집하고 의견을 공론화할 수 있는 활동을 진행했다.[67] 7년 동안 기지 반환 운동이 전개되는 과정에서 '부평 미군부대 공원화 추진 시민협의회'는 미국 백악관 인터넷 사이트를 통해 당시 클린턴 미 대통령에게 "캠프 마켓의 시 외곽이전"을 요청하기도 했다.

65 「의정부 시민연대회의 이병수 집행위원장 「미군기지 이전 정책」 주민 불편 해소와 거리」 『동아일보』 1997년 7월 10일, 6면

66 「"미군터 되찾자" 동시 함성」 『한겨레』 1997년 5월 13일, 24면

67 한만송, 2015 앞의 책, 291~295쪽

결국 용산 미군기지의 평택 이전을 포함한 미군기지 재배치 계획을 시행하는 과정에서 2002년 한미연합토지관리계획이 체결되었고, 이에 근거하여 캠프 마켓의 반환이 결정되었다. 캠프 마켓은 2019년 12월부터 부분적으로 반환되기 시작했고, 2023년 12월 반환이 완료되었다. 2025년 9월 현재는 D구역의 토양정화 과정이 남아있는 상태이며, 완료된 이후 시민공원으로 조성될 예정이다.[68]

1990년대 부평에서 전개된 기지 반환운동은 미군기지가 지역사회에서 갖는 의미가 변화하였음을 의미한다. 이러한 변화에는 애스컴 해체 이후 기지 중심 관계망의 제거와 함께 한국 사회의 경제적 지위의 변화 및 지역사회가 추구하는 가치의 변화(생활 공간의 정비)가 영향을 미쳤다. 미군 기지의 변동에 따라 지역사회 관계 및 미군 기지에 대한 인식이 변화하였으며, 그 과정에서 주민들은 스스로의 생활 공간을 선택하고 바꾸어 나갔다.

맺음말

부평 미군기지, 애스컴 시티는 기지가 위치한 지정학적 의미를 반영하여 한국에 주둔한 미군을 지원하는 군수지원사령부 임무를 수행했다. 보급창의 임무가 집중되었던 것은 지역사회에 물자가 유입되며 주민들이 주수입 외에도 경제적 이익을 얻을 수 있는 경로가 되었다. 기본적으로 미군은 기지를 안정적으로 운영하기 위해 지역사회를 대상으로 우호적 관계를 형성하기 위한 정책을 수행했다. 미군의 지역사회

68 인천광역시 포탈(incheon.go.kr)

원조를 기반으로 한 행정적 개입과 지방 정부의 협조는 미군 헌병의 통제와 더불어 미군 중심의 지역사회 구조를 구축하였다. 이때 경제적 이익은 주민들이 애스컴 주둔 미군에 대해 긍정적 인식을 갖게 된 중요한 요인이기도 했다. 미군과 정부의 행정구조, 헌병의 통제, 주민의 경제적 이익은 미군이 목적으로 삼았던 미군 중심 관계망 기반 안정적인 기지 운영을 가능하게 했다.

하지만, 미국의 대외정책 변화로 인해 주한미군의 감축 및 재배치가 이루어지며 이러한 관계망도 축소 및 제거되었다. 1970년대 초반 미군기지 재배치는 전선 부대가 이동하는 방향으로 이루어졌는데, 보급창이었던 애스컴 시티는 전방 미군기지에 물자를 보급하고 있었기에 연계적으로 그 역할이 축소되었다. 1973년 애스컴이 해체되고, 캠프 마켓만 남겨둔 상황에서 나머지 부대 부지는 주민들의 거주지 혹은 상업지구화되었다. 결국 산업구조가 바뀌고, 한국 경제가 발전하면서 미군기지는 이제 도시 개발의 장애물이 되었다. 또한, 지역사회는 생활공간에 대한 정비를 요구하였다. 이는 주민들이 스스로 미군기지 부지를 활용하려는 의지로 나타났으며, 비슷한 상황의 지역사회, 지향성이 다른 시민들과의 연대로 이어졌다.

기지의 주둔과 해체는 단순히 구성원의 변화가 아니라, 지역사회의 관계망을 형성하는 주체의 변화이자 그것을 재편하고, 사회적 가치를 변화시키는 데 영향을 미쳤다. 이 과정에서 지역사회를 구성하는 주요한 주체인 미군과 주민은 상호를 인식하며 주둔 공간이자 생활 공간을 구성해 왔다.

요컨대, 기지가 주둔하는 과정에서 형성된 지역사회관계는 미군의 기지 운영 목적에 따라 형성되었지만, 경제적 이익에 따라 지역사회에서 수용한 측면도 있었다. 기지가 해체된 이후 지역사회관계는 조정되었고, 이는 미군의 지역사회관계가 기지운영을 목적으로 형성된 것임을 반증한다. 이후 주민들은 기지 부지에 대해 반환을 요구했다. 기지의 해체에 따른 지역사회 관계망의 변화와 함께 공간에 대한 주민의 가치 변화가 발현되며 지역사회가 재구성되었다. 이러한 과정은 미군의 주둔과 해체의 과정 속에서 지역사회를 구성하는 주체 간의 동학을 보여준다. 미군이 주둔 기간 기지 운영을 목적으로 한 지역사회관계를 기반으로 지역성을 형성했다면, 기지 해체 이후 주민들이 그 지역성을 기반으로 지역 간, 국가 간 연대를 형성하며 공간의 관계를 재구성한 것이다.

참고문헌

국방부, 2015 『주한미군기지 역사: 반환기지를 중심으로』, 국방부 주한미군기지 이전사업단

김현석 외, 2015 『이주민의 마을, 부평 신촌』, 부평역사박물관

부평사편찬위원회 편, 2007a 『부평사』 제1권, 부평사편찬위원회

부평사편찬위원회 편, 2007b 『부평사』 제2권, 부평사편찬위원회

부평역사박물관 편, 2020 『헬로우 애스컴 시티 굿바이 캠프 마켓』, 부평역사박물관

안태윤 외, 2024 『부평 주한미군기지와 인천여성의 삶』, 인천여성가족재단

한만송, 2013 『캠프 마켓』, 봉구네 책방

금보운, 2022 「군사도시의 지역사회관계 형성-주한미군의 근린 정책과 '기지생활권'을 중심으로 (1957~1971년)」 『도시연구: 역사·사회·문화』 29, 도시사학회

박정미, 2019 「건강한 병사(와 '위안부') 만들기-주한미군 성병 통제의 역사, 1950-1977년」 『사회와 역사』 124, 한국사회사학회

서민철, 2016 「인천의 초기 국가산업단지의 형성 과정과 산업집적지의 특성」 『기전문화연구』 37, 경인교육대학교 기전문화연구소

오미일·조관연, 2010 「부평 로컬리티와 이주민 - 1945~1960년대를 중심으로 -」 『인문과학』 45, 성균관대학교 인문학연구원

이나영, 2007 「기지촌 공고화 과정에 관한 연구」 『한국여성학』 23, 한국여성학회

조건, 2022 「인천시 부평 외국군 '병참기지'의 성립과 해체, 그리고 현재적 의미」 『한일민족문제연구』 43, 한일민족문제학회

6·25전쟁기 부평포로수용소 '반공포로탈출사건' 재조명

김보영

인천가톨릭대학교

김보영

6·25전쟁기 부평포로수용소 '반공포로탈출사건' 재조명

머리말

1953년 6월 8일, 교전 양측이 포로송환 협상에 합의하고 휴전이 임박하자, 6월 18일 이승만 대통령은 일방적으로 '반공포로석방'을 단행하였다. 당시 약 3만 5천여 명의 반공포로가 7개 포로수용소에 분산 수용되어 있었으며, 수용소의 관리는 미군이, 경비 임무는 한국군이 담당하고 있었다. 6월 18일부터 이틀간 헌병총사령부의 지휘 아래 한국군 경비병의 묵인과 협조 속에 27,388명의 반공포로가 수용소를 탈출하였다.[1]

포로문제는 6·25전쟁과 관련한 국내 연구에서 비교적 활발히 다루어진 분야로, 포로의 관리·송환 및 인권 문제를 중심으로 다양한 접근이 이루어졌다. 윌리엄 린드세이 화이트의 『한국전쟁 포로』(국방부전사편찬위원회 역)와 『한국전쟁 휴전사』는 포로 문제의 전반적 경과를

1 국방부전사편찬위원회, 1989 『한국전쟁 휴전사』, 288쪽 ; 육군본부, 2002 『한국전쟁과 반공포로』, 243~272쪽

다루었으며, 조성훈의 『한국전쟁과 포로』는 전쟁 후반기 포로송환 협상의 구조를 심층 분석하였다. 반공포로석방과 관련해서는 장상현과 김보영이 이승만 정부의 정치적 의도와 한미교섭 과정을, 김행복과 육군본부가 반공포로석방의 실상을, 조성훈, 김경학, 유숙현, 이선우 등이 포로의 선택과 제3국행 포로의 사례를 분석한 바 있다.[2]

반공포로란 북으로의 송환을 거부한 포로, 즉 송환거부포로를 의미하며, 반대로 송환을 희망한 포로는 '친공포로'로 분류되었다. 이러한 분류는 유엔군 측이 제기한 '포로의 자유의사에 따른 송환' 원칙에서 비롯되었다. 유엔 측은 제네바협약을 근거로 포로에게 송환 여부를 선택할 권리를 부여해야 한다고 주장했으나, 실제 현장에서는 포로의 자유의사가 강요되거나 왜곡되는 사례가 빈번했다. 예컨대 국사편찬위원회가 미국 국립문서기록관리청(NARA) 자료를 통해 발간한 사진자료집에 수록된 북한군 소년 포로의 사례는 '자유로운 선택'이 실상 강요와 폭력으로 이어졌음을 단적으로 보여준다.[3]

2 윌리엄 린드세이 화이트 저, 국방부전사편찬위원회 역, 1996 『한국전쟁 포로』 ; 국방부전사편찬위원회, 1989 『한국전쟁 휴전사』 ; 조성훈, 2010 『한국전쟁과 포로』, 선인 ; 장상현, 1998 「이승만대통령의 반공포로 석방이 국내정치에 미친 영향」, 한림대학교 석사학위논문; 김보영, 2009 「한국전쟁시기 이승만의 반공포로석방과 한미교섭」 『이화사학연구』 38 ; 김행복, 1996 『한국전쟁의 포로』, 국방군사연구소; 육군본부, 2002 『한국전쟁과 반공포로』 ; 조성훈, 2001 「한국전쟁기 제3국행 포로의 정착과정과 그 성격」 『전사』 3 ; 김경학, 2004 「인도 정착 한국전쟁 중립국 선택 포로의 이야기」 『인도연구』 9-1 ; 유숙현, 2008 「거제도 포로수용소에서 포로의 체험과 송환 선택」, 연세대학교 사학과 석사논문 ; 전갑생, 2011 『한국전쟁과 분단의 트라우마: 새로운 자료, 다른 시각』, 선인 ; 이선우, 2013 「한국전쟁기 중립국 선택 포로의 발생과 성격」 『역사와현실』 90

3 『국사편찬위원회 수집 사진자료 3』, 2017, 71쪽. 국사편찬위원회에서 미국 국립문서기록관리청(NARA)에서 수집한 자료를 묶어 발간한 것으로, 온라인 전자사료관에서도 확인할 수 있다.

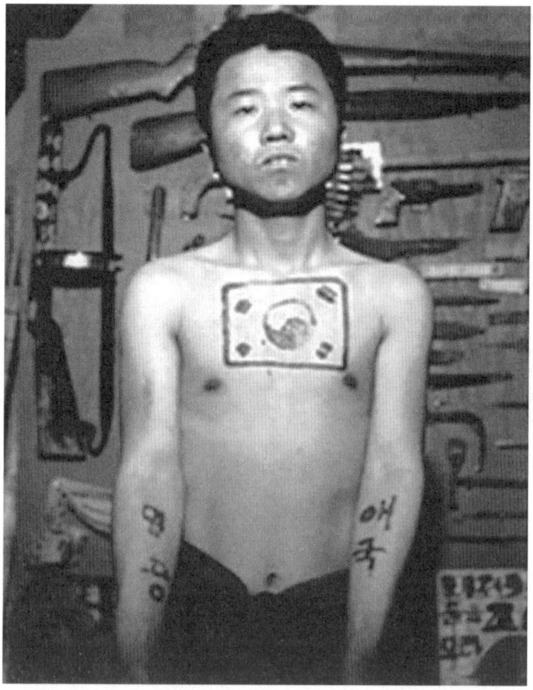

〈그림 1〉 북한군 소년 포로의 문신(1952. 7. 18.)

이승만의 반공포로석방은 흔히 '석방'으로 불리지만, 실제로는 한국군 경비의 묵인과 방조하에 이루어진 '탈출'이었다. 유엔군 지휘체계 하에서 포로 관리권이 미국에 있었던 만큼, 한국군은 독자적 석방 권한을 가지지 못했다. 따라서 '석방'이라는 표현은 정치적·상징적 의미를 담은 한국 측의 일방적 주장이라 할 수 있다. 6월 18일 자정을 기해 단행된 이 조치는 이후 19일과 20일에도 일부 수용소에서 계속되었으며, 특히 부평 제10포로수용소에서는 미군의 강력한 제지 속에 심각한 충돌과 인명 피해가 발생하였다. 포로들이 이처럼 목숨을 걸고 탈출을 시도한 이유는 무엇인가? 그리고 그들의 '선택'은 누구를 위한 것이었는가?

본 논문은 이러한 문제의식에 따라 반공포로석방의 인권적 함의와 정치적 성격을 고찰하고자 한다. 특히 부평 제10포로수용소 사례를 중심으로, 첫째 반공포로의 분류와 심사 과정에서 인권이 어떻게 훼손되었는가, 둘째 포로협정의 내용과 중립국송환위원회의 역할이 어떤 결과를 초래했는가, 셋째 포로들이 목숨을 걸고 탈출을 감행한 근본적 이유는 무엇인가를 살펴본다. 이를 통해 반공포로석방이 과연 포로의 자유의사를 존중한 '석방'이었는지, 혹은 정치적 의도와 선전 속에서 이루어진 '강요된 선택'이었는지를 규명하고, 전쟁 속 인권의 실질적 의미를 재조명하고자 한다.

1. 부평 애스컴시티와 포로수용소 신설

1) 포로 심사와 포로의 분리 수용

6·25전쟁 당시 포로 문제를 규율한 국제법적 근거는 1949년 8월 12일 채택된 '전시 포로의 처우에 관한 제네바협약'이었다. 미국은 이 협약에 서명하였으나 비준은 하지 않았고, 북한은 전쟁 발발 직후 협약을 준수하겠다고 선언하였다. 이 협약은 교전 당사국 모두가 포로 처우의 기본 원칙으로 삼았으며, 특히 제118조는 "적대행위가 종료된 후 포로는 지체 없이 석방되고 본국으로 송환되어야 한다"고 명시하고 있었다. 그러나 6·25전쟁에서는 본국 송환을 거부하는 포로가 다수 발생하면서, 이 문제는 정전협상 과정에서 가장 첨예한 쟁점으로 부상하였다.

포로에 관한 제네바협약을 둘러싸고 양측의 해석은 근본적으로 상충하였다. 공산 측은 협약의 문면에 따라 포로 전원의 무조건 본국 송환을 주장한 반면, 유엔군 측은 협약의 인도주의적 정신에 근거하여 포로에게 송환 여부를 스스로 선택할 권리를 부여해야 한다고 주장하였다. 회담장에서는 제네바협약의 유권해석을 둘러싼 공방이 장기간 이어졌다.

특히 제7조의 해석을 두고 양측의 입장은 첨예하게 대립하였다. 제7조는 "포로는 어떠한 경우에도 본 협약이 보장하는 권리의 일부 또는 전부를 포기할 수 없다"고 규정하고 있다. 이에 대해 유엔군 측은 송환에 대한 권리는 포로 개인의 불가양적 인권이자 보호받아야 할 개인적 특권으로, 그것이 국가나 군대의 권한으로 전환되어서는 안 된다고 해석하였다. 반면 공산군 측은 이러한 유엔군의 해석이 오히려 '자유송환'이라는 명분 아래 포로의 본국 송환권을 박탈하려는 시도라 비판하며, 제7조는 그러한 행위를 방지하기 위한 규정이라고 반박하였다.

제118조의 해석 또한 논쟁의 중심이었다. 유엔군 측은 강제송환은 제118조 위반이라고 주장하였다. 이 조항이 포로를 본인의 의사와 무관하게 송환하도록 강요하지 않도록 보호하기 위한 규정임을 근거로 들며, 강제송환은 협약의 인도주의 정신에 반한다고 해석하였다. 또한 제6조에 명시된 "특수협정은 포로의 권리를 제한하거나 불리하게 해석되어서는 안 된다"는 규정을 들어, 포로의 강제송환을 요구하는 체약국 간 합의는 협약 위반에 해당한다고 주장했다. 이에 대해 공산 측은 이를 "고의적 곡해"라 비난하며, "유엔군의 불합리한 제안을 정당화하기 위한 논리일 뿐"이라고 반박하였다.[4]

4 국방부 전사편찬위원회, 1989 『한국전쟁 휴전사』, 182쪽

더 큰 문제는 양측이 보유한 포로의 수에서 현저한 불균형이 나타났다는 점이었다. 1951년 12월 양측이 최초로 교환한 포로 명부에 따르면, 유엔군 측이 보유한 포로는 132,474명인 반면, 공산군 측이 보유한 포로는 11,559명에 불과하였다. 즉, 약 열 배 이상의 격차가 존재했던 것이다.[5] 이와 같은 불균형으로 인해 유엔군 측은 '전체 대 전체'의 포로 교환 방식이 불합리하다고 주장하였다. 또한 송환을 거부하는 포로를 강제로 본국으로 돌려보내는 것은 인도주의 원칙에도 반한다는 입장을 견지하며, 포로 개개인의 자유의사 존중을 강조하였다.

이 시기 미국이 제시한 방안은 이른바 '포로의 자원송환(voluntary repatriation)' 원칙이었다. 즉 "포로의 송환 여부는 포로 자신의 의사에 따라 결정되어야 한다"는 것을 기본 원칙으로 삼은 것이다. 그러나 이러한 제안의 이면에는 심리전적 목적이 내포되어 있었다. 포로에게 선택의 기회를 부여해야 한다는 발상은 미 육군 심리전감(心理戰監) 맥클루어(Brig. Gen. Robert A. McClure) 준장의 제안에서 비롯되었다. 그는 포로를 성향별로 분류할 것을 건의하였고, 그 이후 '자원송환'이 유엔군 측의 공식적인 포로송환 원칙으로 확립되었다.

맥클루어는 "중국군 포로의 상당수가 강제 징집된 인원으로, 만약 이들이 본인의 의사와 무관하게 송환된다면 유엔군에 투항한 죄로 처벌이나 처형을 당할 수 있다"고 지적하였다. 따라서 강제송환은 인도주의 원칙에 반할 뿐 아니라, 미국이 전개 중인 심리전에 심각한 손상을 초래한다고 주장했다. 그는 나아가 "전(前) 국부군 출신 포로들에게 선택권을 부여하면 다수가 대만행을 택할 것이며, 대만은 중국의

5 김보영, 2011 「유엔군의 포로정책: '석방'과 '송환'을 중심으로」 『이화사학연구』 46집, 184~185쪽, <표 2> 휴전회담에서 양측이 최초 수교한 포로명부 내역(1951년 12월 18일 현재) 참조.

일부로 간주될 수 있으므로 송환의 형식적 정당성도 확보된다"고 제안하였다.[6]

이러한 구상은 곧 남한에 잔류하기를 희망하는 반공포로의 체류를 정당화하는 논리로 이어졌다. 즉, 다수의 포로가 본국 귀환을 거부한다는 사실 자체가 공산주의 체제의 비인간성과 비정당성을 입증하는 증거가 될 수 있다고 판단한 것이다. 미국은 이를 적극 활용하여 포로 문제를 이념 경쟁의 도구로 삼았고, 그 결과 포로협상에서 '자유의사에 따른 송환'과 '강제송환'의 대립은 핵심 쟁점으로 부상하였다.[7] 이후 협상은 표면적으로는 송환의 원칙을 둘러싸고 진행되었지만, 실제로는 송환 비율과 포로 숫자의 문제를 놓고 첨예한 대립이 지속되었다.

거제도 포로수용소의 각 단위 수용소는 처음부터 좌·우익 계열로 분리되어 있던 것이 아니었다. 다양한 출신 배경과 성향을 지닌 포로들이 혼합 수용되어 있었으며, 수용소 내부의 모든 질서는 '포로 자치제'에 의해 유지되었다. 이 자치제는 포로들의 직접 선거로 선출된 소대장·중대장·대대장·여단장 등으로 구성된 자치조직을 중심으로 운영되었으며, 모든 명령과 지시는 이들의 지휘 체계를 통해 전달되었다. 그러나 시간이 지나면서 각 수용소 내에서 어느 세력이 주도권을 장악하느냐에 따라 자연스럽게 '좌익 수용소', '우익 수용소'라는 비공식적 명칭이 붙게 되었다. 이러한 구도 속에서 두 세력이 각기 독자적인 포로단체를 형성하며 수용소를 통제하였고, 결과적으로 포로의 정치적 성향이나 행동의 자유는 해당 단체의 지배 아래 엄격히 제한되었다.

6 『한국전쟁 휴전사』, 197쪽

7 김보영, 2016 「한국전쟁 포로협상과 중국군 포로의 선택」 『사학연구』 123

1951년 8월 7일, 이관순을 단장으로 하는 대한반공청년단이 조직되었다. 이 단체는 거제도 포로수용소 내에서 반공 성향의 포로들이 좌익 계열의 '적색포로'에 대항하기 위해 결성한 조직이었다. 대한반공청년단의 주요 목표는 동지 확보와 단결, 유엔군 당국에 대한 포로 인권 및 권리 주장, 그리고 수용소 내 공산계 포로의 프락치 활동을 적발하여 당국에 협력하는 것이었다. 또한 선전활동과 테러전을 전개해 적색포로 세력을 무력화시키는 데 주력하였다. 단장과 부단장, 비서장 직속의 경비대를 비롯해, 각 수용소 대대에는 조장과 부조장, 중대에는 분조장, 소대에는 반장을 두는 등 체계적인 조직망을 갖추어 내부에서 막강한 영향력을 행사하였다.

대한반공청년단 본부는 "① 통일 없는 휴전을 결사 반대한다, ② 반공포로의 강제송환을 결사 반대한다, ③ 우리를 즉시 석방하여 멸공전선에 참여시켜 달라"는 3대 강령을 채택하였다. 이들은 이러한 강령을 우익 수용소 전반에 전파하는 한편, 대한민국 정부와 국회, 각 정당, 반공통일연맹, 그리고 유엔군사령부 등에 잇달아 석방 탄원서를 제출하였다.[8]

포로 분류 심사는 1952년 2월 28일부터 시작되었다. 개별 심사가 완료된 수용소에서는 송환 희망 포로와 송환 거부 포로를 즉시 분리하였다. 송환 거부 포로들은 제61수용소로 집결시킨 뒤 재심사를 거쳐, 4월 11일 충남 논산, 전남 광주, 경남 마산, 경북 영천 등지로 비밀리에 이송되었다. 이로써 포로의 송환 의사에 따라 좌·우익별 분리 수용이 본격화되었다. 분리 수용 작전은 1952년 6월에 이르러서야 마무리되었으며, 그 결과 용초도·봉암도·초구리 등에 친공 포로가, 반공 포로

8 박종은, 1998 『PW-포로수용소 생활 1,200일 실화』, 종화사, 133쪽 ; 「거제도 반공포로, 국회에 석방탄원서 제출」 『자유신문』 1951년 12월 13일

들은 추가 개별 면담 후 육지에 신설된 수용소로 이관되었다. 유엔군은 약 16만 명에 이르는 포로를 심사·분류·재배치하는 과정에서 상당한 시간과 인력적 부담을 감수해야 했다.

이러한 분리 수용의 결과, 송환을 거부한 반공포로들은 1952년 6월 거제도 수용소를 떠나 육지의 '반공포로수용소'에 분산 수용되었다. 이들이 이미 거제도가 아닌 육지에 배치되어 있었다는 점은, 이후 단행된 '반공포로석방'이 가능했던 주요 요인 중 하나로 평가된다. 다만 이러한 조치가 실제로 '반공포로석방'을 사전에 염두에 둔 계획적 결정이었는지는 명확히 단정하기 어렵다.

2) 부평 애스컴시티와 제10부평포로수용소 신설

지금의 인천광역시 부평구 산곡동 일대에 위치했던 인천 육군조병창은 일제강점기에 각종 총기를 생산하던 대규모 군수공장으로, 그 면적은 약 43만 평에 달하였다. 1945년 9월 2일 일본의 항복 직후 미군이 이 조병창을 접수하였으며, 이를 미 제24군단 예하의 군수지원부대인 제24군수지원사령부(Army Service Command, 24th Corps, 약칭 ASCOM 24)로 재편하였다.[9]

1948년 3월 9일, ASCOM 24는 주한미육군 군수지원사령부(Army Service Command, 일명 ASCOM City)로 명칭이 변경되었다. 대한민국 정부 수립 이후 미군이 철수하면서 1949년 한국 정부에 귀속되었으나, 1950년 7월부터 9월까지의 전쟁 기간 동안에는 북한군이 이를 점령하였다. 이후 1950년 9월 인천상륙작전 직후 다시 미군이 접

9 RG 332, "Surplus War Materials, Ascom City," 1954.10.21. 참조.

수하였으나, 1951년 1월 다시 북한군의 수중에 들어갔고, 같은 해 봄 유엔군이 재탈환하였다.[10] 이처럼 애스컴시티는 전쟁의 전황에 따라 점령과 탈환이 반복된 전략적 군수 거점이었다.

전쟁 직후 인천 지역의 미군기지는 이전보다 규모와 인원 면에서 크게 확대되었다. 전선이 38선 부근에서 교착되면서 인천항은 전방과 가까운 보급 거점으로서의 중요성이 부각되었다. 그 결과 인천항은 보충병과 각종 군수물자가 전선을 향해 이동하는 핵심 통로로 기능하였다. 전황이 변동된 이후 미군이 다시 지역을 접수하면서, 애스컴시티는 부산 및 거제도 포로수용소로 향하는 포로용품과 피복의 주요 공급지로 역할을 담당하였다.

〈그림 2〉 인천항과 조수 독

〈그림 3〉 1952년 10월 1일 미 군수사령부 ASCOM CITY 정문

전쟁 중반기로 접어들면서 인천 내 미군기지는 점차 확장되었고, 1952년 1월 10일에는 인천항의 조수 독(潮水堤, 조위조절 시설)이 완공되었다. 전쟁기 인천항은 해군 주정과 보충병이 집중적으로 출입하는 군수·수송의 중심 거점이었으며, 거제도와 제주도에서 이송되는 포로들이 경유하는 주요 통과지점이었다. 또한 미군수사령부인 애스

10 이연경, 2022 「1940년대 인천 일본육군조병창의 설치와 군수산업도시 부평의 탄생」 『도시연구: 역사·사회·문화』 제30호, 199쪽

컴시티는 유엔군의 유일한 군수보급창이자 저장센터로 기능하였으며, 제1건설대대와 제1해병사단 등 주요 부대가 주둔하는 전략적 군수기지로 자리 잡았다.[11]

애스컴시티 내에 포로수용소 신설 공사가 시작된 것은 1953년 3월 3일이었다. 이는 전국에 산재한 포로수용소 가운데 가장 늦게 설립된 시설로, 제10부평포로수용소로 명명되었다. 공사에는 광주 제5상무대 포로수용소의 포로 150명이 동원되어 산곡동(현 부영공원 일대) 부지에서 건설 작업을 진행하였다. 3월 8일에는 인천 제509보충중대가 공사에 합류하였으며, 4월 18일에는 수용동 1개 동의 약 80%가 완성되었다. 전체 공정률은 75%에 달했고, C수용동은 펜스 설치 80%, 구역 정비 50%를 완료하였다. 이후 5월 1일부터는 매일 약 500명의 포로가 천막 설치와 부속 건물(취사실, 화장실, 욕탕 등) 건설에 투입되었으며, 6월 7일에 이르러 수용소 건설이 최종 마무리되었다.

한편, 임시수용소는 3월 14일 개소하였고, 3월 25일에는 상무대포로수용소의 포로 50명이 추가로 이송되었다. 1953년 5월 27일 기준으로 부평포로수용소에는 총 1,491명의 포로가 수용되어 있었으며, 3개의 수용동(A·B·C)에 각각 500명 내외가 분산 수용된 것으로 보인다. 부평 제10포로수용소에 이송된 포로들은 대부분 상무대 제5수용소 출신으로, 기독교 신앙을 가진 이들이 많았다고 전해진다. 이러한 점은 부평수용소가 다른 지역 포로수용소와 구별되는 특징 중 하나로 평가된다.[12]

논산수용소에 수용되어 있던 박종은은 당시 수용소 신부의 추천으

11 전갑생, 2016「한국전쟁기 인천의 미군기지와 전쟁포로수용소」『황해문화』2016 겨울호

12 전갑생, 위의 글, 220쪽

로 부평포로수용소로 이송되었다. 그는 회고록에서 "부평수용소에는 장교 출신이거나 포로 생활 중 간부직에 있었던 사람들만 선별되어 이송된다는 소문이 돌았다"고 전하고 있다.[13] 이러한 증언은 부평수용소의 수용 대상이 단순한 포로가 아니라 일정한 지도력과 관리 경험을 가진 포로층이었음을 시사한다. 박종은의 증언에 따르면, 부평수용소에 도착한 후 신임 소장 딜몬트(Col. Dilmont) 대령은 포로들을 모아 "남한 전역의 여섯 개 이상 캠프에서 모범적이고 우수한 포로들만이 선별되어 이곳에 입소했다"고 연설했다고 한다. 실제로 이처럼 선별되어 부평으로 이송된 포로들은 수용소 내 막사 건설과 애스컴시티 내 군사시설물 공사에 동원되었으며, 부평수용소는 단순한 수용 공간을 넘어 노동력과 규율을 중시한 관리형 포로수용소의 성격을 띠게 되었다.

포로수용소사령부에는 제14포로경비대와 제36한국군경비대대가 배속되어 있었다. 제14포로경비대는 장교 8명, 하사관 1명, 사병 92명으로 구성되었으며, 제36한국군경비대대는 1개 중대 규모로 장교 5명과 사병 181명이 편성되었다. 이후 수용소 경비 강화를 위해 한국군 경비대대의 B·C중대가 추가로 배치되었다. 포로수용소 경비를 담당했던 한국군을 포함하여 1953년 5월 19일 현재 애스컴시티사령부의 전체 부대 현황은 다음 표와 같다.[14]

13 박종은, 1998 앞의 책, 199쪽

14 전갑생, 2016 앞의 글, 221쪽 참조하여 재작성.

〈표 1〉 애스컴시티사령부 부대 현황(1953년 5월 19일 현재)

부대명	장교수	사병수
미 해병 제1사단 상륙전초 대대	37	739
미 해병 제1사단 공병대대	2	44
미 해병 제1사단 근무대대	5	198
제1해병비행단	23	255
제1전투지원단 제2하부 부대	6	122
제7함대 해병대대 임시트럭중대 1개 중대	6	83
미 육군 제79보금대대(수송)	20	319
미 육군 제44건설공병대대	32	319
유엔군사령부 제10전쟁포로수용소	13	182
한국군 제6보급대대	8	202
미 육군 제304통신대대 라디오중대	4	29
함대해병 수륙양용 트　터대대	1	10
미 육군 제570 급수보급중대	5	75
총인원	184	3,242

2. 부평 제10포로수용소 탈출사건

1) 6·18반공포로석방 단행

1953년 초 상병 포로 교환(환자 및 부상자 교환)이 전격적으로 이루어진 뒤, 휴전회담이 재개되었다. 그러나 협상장에서는 곧 송환 거부 포로 처리 문제가 최대 쟁점으로 부상하였다. 공산군 측은 송환 거부 포로들을 중립국으로 이송한 뒤 일정 기간 설득 과정을 거쳐, 이후 정치적 협상을 통해 최종 송환 여부를 결정하자고 주장하였다. 반면 유엔군 측은 이를 포로의 자유의사에 반하는 정치적 간섭으로 간주하고, 송환 거부 포로를 민간인 신분으로 전환하여 즉시 석방한다는 방침을 세웠다.

이승만 대통령은 이러한 유엔군의 방침 중 반공포로의 중립국 이관 방안에 강력히 반대하였다. 1953년 5월 12일, 유엔군사령관 마크 클라크(Mark W. Clark)를 접견한 자리에서 그는 “반공포로를 공산주의 성향이 강한 인도에 넘겨줄 수 없다”며 단호한 입장을 표명하였고, 필요하다면 유엔군사령부와 무관하게 독자적으로 송환 거부 포로를 석방할 수도 있다고 경고하였다. 클라크는 일정 부분 이승만의 입장을 이해하며 반공포로를 조기 석방하자는 특별건의서를 본국에 제출했으나, 워싱턴의 신중론에 부딪혀 묵살되었다.[15] 이후 6월 18일 전격적으로 단행된 반공포로 탈출 사건에서 미군과 한국군 간 직접적 충돌이 발생하지 않았던 배경에는, 현지 사령관인 클라크의 이러한 태도도 일정 부분 작용했을 것으로 추정된다. 한편, 협상을 조속히 종결하려던 유엔군 측은 기존 제안을 철회하고 공산군 측의 수정안을 수용함으로써 장기 교착 상태에 있던 포로협상을 마무리하였다. 이에 반발한 한국 측 대표 최덕신은 항의의 뜻으로 휴전회담 참석을 거부하였다.

1953년 6월 8일, 교전 양측은 오랜 논쟁 끝에 포로교환협정에 조인하였다. 협정의 핵심은 중립국송환위원회(NNRC: Neutral Nations Repatriation Commission)를 설치하여 송환 거부 포로 문제를 해결하는 타협안이었다. 위원회는 스위스·스웨덴·폴란드·체코·인도 등 5개국 대표로 구성되었으며, 특히 의장국 인도가 핵심적 역할을 맡았다. 협정 내용에 따르면, 송환을 거부하는 포로들은 위원회의 관리 하에 두고, 각 포로의 소속국이 90일간 설득할 기회를 갖도록 하였다. 만약 설득 기간이 지나도 귀국을 거부하는 포로가 있을 경우, 그 문제

15 육군본부, 2002『한국전쟁과 반공포로』, 108~109쪽

는 정치회의에 위탁하고 이후에는 민간인 신분으로 석방한다는 규정을 명시하였다. 이러한 절충안은 유엔 측이 제시한 인도안에 기반한 것으로, 송환 거부 포로의 의사를 재확인하기 위한 인도주의적 조치라는 점이 강조되었다.

그러나 이승만 대통령과 한국 정부는 협정 체결에 강하게 반발하였다. 그들은 유엔군 측이 비밀리에 공산군의 입장과 인도안을 절충하여 양보한 결과라고 판단하고, 이를 "한국의 주권과 입장을 무시한 굴욕적 합의"로 규정하였다. 이승만의 강경한 반휴전 입장 아래 국내에서는 휴전 반대 시위가 전국적으로 확산되었으며, 정부 각료 및 군 수뇌부가 잇달아 긴급 비상회의를 소집하는 등 정국이 극도로 긴장되었다. 이러한 반발은 이후 단행된 6·18 반공포로석방의 정치적 배경으로 이어지게 되었다.

이 시기 미군 당국은 한국 정부가 취할 가능성이 있는 세 가지 행동 시나리오를 예상하며 우려를 표했다. 그중에는 포로에 대한 일방적 조치 가능성도 포함되어 있었다. 첫째, 휴전이 성립된 이후 한국군이 유엔군의 지휘 체계에서 이탈하여 단독으로 전투를 계속 수행할 가능성, 둘째, 휴전 후 중립국위원단의 무장부대로 지명된 인도군이 한국에 상륙할 때 한국군과 충돌할 위험성, 셋째, 남한 각지의 수용소에 억류된 반공포로들의 집단 탈주 또는 석방이 발생할 가능성이었다. 이 가운데 포로에 대한 일방적 조치 가능성은 이미 당시 언론에서도 예측 기사 형태로 보도될 만큼 긴박한 사안으로 인식되고 있었다.

이승만 대통령은 1953년 6월 18일, 전격적으로 반공포로석방을 단행하였다. 그는 이미 6월 6일 헌병총사령관 원용덕 소장을 불러 반공포로석방 계획을 수립하도록 직접 지시하였다. 당시 포로수용소는 미군 병참관구사령부의 관할 하에 있었고, 한국군은 경비부대와 헌병을 파견하여 미군의 지휘를 받는 형태로 수용소 경비를 담당하고 있었다. 그러나 이승만은 3개월 전인 1953년 3월 24일 대통령령 제153호를 공포하여 국방부 산하의 헌병총사령부를 대통령 직속 부대로 개편하였다. 기존의 육·해·공군 헌병사령부와 달리 헌병총사령부는 대통령의 직접 지휘를 받는 조직이었으며, 초대 사령관으로 원용덕 장군이 임명되었다.[16]

이승만은 판문점에서 포로교환협정이 성사된 직후인 6월 8일, 원용덕에게 반공포로석방 명령서를 하달하였다. 그는 각 포로수용소의 경비를 담당하고 있는 육군헌병을 헌병총사령관의 지휘 하에 두도록 하는 명령서에 직접 서명함으로써, 군 지휘 체계를 우회하여 대통령 직속의 통제 구조를 확립하였다. 이러한 명령은 유엔군 지휘권 하에서 한국군의 독자적 행동을 금지한 기존 체제를 사실상 무력화한 것이었으며, 이후 전격적인 포로석방의 실행 기반이 되었다.

1953년 6월 18일 자정을 기해 각지의 포로수용소에서는 포로들의 탈출이 동시다발적으로 감행되었다. 원용덕 헌병총사령관은 이날 오전 6시 정각, 서울 정동 중앙방송국을 통해 "반공포로석방에 대한 담화문"을 발표하였다. 그는 "6월 18일 0시를 기해 관하 지휘관에게 한인 애국 포로수용소 접수를 명하였으며, 이는 제네바협약 총칙 제12조(전쟁포로는 그를 관리하는 국가의 주권에 속한다)에 근거한 조치"라고 선언하였다. 또한 포로수용소 인근 부대, 경찰, 애국청년단 및 일반 주민의 협조를 요청하였다.[17] 이승만은 반공포로석방을 스스로의 국가주권 행사이자 국제법적 정당성을 갖춘 행위로 규정하였. 각 지구별로 단행된 포로석방 현황은 다음 표와 같다.

16 위의 책, 229쪽

17 위의 책, 245-246쪽

〈표 2〉 반공포로 수용 및 석방 현황(1953년 7월 2일 현재)[18]

포로수용소명	총수용인원	석방포로(%)	미탈출자	탈출 후 체포	부상	사망
부산지구수용소	7,092	4,322(61%)	2,653	116		1
광주지구수용소	10,610	10,432(98.5%)	165		8	5
논산지구수용소	11,038	8,024(72.8%)	2,674	336	2	2
마산지구수용소	3,825	2,936(76.7%)	731	144	8	6
영천지구수용소	1,171	904(77.1%)	150	116	2	1
부평지구수용소	1,486	538(36.2%)	802	39	60	47
대구지구수용소	476	233명(48.9%)	61	180		2
계	35,698	27,389(76.7%)	7,236	931	80	64

육지에 설치된 7개 포로수용소에 분산 수용되어 있던 35,698명의 포로 중 27,389명(약 76.7%)이 탈출에 성공하였다. 이번 탈출은 한국군 경비병의 묵인과 협조 속에 이루어졌으며, 미군 경비병이 이를 제지하는 과정에서 충돌이 발생하였다. 그 결과 포로 80명이 부상하고 64명이 사망하는 인명 피해가 발생하였다. 이러한 피해의 대부분은 부평지구포로수용소에서의 탈출 과정에서 집중적으로 일어난 것으로 보고되었다.

이승만은 6월 19일 담화를 발표하여 반공포로석방을 자신이 책임지고 명령했다고 밝혔다.[19]

> 지금에 와서 유엔이 공산측과 한 조건이 국제적 관련을 더욱 복잡케해서 우리 원수에게 만족을 주고 우리 민족의 오해를 주는 험상을 일으킬 우려가 있게 되며.... 그러므로 내가 책임을 지고 반공한인포로를 6월 18일로 석방하라고 명령했다... 유엔군사령관과 또 다른 관계국들과 충분한

18 국방부전사편찬위원회, 1989『한국전쟁 휴전사』; 육군본부, 2002『한국전쟁과 반공포로』; 송효순, 1976『대석방』, 259쪽 참조하여 작성하였다.

19 「반공포로석방에 대하여(1953. 6. 18)」『이승만담화집』

> 협의가 없이 이렇게 행한 이유는 설명치 않아도 다 알 것이다... 각 도시지와 경찰관리들에게 지시하여 이 석방된 포로들을 아무쪼록 잘 지도 보호케한 것이니 다 그 직책을 행할 것을 믿는 바이다...(밑줄 강조: 필자)

원용덕 헌병총사령관을 비롯한 정부 각 부처는 '반공포로석방' 이후의 후속 대책을 신속히 마련하고 잇따라 발표하였다. 원용덕 사령관은 담화를 통해 "석방된 애국포로를 불법으로 감금하거나 구속할 경우 무력으로 대응하겠다"고 경고하였다. 진헌식 내무부장관은 석방된 반공포로들에게 도민증을 발급하도록 지시하였으며, 사회부는 석방포로에 대한 구호 대책을 마련하였다. 또한 서울방송은 일부 외국 기관이 석방포로들에게 수용소 복귀를 권고하는 한국어 방송을 내보내자, 이를 "한국정부의 의사에 반하는 행위"라고 규정하고 '반공애국청년들'에게 경각심을 촉구하는 방송을 송출하였다. 보건부는 각 도립병원에 석방포로들을 무료로 치료하도록 지시하였고, 군 고위 관계자들은 이들 대부분이 향후 한국군에 편입될 것이라고 언급한 것으로 보도되었다.[20]

종합하면, 정부의 대응 방향은 석방포로들을 한국민으로 공식 수용하고, 생활·의료·복지 지원을 제공하며, 나아가 군 인력으로 재편입시키는 통합적 관리 체계를 구축하는 데 초점이 맞추어져 있었다.

반공포로석방이 단행되자 공산군 측은 즉각적인 비난 공세를 펼쳤다. 북경방송은 신화사(新華社) 개성특파원의 보도를 인용해, 한국의 포로석방은 "무력과 특무공작을 동원해 강제적으로 이루어진 것이며, 그 목적은 석방된 포로들을 한국군에 편입시키는 데 있다"고 주장하였다. 또한 보도는 이번 사태의 최종적 책임이 미군에 있다고 지적하

20 국방부정훈국 전사편찬위원회, 『한국전란3년지』, AP통신 보도, B201쪽

며 미국의 개입을 비판했다.

신화사는 후속 보도에서 한국이 석방된 포로들을 활용하여 4개 사단 규모의 신편성을 시도하고 있다고 주장하였으며, 동시에 재수용된 포로들은 사실상 송환을 희망한 포로들이라고 덧붙였다. 즉, 공산 측은 반공포로석방이 포로들의 자유의사에 따른 조치가 아니라 한국군 증강을 위한 강제동원과 재수용 조치라고 규정하며 강력히 반발한 것이다.

1953년 6월 18일, 유엔군사령부는 연락장교를 통해 북한 공산군 포로 약 2만 5천 명이 남한 각지의 포로수용소에서 탈주하였다고 적측에 공식 통보하였다. 유엔군 당국은 포로경비사령부 명의로 이를 '포로의 집단탈출'이라고 발표하고, 적측의 항의에 대응하기 위해 가능한 한 탈주 포로를 재수용하기 위한 조치를 취하고 있다고 밝혔다.[21] 그러나 미국이 우려한 핵심은 포로석방 그 자체보다 '유엔군 지휘권의 침해' 문제였다. 유엔군사령관 마크 클라크(Mark W. Clark)는 같은 날 이승만 대통령에게 항의서한을 보내, "유엔군사령관은 한국 육·해·공군에 대한 완전한 지휘권을 보유하고 있으며, 반공포로의 석방을 명령한 행위는 본 사령부에 대한 확약을 위반한 것"이라고 지적하였다. 이는 이승만의 독자적 포로석방 조치가 유엔군의 통합 지휘 체계와 군사적 신뢰를 근본적으로 흔드는 사안으로 인식되었음을 보여준다.

1953년 6월 20일, 공산군 측은 회담장을 통해 유엔군 측에 공식 항의서한을 전달하였다. 그들은 유엔군이 반공포로석방 사태의 발생을 사전에 예방하거나 저지하기 위한 실질적 조치를 취하지 않았다고 비

21 「반공포로탈출에 관한 유엔군사령부 성명서(1953. 6. 18)」『한국전란3년지』 c51쪽; 「반공포로탈출에 관한 유엔군총사령관 클라크장군의 성명(1953. 6. 21)」『한국전란3년지』, c54-55쪽

난하며, 재발 방지에 대한 보증과 석방된 포로 전원의 재수용을 강력히 요구하였다.

그러나 공산 측의 반응은 유엔군이 우려했던 것만큼 즉각적이거나 격렬하지는 않았다. 같은 날 열린 본회담에서 공산 측은 유엔군이 이승만 정부와 공모하여 포로석방을 계획적으로 실행했다고 비난했으나, 휴전 조인을 무기한 지연시키거나 협상을 전면 중단시키는 강경 조치로는 이어지지 않았다. 이는 공산 측이 정치적 항의 의사를 표명하면서도 정전 협상 자체를 지속할 의지를 유지하고 있었음을 보여준다.

2) 부평 제10포로수용소의 비극

1953년 6월 15일, 부평 제10포로수용소에서는 포로들이 석방을 요구하며 시위를 벌였고, 그 장면이 언론을 통해 보도되었다. 그러나 6월 18일, 다른 지역 포로수용소에서 동시다발적으로 대규모 탈출이 시도될 당시, 부평수용소는 이에 즉각 동참하지는 못했다. 이튿날인 6월 19일에 이르러서야 부평에서도 포로들의 집단 탈출 시도가 이루어졌다. 그러나 다른 수용소와 달리 이곳에서는 특히 많은 인명 피해가 발생하였다. 미군이 파악한 공식 보고에 따르면, 전체 수용 포로 1,475명 중 583명이 탈출하였고, 그 과정에서 사망자 41명, 부상자 107명, 체포자 75명이 발생하였다. 이러한 수치는 부평수용소 탈출이 가장 격렬한 충돌을 동반한 사례였음을 보여준다.[22]

22 6월 24일 미군 해병대 CIC 보고서에 의하면, 사망 44명(두개골 파손 6명, 총상 32명, 총검에 의한 5명, 미확인 1명)으로 늘었고, 제21 후방병원 등에 65명이 입원하였다(전갑생, 2016 앞의 글, 224쪽).

포로탈출 상황에 대해 『한국전란3년지』에 수록된 유엔군사령부 발표를 일자별로 정리해 보면 다음과 같다.

- 6월 19일 새벽 부평 제10수용소에서 반공포로 484명이 탈출하였으며, 포로 30명이 사망하고 114명이 부상당했다.
- 6월 21일 유엔군사령부 발표: 18일 밤부터 19일 아침에 걸쳐 5개 포로수용소로부터 반공포로 1,815명이 탈주하여, 2일 간 탈주한 포로 총계는 26,954명이다.
- 6월 21일 유엔군사령부 발표: 20일 밤부터 21일에 걸쳐 광주상무대 수용소로부터 420명의 반공포로가 탈주하였으며, 대구제4수용소로부터도 214명이 탈주했다. 20일 현재 총수 35,421명의 북한군 반공포로 중 26,424명이 탈주하였으며, 그 중 1,029명을 재수용했다.

한국군 헌병총사령부의 발표에 따르면, 1953년 6월 20일 현재 석방된 반공포로의 총수는 26,239명이었다. 이 가운데 재수용된 포로는 866명, 유엔군의 발포로 인한 사망자는 44명, 중경상자는 115명으로 보고되었다.

이처럼 발표 시점과 주체에 따라 수치에는 다소 차이가 있으나, 1953년 7월 2일 기준으로 집계된 최종 포로 수용 및 석방 현황은 다음과 같다. 총 수용 포로 35,698명 중 27,389명이 탈출하였으며, 이는 전체의 약 76.7%에 해당한다. 반면 미탈출자는 7,236명, 탈출 후 체포된 포로는 931명, 부상자는 80명, 사망자는 64명으로 기록되었다. 이러한 수치는 반공포로석방이 단순한 석방 조치가 아닌 대규모 집단 탈출 양상으로 전개되었음을 보여준다.

부평포로수용소의 경우, 총 1,486명의 수용 포로 중 538명(36.2%)이 탈출에 성공하였으며, 39명은 탈출 후 체포되었다. 그러나 부상자

60명, 사망자 47명이 발생하여 포로 탈출 사건 전체 사망자의 73%를 차지하는 높은 인명 피해를 기록하였다. 이는 다른 지역 수용소에 비해 가장 많은 희생자를 낸 사례로, 부평수용소의 탈출이 단순한 이탈 행위가 아니라 격렬한 충돌을 동반한 사건이었음을 보여준다.

이에 비해 광주상무대포로수용소에서는 전체 수용자의 98.3%에 해당하는 10,432명이 탈출에 성공하였다. 이러한 높은 탈출 성공률은 수용소 경비의 상당 부분을 한국군이 담당하고 있었던 점과 관련이 깊은 것으로 해석된다.[23] 상무대수용소는 한국군 969명과 미군 335명이 경비를 맡고 있었으며, 다음으로 많은 8,024명이 탈출한 논산 제6수용소 역시 인근에 대규모 한국군 주둔 시설이 있어 탈출이 용이했던 것으로 보인다. 다만 상무대수용소에서도 탈출 과정에서 미군과의 총격전이 발생해 포로 5명이 사망하고 8명이 부상, 173명이 재수용되는 등 물리적 충돌이 수반되었다.

'반공포로석방'은 한·미 공조에 의해 계획된 '석방'이 아니라, 한국군의 묵인과 지원 아래 포로들이 주도적으로 감행한 '탈출'이었다. 이 과정에서 미군 경비병과의 충돌은 불가피했으며, 일부 수용소에서는 무력 충돌로 인명 피해가 발생하였다. 이러한 점에서 반공포로석방은 단순한 행정 조치가 아니라 군사적 긴장 속에서 이루어진 대규모 탈출 사건으로 평가된다.

당시 언론은 영천·대구·부평의 세 수용소는 연락이 불충분하여 석방이 원활히 이루어지지 못했다고 전했다.[24] 반면, 다른 네 곳의 수용소에서는 석방이 비교적 '순조롭게 진행'된 것으로 보도되었다. 특히

23 정찬대, 2019 「광주상무대포로수용소 실태 현황과 포로석방 사건: '반공포로수용소' 사례 연구」 『역사연구』 제37호

24 『경향신문』 1953년 6월 20일자

부산 제9수용소의 경우, 미군 경비병과의 충돌이 없었다고 알려졌으나, 실제로는 규모는 작지만 다수의 충돌이 있었고 사망자와 부상자도 발생한 것으로 확인된다. 이는 당시 보도된 '질서 있는 석방'이라는 표현이 현실을 충분히 반영하지 못했음을 보여준다.

「제10포로수용소 반공포로 탈출사건 보고서(Reports of the Anticommunist Prisoners' Escape from the 10th Prison Camp, 1953.6)」에는 탈출 당시의 일지와 애스컴시티 내 주둔 부대의 병력 배치도가 수록되어 있다. 이 자료를 통해 당시 포로들의 탈출 경위와 수습 과정, 그리고 부대의 대응 체계를 구체적으로 파악할 수 있다.[25]

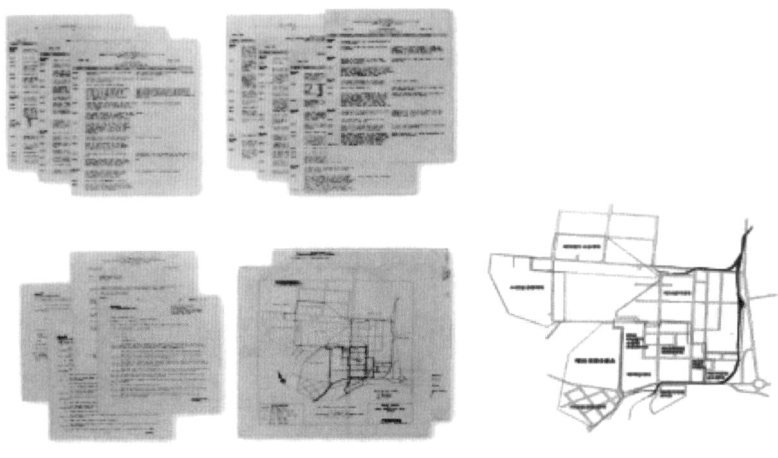

〈그림 4〉 제10포로수용소 주변 미군 부대 배치도

포로수용소 주변으로 미 해병대와 공병대가 병력을 배치하고 있었기 때문에 포로들이 탈출했을 때 사상자가 많이 발생했다.

이 자료에서는 부평 지역에 미군 부대가 밀집 주둔하고 있었기 때문

25 부평역사박물관, 2029~2020『헬로우 애스컴 시티, 굿바이 캠프 마켓』전시 도록, 23쪽

에, 포로 탈출 과정에서 충돌로 인한 사망자가 다수 발생한 것으로 분석하고 있다. 이러한 점이 부평에서 사상자가 특히 많았던 주요 원인 중 하나로 지적된다. 그러나 여기에 더해, 포로 탈출이 이루어진 시점 자체도 피해 규모에 영향을 미친 중요한 요인으로 작용한 것으로 보인다. 다음 절에서는 이에 대한 구체적 사례를 통해 그 배경과 경위를 살펴보고자 한다.

3) 포로수기와 자료를 통해 본 '반공포로석방' 사례

송효순의 저서 『대석방』에는 수용소별 반공포로석방의 전말이 비교적 체계적으로 정리되어 있어, 당시의 전반적인 상황을 구체적으로 파악할 수 있다.[26] 이러한 서술을 보완·입증하는 세부 자료로는 당시의 증언록이 존재한다. 예를 들어, 부산지구 가야리 제9수용소의 경우, 헌병총사령부 인원의 포로석방 작전 수행 과정, 작전계획 수립 및 미군 동향 파악, 행동 개시 이후의 상황 전개 등이 자세히 기록되어 있다.[27] 이와 같은 문헌과 증언록의 내용을 종합하면, 각 포로수용소별 탈출 당시의 구체적 상황과 이후 전개 과정을 비교적 명확히 파악할 수 있다.

이에 따라 본 연구에서는 송효순의 기술을 중심으로, 각 수용소별 탈출 상황과 사후 과정을 정리·분석하고자 한다. 각 수용소별 탈출 상황과 이후 과정을 간략하게 정리하면 다음과 같다.

26 송효순, 앞의 책, 223~259쪽

27 석보, 1954 『피묻은 철조망-반공애국포로석방비사』, 서울신문사(최미진, 2011 「반공포로의 석방과 국민형성의 딜레마-김광주의 『석방인(釋放人)을 중심으로」 『한국민족문화』 41, 41쪽 재인용)

① 부산지구수용소: 부산 지역의 포로수용소는 거제리 제2수용소(부산시 연산2동 신리), 거제리 반여동분견소, 가야리 제9수용소(개금동), 하이자루부대 내 하이자루분견소 등 네 곳으로 분산되어 있었다. 특히 부산지구 가야리 제9수용소에서는 석방 명령이 선포된 직후 수용소 내 전기가 일제히 차단(단전)되었으며, 포로들은 철조망을 넘어 헌병의 안내에 따라 신속히 이동하였다. 이들은 경산 방향으로 탈출하여 동대신동으로 넘어간 뒤 경찰의 안내로 민가에 잠입, 의복을 갈아입고 도민증을 발급받아 자유시민의 신분을 획득하였다. 이후 탈출 포로들은 당국의 보호 아래 군 입대 지원자는 우선적으로 편입되었고, 일부는 의용경찰로 채용, 나머지는 가족과 친척에게 귀환하였다.

② 광주지구수용소: 광주지구포로수용소에서는 탈출 과정에서 국군 헌병 1명과 포로 5명이 사망, 포로 8명이 부상하는 인명 피해가 발생하였다. 또한 165명의 미탈출자는 미군 통역관과 수용소 종업원들의 관리 과실로 인해 탈출 도중 체포되어 다시 재수용되었다. 포로석방이 이루어지자 전남경찰국은 관할 내 전 경찰력을 동원하여 탈출 포로들을 미리 준비된 민간복으로 갈아입히고, 안전 확보를 위해 이들을 영광·함평·부안 등 서해안 지역과 해남·고흥·순천·보성 등 남해안 지역으로 분산 정착시켰다.

③ 논산지구수용소: 논산지구포로수용소에서는 탈출한 포로들이 경찰과 민간인의 안내를 받아 신속히 옷을 갈아입고, 논산 읍내의 민가로 잠입하였다. 이에 대응하여 미군 수용소장은 한국군 경비대를 철수시키고, 오후에는 미군 병력 약 500명을 증원하여 대대적인 수색 작전을 전개하였다. 그 결과 약 30여 명의 탈출 포로가 발견되어 재수용

되었다. 이 과정에서 미군의 발포로 포로 2명이 사망하고 2명이 부상하는 인명 피해가 발생하였다.

④ 마산지구수용소: 마산지구포로수용소에서는 탈출 시도 과정에서 미군 경비병들의 일제 사격이 가해져, 약 800명의 포로가 체포되었다. 이 과정에서 포로 3명이 사망하고 11명이 부상하는 인명 피해가 발생하였다. 탈출에 성공한 포로들은 이후 경찰당국과 애국단체의 지원을 받아 사복으로 갈아입고 도민증을 발급받았으며, 마산을 벗어나 김해·창원·고성·함안·진주 등 인근 지역으로 분산 이동하였다. 또한 당국은 이들에게 1인당 10일분의 식량을 배급하며 생계와 이동을 지원하였다.

⑤ 영천지구수용소: 영천지구포로수용소에는 당시 1,171명의 포로가 수용되어 있었다. 탈출 작전 시, 경비헌병특공대원 10명이 포로 복장으로 위장하여 막사 내부에 잠입한 뒤, 포로들을 탈출 지점으로 인도하였다. 이러한 계획된 작전의 결과, 총 904명의 포로가 탈출에 성공하였다. 반면, 150명의 포로는 미탈출자로 남았으며, 이 중 약 90명은 불온사상분자로 분류되어 석방 대상에서 제외되었다. 비록 일부 인원이 남았으나, 전체적으로는 높은 탈출 성공률을 보인 사례로 평가되며, 영천지구수용소의 작전은 예상 이상의 성과를 거둔 탈출 작전으로 기록된다.

⑥ 부평지구수용소: 부평지구 제10포로수용소는 부평지구 미군기지 내 미군 제44공병단 지역에 위치한 시설로, 총 1,486명의 포로가 수용되어 있었다. 그러나 수용소가 미군기지 내부에 설치되어 있었기

때문에 헌병총사령부에서 파견된 밀사와의 접촉이 불가능했다. 당시 미군 수용소장은 야간이 되자 한국군 경비병력을 철수시키고, 대신 미 해병대 병력을 투입하여 이중 경계망을 구축하였다.

이러한 상황 속에서도 포로들은 탈출을 감행하였다. 선두조는 결사적인 시도로 철조망을 넘어 538명이 탈출에 성공했으나, 뒤따르던 포로들은 미 해병대의 착검 돌격과 포위로 제지되었다. 일부는 다른 방향의 철조망을 통해 재탈출을 시도했으나, 미 해병대의 기관총 및 소총 사격으로 47명이 사망하고 60명이 부상당했다. 탈출한 포로들은 미리 대기 중이던 군경 및 청년단 약 130명의 지원을 받아 부평·서곶·가정·원창·신현·산곡·가좌·주안 등 인근 민가로 은신하였다. 다음 날인 6월 19일에는 이들이 자유민 신분으로 인천 시내로 이동하였으며, 일부는 군경과 청년단의 호위를 받아 부유층 민가에 분산 거주했다.[28] 총수용 포로 1,486명 중 538명이 탈출에 성공했으며, 39명이 체포되었고, 802명은 미탈출 상태로 남았다. 사망자는 47명, 부상자는 60명으로 집계되었다.

⑦ 대구지구수용소: 대구지구포로수용소는 전체 수용소 중에서도 규모가 가장 작아, 수용 인원이 476명에 불과했다. 이곳은 애초부터 한국군 헌병이 배치되지 않아 헌병총사령부와의 연락망이 부재했기 때문에, 반공포로석방 계획에서 제외되어 있었다.

그러나 수용소 내 한국인 종업원들의 자발적 연락과 함께 경찰, 애국단체, 그리고 석방된 대한반공청년단 간부들의 비밀 공작과 격려가 이어지면서 포로들의 탈출이 이루어졌다. 6월 19일 16명, 20일 3명,

28 송효순, 1973『大釋放』, 신현실사, 251쪽

21일 214명이 미군의 저지 사격을 뚫고 탈출에 성공하였다. 그 결과 총 476명의 수용 포로 중 233명이 탈출에 성공했으며, 61명은 미탈출, 180명은 탈출 후 체포, 2명은 사망한 것으로 집계되었다.

이와 같은 상황 설명 중에서도 대구지구포로수용소의 경우에는 비교적 구체적인 정황을 파악할 수 있는 근거 자료가 존재한다. 1953년 6월 18일, 전국적으로 반공포로석방이 단행되었음에도 불구하고 대구수용소는 특별한 동향 없이 조용한 상태를 유지하고 있었다. 이에 다수의 애국단체들이 포로들의 행동을 촉구하기 위해 수용소 내부로 연락문을 투입하기 시작했다. 이러한 사실은 송효순의 『대석방』에 기록되어 있으며, 이를 통해 당시 대구수용소의 정황과 포로석방 작전이 어떻게 전개되었는지를 구체적으로 확인할 수 있다.[29]

> "반공애국청년 제위에게 고함!
>
> 현명하신 애국 동지들이여! 모든 정세는 잘 파악하였을 줄 믿는다. 금명간 하오 8~9시 사이를 이용하여 탈출하라. 그렇지 못하면 여러분은 금명간에 타처로 이동될 것이다. 행동은 야간 8~9시!
>
> 분산하여 소로를 이용하라. 시내 어느 민가든지 환영한다. 군영도 여러분을 보호할 것이다. 반공동지들이여! 시급히 대한의 따뜻한 품 안으로 오라!
>
> 6월 18일 하오 5시
>
> 대한군경원호회 백(大韓軍警援護會 白)

> "연락문
>
> ① 논산. 마산. 부산. 광주 등지의 반공 애국청년들은 18일 상오 2시에

29 송효순, 위의 책, 252~254쪽

탈출하였다.

② 영천 반공애국청년은 今夜를 기하여 탈출하기로 결정하였다.

③ 今夜 탈출치 않으면 强送당하여 공산주의자에게 총살당한다.

④ 失期치 말라! 반공애국청년들이여!

6월 19일 상오 7시

대한반공청년단 白(밑줄 강조: 인용자)

連絡文

잔류단원 앞!

① 6월 21일 감행한 탈출 실행에 216명이 무사히 탈출했다(그 중 부상자 4명, 생명은 무관)

② 오늘 통행금지 시간 1시간 전부터 12시까지의 사이를 이용하여 탈출하라! 금야 탈출치 못하면 영원한 죽음의 길이다.

③ 시급히 탈출하여 자유 대한에서 만나자!

6월 22일 하오 1시

조직부장 宋××"(밑줄 강조: 인용자)

그러나 "탈출하지 않으면 강제송환되어 공산주의자에게 총살당한다"거나, "오늘 밤 탈출하지 못하면 영원한 죽음의 길에 처한다"는 등의 주장은 당시 양측이 합의한 포로협정의 실제 내용과는 전혀 다른 것이었다. 이러한 주장은 명백한 허위사실이었으나, 외부와 철저히 단절된 포로들은 정확한 정보를 접할 수 없었고, 수용소 내 포로단체의 선동과 왜곡된 주장에 쉽게 영향을 받았다. 특히 반공포로석방을 주도한 육군 헌병총사령부는 우익 포로단체인 대한반공청년단과 긴밀히 연계하여 수용소 내 포로들을 통제하고 여론을 조성했다. 이로 인해 포로들의 '탈출'은 자유로운 선택의 결과라기보다, 조직적 선동과 심리적 압박이 복합적으로 작용한 상황에서 이루어진 것으로 볼 수 있다.

부평 제10포로수용소의 실상은 당시 이를 직접 경험한 박종은의 수기를 통해 구체적으로 확인할 수 있다.[30] 박종은은 황해도 해주 출신으로, 1950년 10월 초 퇴각하던 인민군 부대에서 탈출했으나 국군 헌병에 의해 포로가 된 인물이다. 이후 부산 포로수용소에서 중대장 직책을 맡았으며, 우익 포로단체인 대한반공청년단 소속으로 천주교 선교 활동에도 적극 참여하였다. 그는 논산수용소에 있다가 신부의 추천으로 신설 중이던 부평수용소로 이동했는데, 인천이 고향과 가까워 가족의 소식이라도 들을 수 있을 것이라는 기대감 때문이었다.

박종은의 수기에 따르면, 1953년 6월 18일 자정을 기해 '반공포로석방'이 단행되었을 당시 부평수용소 포로들은 그러한 사실조차 모른 채 잠들어 있었다. 이튿날 원용덕 헌병사령관의 담화가 라디오로 방송되자, 수용소는 환호성과 만세로 들끓었다. 그러나 시간이 지나면서 포로들은 타 지역의 포로들이 이미 석방되었다는 소식을 접하고, 부평수용소만 아무런 조치가 없음을 이상히 여겼다. 뒤늦게 알려진 바에 따르면, 당시 부평수용소 헌병대장이 상부의 석방 명령을 이행하지 않았기 때문이었다.

포로 간부들은 사태를 확인하고자 헌병대장을 만나려 했으나, 이미 수용소는 미군 헌병과 해병대 병력으로 완전히 통제되어 있었다. 오후에는 미 해병대 한 개 대대 이상의 병력이 정문 일대를 이중삼중으로 포위했고, 경비 임무를 맡았던 한국군은 철수한 상태였다. 이에 포로들은 "희생이 따르더라도 탈출하자"고 결의하였다. 그들은 밀사를 통해 관계 당국에 문서를 전달했고, 다음 날 새벽 수용소 언덕 위에서 한

30 박종은, 1998 앞의 책, 235쪽

국군 장교 한 명이 손짓으로 신호를 보냈다."영원히 포로로 남을 것이 아니라면 탈출하라. 미군은 우리 우방이다. 충돌이 있더라도 탈출을 전면적으로 막지는 않을 것이다."

그날 밤 10시 20분, 포로들은 정문을 돌파하는 방식으로 탈출을 시도했다. 미군 위병들은 사격을 경고했으나, 포로들은 철조망을 넘어 돌진했다. 이 과정에서 미 해병대의 무력 진압으로 약 500명의 사상자가 발생했고, 실제 탈출에 성공한 포로는 300여 명에 불과했다. 탈출하지 못한 포로들은 단식투쟁으로 항의했으나, 수용소는 불안과 공포 속에 잠겼다. 이후 포로들 사이에는 "남은 자들은 북송될 것"이라는 유언비어가 확산되었으며, 결국 생존자들은 모두 논산수용소로 이송되었다는 것이다.

박종은의 수기에 따르면, 부평포로수용소에는 헌병사령부의 탈출 지시가 공식적으로 전달되지 않았다. 포로들은 그다음 날인 6월 19일 밤 무모한 탈출을 감행하기에 앞서 외부로 밀사를 보내 의견을 구했고, 곧 헌병사령부로 추정되는 관계 당국으로부터 "탈출을 단행하라"는 지시를 받았다. 그러나 이는 미군 경비대와의 사전 조율 없이 이루어진 지시였으며, 결과적으로 다수의 포로 희생을 초래하였다. 박종은은 또한 당시 사망자 수가 공식 발표와 다르게 기억된다고 기록하고 있으며, 포로들 사이에서는 자신들이 북으로 강제송환될지도 모른다는 유언비어가 끊임없이 나돌았다고 증언했다.

이러한 증언을 종합해 보면, 부평포로수용소에서 가장 많은 희생자가 발생한 이유는 단순히 수용소가 미군 부대 내부에 위치했기 때문만은 아니었다. 탈출 시점의 부적절함, 무모한 탈출 감행 지시, 그리고 강제송환설 등으로 인한 심리적 동요가 복합적으로 작용한 결과였다. 다시 말해, 부평수용소의 참사는 구조적 제약과 잘못된 판단, 그리고 불확실한 정보가 빚어낸 비극적 인권 침해의 단면으로 볼 수 있다.

한편, 무모한 포로 탈출이 감행된 배경에는 이후 진행될 중립국송환위원회 설득회에 대한 대응이라는 측면도 있었다. '반공포로수용소' 내에는 여전히 송환을 희망하는 포로들이 일부 존재하였다. 앞서 살펴본 영천지구수용소의 경우, 미탈출자 중 약 90명이 '불온사상분자'로 분류되었는데, 이는 적극적으로 송환을 거부하지 않은 포로들이며, 상황에 따라 입장을 바꿀 가능성이 있는 인원으로 간주되었다. 이러한 포로들이 설득회에서 송환 의사를 표명할 경우, 이전의 포로심사와 분류 과정이 강압적이었음을 드러내는 결과로 이어질 수 있었다. 따라서 수용소 내부에서는 이를 사전에 차단하고자 보다 적극적인 '탈출' 행동을 유도하거나 감행하려는 분위기가 형성되었다고 볼 수 있다.

1953년 7월 27일 정전협정 체결 후, 송환 희망 포로의 송환이 완료된 뒤 송환 거부 포로들이 중립국송환위원회 관리 하의 판문점 지구로 이송된 것은 같은 해 9월 24일이었다. 설득 대상은 남측 수용소에 있던 공산군 포로 22,604명(북한군 7,900명, 중국군 14,704명)과 북측 수용소의 359명(미국인 23명, 영국인 1명, 한국인 335명)이었다. 그러나 설득회 과정은 순조롭지 못했다.

중립국송환위원회가 관리하던 수용소에서는 설득 자체를 거부하는 집단 행동과 폭력 사태가 빈번히 발생했다. 포로들 사이에서 송환이 의심되는 인물에 대한 폭행, 협박, 심지어 살인 사건까지 잇따랐으며, 반공포로단체는 포로사회를 완전히 장악한 채 송환 거부 시위와 폭동을 주도했다. 이처럼 설득회는 '자유의사에 따른 선택'이라는 취지와 달리, 집단적 강요와 폭력 속에서 인권이 훼손된 또 다른 전쟁터로 변질되었다.

중립국송환위원회의 설득회는 포로 폭동과 양측의 입장 대립으로 인해 계획대로 진행되지 못했다. 정해진 기간 중 실제로 해설(설득)이 이루어진 날은 열흘 남짓에 불과했다. 공산군 포로 가운데 해설을 받은 인원은 3,190명으로 전체의 14.11%에 지나지 않았다. 그중 북한군 포로 7,900명 가운데 해설을 받은 포로는 1,169명이었으며, 이 중 134명이 송환을 선택하였다. 특히 설득 후 송환을 선택한 포로가 47명, 설득을 받지 않았음에도 송환을 택한 포로가 87명에 달했다. 설득 기간 중 포로수용소 내에서는 사망자 20명, 탈출자 9명, 행방불명자 3명도 발생하였다.[31]

이러한 결과는 당시 포로들의 '선택'이 결코 자유로운 분위기에서 이루어지지 못했음을 시사한다. 포로 송환 여부에 대한 결정은 개인의 인권과 자유의사보다 양측의 체면과 정치적 명분을 유지하기 위한 수단으로 활용되었다. 즉, 자원송환 원칙이 내세운 인도주의적 이상은 현실의 냉전적 대립 속에서 훼손되었으며, 설득회의 과정은 결국 포로 인권이 정치적 계산 아래 종속된 사례로 남게 되었다.

결론적으로 볼 때, 포로협정이 조인된 이후 남은 절차는 중립국송환위원회의 관리 아래 '설득회'를 거쳐 포로들이 다시 한 번 송환 여부를 결정하도록 하는 것이었다. 이는 공산측의 반발을 고려해 마련된 타협안으로, 유엔이 제시한 '인도안(印度案)'에 근거한 조치였다. 그러나 이러한 합의는 결과적으로 무모한 '반공포로석방' 단행의 직접적인 원인으로 작용하였다. 포로수용소 안팎의 강압적 분위기 속에서 포로들의 자유로운 의사 표현은 사실상 불가능했으며, 상황에 따라 스스로의 결정을 번복할 여지도 충분히 존재했다.

특히 설득회 과정에서 포로가 송환을 선택할 경우, 이는 곧 이전의

31 이선우, 2013 앞의 논문, 330~331쪽. <표 2> 1953년 12월 24일자 포로처리 현황 참조.

포로심사와 분류가 강압적이었음을 입증하는 근거가 될 수 있었다. 이는 공산 측에게 비난의 명분을 제공할 위험이 있었기 때문에, 유엔군 측은 포로 설득을 제한하거나 회피하는 방향으로 대응하였다. 결과적으로 이러한 태도는 이후 설득회 자체를 거부한다는 의사 표현으로 이어졌으며, 실제 설득회에 참여한 포로의 수는 급격히 감소하였다. 이는 포로 송환 절차가 인권 보장의 장이 아니라, 정치적 이해관계 속에서 철저히 조정된 결과였음을 보여준다.

맺음말

6·25전쟁의 포로송환 문제는 단순한 전후 처리 과정이 아니라, 냉전 이념이 맞부딪히는 또 하나의 전장이었다. 자유의사에 따른 송환이라는 명분은 인도주의의 외피를 썼지만, 실제로는 강압과 선전, 정치적 계산이 교차한 현실 속에서 포로의 인권은 철저히 주변화되었다. 포로수용소 안팎의 불안과 폭력, 그리고 선택을 강요하는 구조 속에서 포로들은 '인권의 주체'가 아닌 '이념의 도구'로 전락하였다.

이승만 정부의 반공포로석방은 이러한 모순의 정점에 있었다. 그는 자유와 인권의 수호를 내세웠으나, 그 실상은 냉전 구도 속에서 국내 정치적 입지를 강화하기 위한 정치적 행위였다. 그 결과 포로의 생명과 안전은 외교적 전략과 체제 선전의 수단으로 희생되었다. 한미 간의 긴장과 불신이 심화된 가운데, 반공포로석방은 한국전쟁 후반기의 복잡한 권력관계와 이념 대립을 상징적으로 드러내는 사건으로 남았다.

결국 이 사건은 인권과 자유의 가치가 정치적 이해관계에 의해 왜곡

될 수 있음을 보여주는 역사적 사례이다. '자유의 선택'이라는 말이 실제로는 '강요된 결정'으로 작용했음을 직시할 때, 우리는 전쟁 이후 평화 구축 과정에서 인권이 결코 수단이 되어서는 안 된다는 교훈을 얻을 수 있다. 반공포로석방의 역사는 인권의 이름으로 자행된 정치적 폭력의 기억이며, 그것을 성찰하는 일은 오늘날 인권과 평화의 진정한 의미를 되새기는 출발점이 되어야 한다.

참고문헌

국방부 전사편찬위원회, 1989『한국전쟁 휴전사』, 국방부

국방부 정훈국, 1954『한국전란삼년지(韓國戰亂三年誌/1952-1953)』

국사편찬위원회, 2017『국사편찬위원회 수집 사진자료 3』, 국사편찬위원회

박종은, 1998『PW-포로수용소 생활 1,200일 실화』, 종화사

부평사편찬위원회, 2021『부평사 4권: 인천육군조병창과 애스컴시티』, 부평사편찬위원회

송효순, 1973『大釋放(대석방)』, 신현실사

윌리엄 린드세이 화이트 저, 국방부 전사편찬위원회 역, 1996『한국전쟁 포로』

육군본부, 2002『한국전쟁과 반공포로』, 육군본부

전갑생, 2011『한국전쟁과 분단의 트라우마: 새로 쓴 자료, 다른 시각』, 선인

조성훈, 2010『한국전쟁과 포로』, 선인

조성훈, 2015『6·25전쟁과 국군포로』, 국방부 군사편찬연구소

김경학, 2004「인도 정착 한국전쟁 중립국 선택 포로의 이야기」『인도연구』 9권 1호, 한국인도학회

김보영, 2009「한국전쟁시기 이승만의 반공포로석방과 한미교섭」『이화사학연구』 38집, 이화사학연구소

김보영, 2011「유엔군의 포로정책: '석방'과 '송환'을 중심으로」『이화사학연구』 46집, 이화사학연구소

김보영, 2016「한국전쟁 포로협상과 중국군 포로의 선택」『사학연구』 123호, 한국사학회

김현석, 2021「부평미군기지의 역사적 지평과 사적(史的) 공간」『부평미군기지 과거, 현재를 통해 미래를 전망하다』, 2021년 녹색현장포럼 발표문, 2021년 6월 29일

유숙현, 2008「거제도 포로수용소에서 포로의 체험과 송환 선택」, 연세대학교 대학원 석사학위논문

이선우, 2013「한국전쟁기 중립국 선택 포로의 발생과 성격」『역사와현실』 90호, 한국역사연구회

이연경, 2022「1940년대 인천 일본육군조병창의 설치와 군수산업도시 부평의 탄생」『도시연구: 역사·사회·문화』30호, 도시사학회
장상현, 1998「이승만 대통령의 반공포로 석방이 국내정치에 미친 영향」, 한림대학교 대학원 석사학위논문
전갑생, 2016「한국전쟁기 인천의 미군기지와 전쟁포로수용소」『황해문화』2016년 겨울호, 새얼문화재단
정찬대, 2019「광주상무대포로수용소 실태 현황과 포로석방 사건: '반공포로수용소' 사례 연구」『역사연구』37호, 역사학연구소
조성훈, 2001「한국전쟁기 제3국행 포로의 정착과정과 그 성격」『전사』3호, 군사편찬연구소
최미진, 2011「반공포로의 석방과 국민형성의 딜레마-김광주의『석방인』을 중심으로」『한국민족문화』41집, 부산대학교 한국민족문화연구소

1950년대 이북 출신 상이군인 집단농장의 형성과 변화

부평 화랑농장을 중심으로

●●●

손민환

부평역사박물관

손민환

1950년대 이북 출신 상이군인 집단농장의 형성과 변화

부평 화랑농장을 중심으로

머리말

1950년대 6·25전쟁기 전장에서 부상을 입은 군인, 이른바 상이군인(傷痍軍人)[1]의 실태를 규명하는 것은 전후(戰後) 한국 사회를 이해하고, 나아가 그들의 처우 개선과 보훈 정책을 수립하는 데 필수 불가결한 연구 과제로 인식되고 있다.

상이군인을 대상으로 한 연구의 가장 일반적인 유형은 원호 제도와 관련된 것이다.[2] 원호 기관에서는 원호 제도 소개와 원호 현황, 개선 방

1 1950년에 시행된 「군사원호법」[시행 1950. 6. 1.] [법률 제127호, 1950. 4. 14., 제정]에서는 '상병군인'이라 하여 '① 장병으로서 전투 또는 공무로 인하여 상이를 입거나 또는 질병에 걸려 이로 인하여 퇴직한 자', '② 전호에 게기한 자를 제외하고 장병으로서 고의 또는 중대한 과실에 인하지 않고 전지 또는 계엄지구에서 상이를 입거나 질병에 걸려 이로 인하여 퇴직한 자'로 되어 있다. 이 법에 의하여 상병군인에게 행하는 원호는 생계부조, 직업보호와 수용보호였다. 상병군인뿐만 아니라 상병군인의 가족들이 사회에 정착할 수 있도록 제도화한 것이었다.
이 글에서는 부평 화랑농장 상병군인 가족들의 인식에 따라 '상이군인'이라는 용어를 사용하기로 한다.

2 이임하, 2017 「상이군인들의 한국전쟁 기억」 『사림』 27, 191쪽

안 등이 담긴 연구서 및 연혁 자료를 주로 발간하였다.[3] 그중에서도 상이군인에 대한 초기 연구자인 이두성은 원호의 의의부터 상이군인의 현황을 살피고, 우리나라 원호 상황과 함께 외국의 사례를 검토하여 대안까지 제시하였다. 특히 상이군인의 부상 정도, 연령, 교육, 생활, 직업 등 1950년대 상이군인의 실태를 상세히 파악한 연구라 할 수 있다.

원호 제도라는 제도적 측면에서 탈피하여 상이군인들의 경험과 기억, 그들의 가족에까지 연구 범위가 확산되기 시작한 것은 2000년대에 들어서이다.[4] 통계를 중심으로 한 원호 제도 연구에서 벗어나 상이군인의 구체적 실상을 파악할 수 있는 방법을 제시하였다는 데에 의미가 있다.

하지만 기존 연구에서는 상이군인 집단농장을 주목하지 않았다. 그 이유로는 앞서 살펴본 것처럼 첫째, 정부의 원호 정치 혹은 보훈 정책에 초점을 두고 상이군인들을 통계화하는 데 그쳤고, 둘째, 상이군인 개인 차원의 기억과 경험을 집적하는 방법론을 취했기 때문이라고 본다. 따라서 상이군인의 정착을 지역사와 결부시켜 진행한 연구는 찾아보기 어려운 현실이다.

이 글에서는 부평 '화랑농장(花郎農場)'을 중심으로 1950년대 이북 출신 상이군인 집단농장의 형성과 변화를 살펴보고자 한다. 화랑농장은 인천광역시 부평구 산곡3동 일부 지역을 일컫는 통속 지명으로, 그동안 1950년대 초 상이군인들이 모여 협동농장을 운영한 곳 정도로만

---

3 이두성, 1959 『상이군인 원호문제』, 대한군경원호회 ; 원호처, 1968 『한국 원호 제도 발전 과정』 ; 원호처, 1974 『원호 10년사』 ; 원호처, 1983 『한국의 원호 정책』 ; 대한민국 상이군경회, 1991 『대한민국 상이군경회 40년사』 ; 국가보훈처, 1992 『보훈 30년사』 ; 대한민국 상이군경회, 2004 『대한민국 상이군경회 50년사』

4 박정석, 2002 「상이군인 및 유가족들의 한국전쟁 경험-전남 영암군의 사례조사를 중심으로」 『호남학』 30 ; 천희숙, 2003 「한국전 참전 군인의 부상경험」 『군진간호연구』 21 ; 이임하, 2017 앞의 논문

알려져왔다.[5] 화랑농장의 조성 과정과 변화가 소략적이나마 밝혀진 것은 비교적 최근의 일이다.[6]

이 글에서는 먼저 이북 출신 상이군인의 부평 정착에 대해 알아보고, 이들이 조성한 화랑농장의 운영 전략에 대해 살핀 후, 화랑농장이 분화되고 해체되어 가는 지역의 변화를 살펴볼 것이다. 이를 위해서 그동안의 연구 성과를 토대로 화랑농장 출신자 및 화랑교회의 소장 자료, 주민 구술을 적극 활용할 것이다.

이를 통하여 1950년대 생존을 위해 부평에 집단농장을 형성하고 정착하려고 했던 이북 출신 상이군인들의 삶을 재조명할 수 있는 계기가 되기를 기대한다.

1. 이북 출신 상이군인의 부평 정착

상이군인은 전투나 군사상 공무 중에 몸을 다친 군인을 말한다. 상이군인들은 군 병원에서 치료를 받은 뒤 재복무가 불가능하다고 판단되면 원호부대인 제839부대에 배속되었고, 비전투요원으로 분류되어 '명예'라는 이름을 붙여 제대 조치를 받았다.

1950년대 상이군인에 대한 원호 제도는 유명무실한 미봉책에 가까웠다. 이승만 정부는 상이군인을 '상이용사'라는 '숭고한 애국'의 상징으로 전유하면서 지배의 유용한 자원으로 동원하려고 들었지만, 그들에 대한 사회의 시선은 차갑기만 했다.[7] 이승만 정권은 제대 군인들을

5 조기준, 1994『부평사 연구』; 인천광역시, 1998『인천의 지명유래』; 인천광역시, 2002『인천광역시사』; 인천광역시 시사편찬위원회, 2015『인천의 지명』

6 부평역사박물관, 2019『상이용사의 보금자리, 부평 화랑농장』Ⅰ, Ⅱ 참조.

7 김봉국, 2016「이승만 정부 초기 애도-원호정치」『역사문제연구』35, 488쪽

'국민'으로 통합하려는 노력을 거의 하지 않았다.[8] 이처럼 정부와 사회는 상이군인을 이중적 잣대로 재단하였다.

1952년 4월 기준으로 제839부대 명예 제대자에 대한 통계가 존재한다. 해당 자료에서는 제1차부터 제20차까지의 제839부대 명예 제대자를 집계하고 있는데, 특히 제1차부터 제16차까지 명예 제대자들의 출신 지역 통계가 포함되어 있다.

〈표 1〉 명예 제대자 인원 통계

시기	인원(명)
제1차	1,571
제2차	2,112
제3차	1,856
제4차	1,262
제5차	6,393
제6차	5,290
제7차	5,292
제8차	4,871
제9차	4,772
제10차	2,222
제11차	2,460
제12차	2,032
제13차	2,348
제14차	1,788
제15차	1,409
제16차	2,550
계	48,228

〈표 2〉 명예 제대자 출신 지역 통계

도(道) 별	인원(명)
함경북도	221
함경남도	591
평안북도	573
평안남도	807
황해도	1,032
강원도	2,443
경기도	6,290
충청북도	2,732
충청남도	3,362
경상북도	11,996
경상남도	11,327
전라북도	2,907
전라남도	2,935
제주도	1,222
계	48,228

출전: <표 1> 대한민국 상이군경회, 1991 앞의 책, 264쪽
<표 2> 대한민국 상이군경회, 1991 앞의 책, 265쪽

8 후지이 다케시, 2007 「돌아온 '국민': 제대군인들의 전후」『죽엄으로써 나라를 지키자』, 선인, 388쪽

<표 1>, <표 2>에 따르면, 제1차부터 제16차까지의 명예 제대자 48,228명 중 이북 출신은 3,224명으로 전체의 약 6.9%에 해당한다.[9] 이남 출신의 상이군인들은 명예 제대 후 고향으로 돌아갈 수 있었지만, 이북 출신 상이군인들은 그럴 수 없었다. 이들은 전국 각지로 흩어졌으며, 일부는 공동체를 이루어 집단농장을 조성하기도 했다. 그 대표적인 사례가 바로 부평 화랑농장이다.

부평 화랑농장을 조직한 핵심 인물은 평안북도 벽동군 출신의 김국환(金國煥, 1928~2001)이었다.[10] 그는 이북에서 일본인 학생을 폭행한 후 형벌을 피하고자 일본군에 자원입대하였고, 관동군에 들어갔다가 1년 만에 탈영한 후, 광복군에 들어가 북경에서 항일 운동을 전개했다. 해방 이후 고향으로 돌아갔으나 2개월 동안 수감되었다가 출소 후 월남하였다.[11] 월남 이후 서북청년회, 한국독립당, 호림동지회 등 우익 단체에서 활동하였다.[12]

1949년 김국환은 대한민국 육군에 자원입대하여 호림부대(虎林部隊)에 배속되었다.[13] 호림부대는 서북청년회 출신 367명을 근간으로 설립한 북파공작 특수부대였다.[14] 김국환이 제2기 북파 공작원으로 침

9 도별 인원의 합은 48,438명으로 합계 48,228명과는 다소 차이가 있다. 특정 지역의 인원이 잘못 기재된 것으로 보인다.

10 김국환 호적 참조(김국환의 아들 김남규 제공).

11 손민환, 2019 「지난 기억을 깁다」 『상이용사의 보금자리, 부평 화랑농장』 Ⅰ, 부평역사박물관, 24쪽

12 김국환의 딸 김명섭(1954년생)과 아들 김남규(1967년생) 집단 구술(구술일: 2018년 10월 7일).

13 김국환의 호림동지회 회원 명부 참조(김남규 제공). 1994년 호림동지회 회원 명부로 회원의 성명, 전화번호, 우편번호, 주소가 기재되어 있다. 그리고 김명섭은 김국환이 제2기 북파공작원으로 투입되기 직전 6·25전쟁이 발발한 사실, 그리고 제대 후에도 같은 부대 동료들과 인연을 맺고 있었음을 증언하였다(구술일: 2018년 10월 7일).

14 김재웅, 2016 「38선 분쟁과 접경지역 위기에 대처한 이북의 민간인 동원정책」 『한국학논총』 45, 264~265쪽

투를 준비하고 있을 때 6·25전쟁이 발발하였다. 그는 포항-영덕 지구 전투에 참전하였다가 어깨에 총상을 입었고,[15] 9개월간 제5육군병원(이후 국군부산병원)에 입원하였다가 제839부대로 전속되어 명예 제대하였다.[16]

김국환의 명예 제대 당시를 담은 사진 한 장이 남아 있다. 제839부대 건물 앞에서 찍은 이 사진에는 '사령(使令)을 다하지 못하고 군문(軍門)을 나가는 한 몸', '4284.5.15. 839부대(部隊)'라는 문구가 적혀 있다.

〈그림 1〉 김국환 명예 제대 사진(1951년 5월 15일)

출전: 부평역사박물관

15 김남규 구술(구술일: 2018년 10월 7일)

16 「황무지 8만여 평을 개간, 자립자활의 길 찾는 화랑농장」『조선일보』 1955년 2월 9일, 2면 ; 김남규 구술(구술일: 2018년 10월 7일)

명예 제대한 김국환은 이북으로 돌아갈 수 없었다. 우익 단체에서 활동한 이력이 있었기 때문이기도 했지만, 명예 제대 다음 날인 1951년 5월 16일부터 중공군 제6차 공세 또는 춘계 2차 공세라고 불리는 대규모 공세가 시작되었기 때문이다.

명예 제대 이후 신흥동에 있는 경기도립 인천병원에서 치료를 받던[17] 김국환은 1951년 가을 이북 출신 상이군인 30여 명과 함께 지금의 산곡 3동으로 들어왔다. 그들은 일제강점기 함봉산에 굴착한 지하호(地下壕)에서 공동생활을 했다.[18] 이 지하호는 해방 직전 도쿄 제1조병창의 실포(實包) 설비를 이전할 계획에 따라 수평으로 굴착한 것이었는데,[19] 해방 이후 비어 있었던 지하호에 상이군인들이 기거하기 시작하였다.

김국환의 유족들은 김국환이 상이군인들을 규합하고 국방부로부터 토지를 위탁받아 화랑농장을 세운 것으로 기억하고 있다.

> 아버지가 부평에 와서 화랑농장을 만들었어요. 그러기 전에 이게 국유지였잖아요. 처음에 아버지가 개인적으로 불하를 받을 수가 없죠. 그때 당시 엄주명 소령이 상이군인회에 100,000평을 위탁했어요. 서북청년단 출신, 북한 출신 국군 상이군인들이 휴전이 되고 나서 돌아갈 집이 없잖아요. 그래서 아버지가 규합해서 화랑농장을 만든 거죠.
>
> 김명섭 구술(구술일: 2018년 10월 7일)

엄밀히 말해서 국방부로부터 토지를 위탁받은 것은 김국환이 아니라

17 김남규 구술(구술일: 2018년 10월 7일)

18 화랑교회, 미발간「부평 화랑교회 역사」(화랑교회 김문용 장로 제공)

19 조건, 2021「일제 말기 인천육군조병창의 지하화와 강제동원 피해」『한국근현대사연구』98 참조.

대한상이군인회 인천시분회였다. 국방부가 위탁한 땅은 일본 육군이 운영했던 인천육군조병창 부지였다가 해방 이후 미군 부지로 편입된 일종의 군용 유휴지였다. 미군은 6·25전쟁 발발 이후 부평에 많은 면적의 유휴지를 방치하고 있었다.[20] 김국환은 기존의 이북 출신 상이군인을 규합하여 인천시분회 명의로 부지를 위탁받고 개간하고자 했다.[21]

당시 전쟁 중인 특수한 상황에서 상이군인에 대한 원호 조치가 제대로 되지 않았고, 그들이 일으킨 각종 사회 문제가 발생하고 있었다. 그런 시점에서 상이군인들이 한곳에 정착하여 집단농장을 조성하는 것은 국가가 장려하던 방향이었으며,[22] 상이군인의 자활을 위한 현실적 방안이기도 했다.

당시 정부는 상이군인의 직업 보도를 위하여 대한상이군인회에서는 직업학교를 설치하였으나,[23] 그 성과는 미미하였다. 이러한 상황에서 농촌 출신이 대부분이었던 상이군인들은 "농토만 있다면 농사를 지으며 자립할 수 있다"라고 뜻을 모았고, 사용되지 않던 군용지가 있는 부평에 김국환이 이북 출신 상이군인을 집결시킨 것이다.

김국환이 상이군인들을 규합할 수 있었던 배경에는 군 병원과 복무 중 형성된 상이군인 간 네트워크가 있었다. 상이군인들은 군 병원이나 주변 지역에서 별다른 일정 없이 시간을 보내며 동료들과 함께 놀거나 공동 활동을 하기도 했는데, 이를 통해 그들 사이에 네트워크가 형성되었다.[24] 화랑농장 주민들의 증언에 따르면, 김국환은 서북청년회, 호

20 「황무지 8만여 평을 개간, 자립자활의 길 찾는 화랑농장」『조선일보』 1955년 2월 9일, 2면

21 황태하 구술(구술일: 2018년 9월 30일)

22 「농사라도 졌으면!, 뜻 맞는 사람들끼리(傷軍心境)」『경향신문』 1952년 10월 8일, 2면

23 「자립 개척의 상이군 직업학교를 설치」『마산일보』 1951년 9월 21일, 2면

24 박은영, 2022 「1950~60년대 상이군인의 이중적 입지와 일상 전략」『사학연구』

림부대, 제3시단, 국군병원, 경기도립 인천병원 등을 거치며 다양한 인적 네트워크를 구축하고 있었다.

이러한 배경에서 이북 출신 상이군인들은 생존을 모색하며 부평으로 이주하였고, 정부 역시 토지를 위탁하는 방식으로 이들의 정착과 자활을 일정 부분 지원한 것으로 볼 수 있다. 전쟁 중이라는 특수한 상황, 귀환할 곳이 없던 이북 출신 상이군인들, 그리고 상이군인 원호 정책을 수행하던 정부 간의 상호 작용 속에서 화랑농장은 출발하였다.

2. 화랑농장의 조성과 운영 전략

1) 전략적 교회 설립

김국환은 서북청년회에서 활동했는데, 서북 지역은 일찍이 기독교를 수용한 지역으로 일제강점기에 기독교 민족운동을 주도한 곳이다. 해방 후 북한의 토지 개혁과 사유 재산권 부정은 기독교를 중심으로 반공주의를 심화시켰다.[25]

1952년 2월, 김국환은 미군의 원조를 받기 위해 지금의 협성양로원 자리에 흰색 천막 교회를 세웠고,[26] 교회 이름을 '화랑교회'라고 명명하였다. 신체는 불편하지만, 정신만큼은 신라의 '화랑도 정신'을 본받자는 의미를 담고 있다. 이후 농장이 형성되면서 자연스럽게 '화랑농

148, 270~271쪽. 박은영은 1970년대 원호병원에 입원 중인 상이군인 25명이 상이용사촌 건설을 계획하고 이후 실제로 국유지를 불하받아 용사촌을 건설한 것을 네트워크 형성의 사례로 들었다. 이 사례는 시기적으로 화랑농장의 형성과 20년 정도 차이가 있으나, 화랑농장의 형성에도 네트워크가 존재했을 것으로 생각할 수 있다.

25 윤정란, 2015 『한국전쟁과 기독교』, 한울아카데미 참조.

26 황태하 구술(구술일: 2018년 9월 30일)

장'이라는 이름이 붙었다.[27] 천막 교회는 평일에는 농장 사무실로, 주말에는 예배 공간으로 활용되었다.[28]

주변 사람들은 김국환에게 "교회를 세우면 미군이 지나가다 원조를 해 줄지도 모른다"라며 교회 설립을 권유했고,[29] 김국환의 아버지 김형직이 독실한 기독교인이었던 점도 교회 설립에 영향을 미쳤다.[30]

김국환은 영어에 능통한 우태호 목사를 전략적으로 초빙하였다.[31] 김국환은 교회를 통해 미군의 원조를 얻는 것이 목적이었기에 교단보다 영어 구사 능력을 더 중요하게 여겼다.[32]

초기 화랑교회는 침례교로 시작되었다. 우태호 목사가 침례교 선교사였기 때문이다. 당시 신자들에게는 교단보다 '교회가 존재한다'는 사실이 더 중요했기 때문에 침례교인지 장로교인지에 큰 의미를 두지 않았다. 다만 침례교 전통에 따라 교인들은 한강에서 침례를 받았다.[33]

---

27 백용식 구술(구술일: 2018년 9월 30일)

28 김형직, 작성연도 미상「화랑교회 연혁」

29 김명섭 구술(구술일: 2018년 10월 7일)

30 상이군인 김시중의 처남 백용식(1944년생) 구술(구술일: 2018년 9월 30일). 백용식에 따르면 김형직은 아주 독실한 신자였던 것에 비해 김국환은 교회는 잘 나왔지만, 김형직만큼 독실하지는 않았다고 한다.

31 우태호는 1920년 미국으로 유학을 떠나 1930년 패서디나 대학교를 졸업하고, 1932년 오글소프 대학교에서 교육학 석사 학위를 받았다. 이후 밴더빌트 대학교에서 수학 중 벨몬트 하이츠 침례교회에서 침례를 받고 목사 안수를 받았으며, 1940년 남침례교신학대학원을 졸업하고 벨몬트 하이츠 침례교회로부터 한국 선교사로 임명되어 한국에 입국했다. 그러다가 1941년 가족과 함께 원산에 와서 활동하던 중 대한기독교회에 입교 요청 과정에서 이른바 '원산 사건'에 휘말렸다. 그는 해방 후 미군정 하에서 근무하다가 1949년 미국으로 건너가 남침례교 외국 선교부에 한국 상황을 보고하였고, 이로 인해 다시 파송되었으나 전쟁 발발로 목회지를 찾지 못하던 중 김국환의 요청을 받고 화랑교회 초대 목사로 부임하였다(이경희, 2020「대한기독교회(현 기독교한국침례회)의 우태호 사건 재평가」『한국교회사학회지』55 참조).

32 우태호는 20여 년간 미국에서 수학하였기에 영어에 능통했고 일본어도 할 수 있었다(이경희, 2020 앞의 논문, 398쪽).

33 상이군인 김지수, 상이군인 심종운 구술(부평 화랑교회, 미발간「부평 화랑교회 역사」참조). 백용식에 따르면, 부평 화랑교회는 1956년 김일심 전도사 부임 이후 장로교로 바꾸었다(구술일: 2018년 9월 30일).

초기 상이군인들은 모두 화랑교회 교인이었다. 그러나 모든 이들이 신앙심이 깊었던 것은 아니었다. 김국환 역시 독실한 신자가 아니었지만, 미군 원조를 받기 위해 상이군인들의 예배 참석을 강제하였다.[34]

결국, 김국환은 의도대로 화랑교회는 미군의 원조를 받는 데 성공한다. 1952년 9월, 상이군인들에게 전도하러 왔던 군종 목사 존 H. 뮬러가 화랑교회를 건설해 주기로 했다. 화랑교회는 1953년 1월 20일 건축에 착수하여 2월 1일 표양문 인천시장을 비롯한 내빈들이 참석한 가운데 헌당식을 거행했다. 당시 농장 내 상이군인 100여 명을 수용할 수 있는 규모였다.[35]

미군은 교회 건축 외에도 농장 운영 전반에 걸쳐 지속적으로 원조를 제공하였다. 예배를 주관하며, 미군 트럭을 이용해 한강에서 침례를 주고,[36] C-레이션, 양고기, 빵 등의 식량도 나누어주었다.[37] 화랑교회 2대 목사였던 이응 목사 역시 영어에 능통하여 통역을 겸했다. 1955년, 화랑농장은 미군의 지원을 받아 대대적으로 확장되었다.

2) 상이군인 자활농장과 정양원

1952년 봄 대한상이군인회 인천시분회(분회장 김천호)는 인천 위수사령관(대령 엄주명)과의 협의를 통하여 부평에 있는 국방부 소유지를 270,000평을 대여 받고, 농경을 희망하는 자 100여 명을 투입하여 가옥을 건축하고 각종 곡식과 채소를 재배하였다. 또 당시 돼지 50마리, 닭 100마리, 토끼 30마리를 사육 중이었으며, 8,000여 평의 미개

34 김국환의 부인 윤정근(1936년생) 구술(구술일: 2018년 10월 7일)
35 「뮬러 목사의 미거, 화랑농장에 예배당 신설」『인천공보』 1953년 2월 11일, 2면
36 황태하 구술(구술일: 2018년 9월 30일)
37 화랑교회, 미발간 「부평 화랑교회 역사」

지를 추가로 개간한 상태였다. 자급자족을 목표로 한 이 농장의 이름은 '화랑농원(花郞農園)'이라 명명하였다.[38] 이 명칭은 1952년 2월 화랑교회가 건립될 때 사용한 '화랑'에서 비롯된 것으로,[39] 얼마 지나지 않아 화랑농장으로 명칭이 변경된 것으로 보인다.

이는 대한상이군인회 인천시분회 명의로 대여를 받아 김국환을 중심으로 농경을 희망하는 100여 명의 상이군인이 모인 것으로 이해된다. 이들은 자립 기반을 마련하기 위해 가옥을 짓고, 농사를 지으며, 가축을 사육했다.

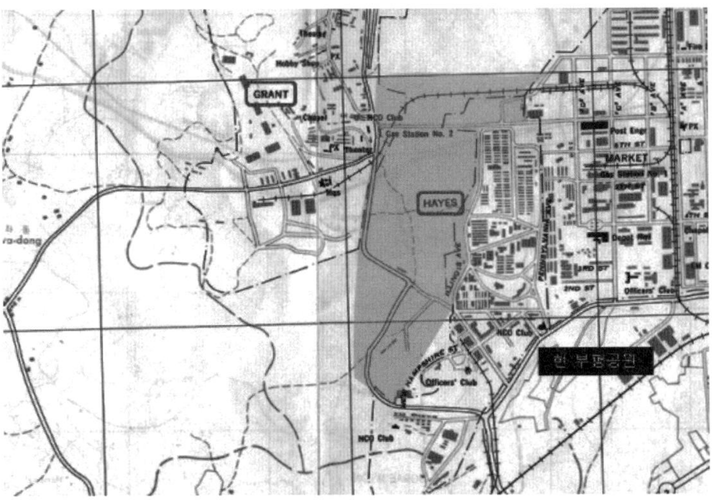

〈그림 2〉 화랑농장 영역

출전: 부평역사박물관 1959년도 미군 지도에 필자 재도안

이렇게 위탁받은 군용 유휴지는 현재의 산곡 3동이다. 이 지역은

38 「자활에 보일보(步一步), 인천의 상이군인 "화랑농원"」『조선일보』 1952년 9월 13일, 2면

39 백용식 구술(구술일: 2018년 9월 30일)

1910년대부터 일본 육군의 연습장으로 활용되었고, 1939년에는 인천 육군조병창에 편입되어 해방까지 일반인의 접근이 어려운 군사 구역이었다. 해방 이후 캠프 그란트(GRANT)와 캠프 헤이즈(HAYES) 사이의 유휴지로 존재했다.

화랑농장을 경영하는 과정은 어려움의 연속이었다. 첫째, 상이군인들에게는 거주 공간이 거의 없었다. 가마니를 덮고 자던 상황에서 비를 피할 수 있는 지하호 정도만 확보한 정도였다. 둘째, 개간 초기에는 수입이 없어 사회부로부터 제공된 잡곡과 부식비에 의존해야 했다.[40] 인근 미군 부대에서 나오는 음식물 찌꺼기로 꿀꿀이죽을 끓여 먹으며 개간을 이어나갔다.[41] 셋째, 힘들게 개간한 토지가 미군에 의해 수용되기도 했다. 김국환을 비롯한 일행은 1952년 11월까지 40,000평을 개간하였고, 1953년 봄 추가로 40,000평을 개간했으나, 이후 미군 제8057보충대가 보리밭 40,000평 중 30,000평을 수용했다. 그런데도 이들은 다시 8,000평을 추가 개간했다. 당시 화랑농장에 가면 굶어 죽지는 않는다는 소문이 퍼져[42] 상이군인의 수가 120명으로 증가했고, 판자와 나무를 이용해 수용소 형태의 숙소를 마련하였다.[43]

40 「황무지 8만여 평을 개간, 자립자활의 길 찾는 화랑농장」『조선일보』 1955년 2월 9일, 2면

41 황태하 구술(구술일: 2018년 9월 30일)

42 백용식 구술(구술일: 2018년 9월 30일)

43 「황무지 8만여 평을 개간, 자립자활의 길 찾는 화랑농장」『조선일보』 1955년 2월 9일, 2면

〈그림 3〉 상이군인들이 일군 채소밭(1954년)
출전: 화랑교회

〈그림 4〉 상이군인들이 사육하던 오리(1954년)
출전: 화랑교회

한편, 정부는 6·25전쟁으로 인해 발생한 상이군인을 보호하기 위해 정양원을 설립했다. 1950년 12월 대전에 설치된 제31육군 정양원을 시작으로, 1951년 1월 22일 중앙 상이군인 정양원 설치가 대통령령 제445호로 규정되어[44] 1월 25일 동래에 개소하였다.[45] 이후 각 도에 정양원 설치가 결정되었으나,[46] 전국에 10개 정양원을 설치할 것이라는 계획이 재차 발표된 것[47]으로 보아 즉각적으로 실현된 것은 아니었다. 1952년 12월 대통령령 제736호 「상이군인 정양원 직제」에 따라 당시 인천이 속했던 경기도에는 수원시에 정양원을 설치하기로 규정되었다. 해당 법령 제8조에는 '필요에 따라 정양원에 분원을 둘 수 있다', '분원의 명칭과 위치는 사회부령으로 정한다'라고 명시되어 있다.

1953년 3월 16일, 화랑농장에 경기 상이군인 정양원의 인천 분원이

44 「중앙 상이군인 정양원 규정」[시행 1951. 1. 22.] [대통령령 제445호, 1951. 1. 22., 제정]

45 「정양원 개소식」『동아일보』 1951년 1월 26일, 2면

46 「상이군경 정양원, 각 도에 9개소를 증설」『동아일보』 1951년 6월 20일, 2면

47 「전국에 10개 정양원 설치」『조선일보』 1952년 10월 13일, 2면 ; 「원호는 중점주의로, 각 도에 정양원 설치」『조선일보』 1952년 10월 15일, 2면

설치되었다. 당시 용인에는 상이군인의 직업 보도를 위한 농축산 시설이, 향후 본원이 들어설 수원에는 셔츠 공장이 계획되었다.[48]

개원 당시 인천 분원의 수용 인원은 약 150명을 상회한 것으로 보인다. 분원별 수용 인원에 대한 직접적인 자료는 확인되지 않으나, 인천과 용인 두 분원에서 총 300명을 수용하고 있었다.[49] 1953년 7월 24일 김포교육구청에서 인천 분원을 '부평 정양원'으로 지칭하며, 위문품을 전달받은 상이군인의 수를 약 180여 명으로 기록하고 있다.[50] 1955년에는 인천 분원에 수용된 상이군인의 수가 약 200여 명으로 증가하였다.[51]

〈표 3〉 연도별 경기 정양원의 수용 인원

연도	1952년	1953년	1954년	1955년	1956년	1957년	계
경기 정양원 수용 인원	-	580명	628명	668명	610명	521명	3,007명

출전: 이두성, 1960 「상이군인 원호문제」 『국방연구』 9, 324쪽

각 도에 정양원을 설립할 때의 원칙은 해당 도 출신 상이군인을 수용·정양하는 것이었다.[52] 그러나 정양원 인천 분원 개설 이전부터 화랑농장에는 이미 이북 출신 상이군인들이 집단 거주하며 자활을 모색하고 있었다.

부평역사박물관 소장 사진에는 '경기 정양원 인천 분실'이라는 현판이 달린 건물이 있다. 1953년 개설된 경기 정양원 인천 분원으로 파악

48 「수원에도 상이병 정양원」 『조선일보』 1953년 5월 3일, 2면
49 「상이군경 원호사업, 현황과 전망」 『조선일보』 1954년 2월 9일, 2면
50 「김포교육구청, 부평 상군 위문」 『경향신문』 1953년 8월 3일, 2면
51 「상이군경 원호사업, 현황과 전망」 『조선일보』 1954년 2월 9일, 2면
52 「제대병에 자활 보도, 각 도 책임 하에 실시」 『동아일보』 1952년 8월 22일, 2면

되는 이 건물은 시멘트 구조 위에 기와를 올린 형태이다. 건물 옆에는 창고 또는 화장실로 추정되는 작은 건물이 부속되어 있다.

〈그림 5〉 경기 정양원 인천 분실(1950년대 초)

출전: 부평역사박물관

〈그림 6〉 현판 부분 확대

1953년 5월 25일, 경기 정양원 인천 분원이 설치되고 나서 두 달 후 박술음 사회부 장관이 현장을 방문했다.[53] 사회부 장관 방문 기사에서 주목할 만한 점은 경기 정양원 인천 분원과 화랑농장을 동일시하고 있다는 점이다.

한편, 김국환 유족이 부평역사박물관에 기증한 사진 앨범에는 1953년 5월 6일에 촬영한 화랑농장 창설 기념사진이 남아 있다. 사진에는 시멘트 블록 건물 앞에 40명의 상이군인이 자리하고 있으며, 출입문 왼편에는 '富平花郎農場本部(부평 화랑농장 본부)'라는 현판이 보인다. 1952년부터 화랑농원이라는 이름으로 농장이 운영된 것을 고려할

53 「박 사회부 장관 내인(來仁), 화랑농장 방문」『인천공보』 1953년 5월 27일, 3면

때 '창설'이라는 표현은 정확하지 않지만, 본부 건물 준공을 기념하여 촬영된 것으로 추정된다.

〈그림 7〉 화랑농장 창설 기념사진(1953년 5월 6일)

〈그림 8〉 현판 부분 확대

출전: 부평역사박물관

본부 건물 낙성 이후에도 화랑농장의 운영은 여전히 어려움을 겪었다. 당시 『조선일보』에서는 화랑농장과 부평 자활원(自活園)을 "재정부족으로 운영난에 봉착"한 시설로 보도했다.[54] 이 기사에서는 두 시설을 별도로 기술하고 있으나, 실제로는 구분 없이 운영되었다.[55]

1955년 기사에서는 김국환을 화랑농장의 '지휘자'로 소개하고 있다. 그를 상이군인들을 규합하고 국방부로부터 임야를 대여받아 상이군인들의 자활에 힘쓰는 모범 모델로 소개한 것이다.[56] 이는 그가 화랑농장

54 「예산 없는 귀농정책」 『조선일보』 1953년 9월 3일, 2면

55 김문용 구술(구술일: 2019년 8월 4일). 김문용에 따르면 화랑농장은 상이군인들의 자활농장인 동시에 정양원으로 동일시되었다.

56 「황무지 8만여 평을 개간, 자립자활의 길 찾는 화랑농장」 『조선일보』 1955년 2월 9일, 2면

의 실질적인 운영을 맡게 되었음을 시사한다.

그는 재정난 극복을 위해 개간과 원조에 집중하였다. 1954년 봄 40,000평을 추가로 개간하고 미군으로부터 건축 자재, 사회부로부터 건축비를 지원받았다. 또 1956년부터는 사회부의 원조 없이 자활할 수 있으리라 자신했다.[57]

한편, 화랑농장 주민들은 김국환이 이 농장의 주도권을 잡게 된 '전설'을 저마다 기억하고 있다. 김국환을 중심으로 화랑농장이 어느 정도 자리를 잡자, 부평극장을 중심으로 기도[문지기]를 하던 다른 상이군인들이 화랑농장을 차지하려 했다는 이야기도 있으며,[58] 장교 출신 상이군인들이 와서 김국환에게 주도권을 요구하며 윽박질렀다는 증언도 있다.[59] 기억의 세부는 다르지만, 상이군인들 사이에 주도권 경쟁이 있었던 점은 공통으로 회고하고 있다.[60]

화랑농장은 나름의 조직 체계를 갖추고 있었다. 김국환이 농장장을 맡고, 부농장장은 최성집, 총무과장은 진상구, 서무과장은 김상억 등이 담당하였다. 특히 진상구는 지명 유래 자료 등에서 김국환과 함께 농장을 조직한 인물로 언급된다. 이외에도 초기 결집한 이북 출신 상이군인들이 직책을 가지고 농장의 운영을 담당했다.[61]

57 「황무지 8만여 평을 개간, 자립자활의 길 찾는 화랑농장」『조선일보』 1955년 2월 9일, 2면

58 황태하 구술(구술일: 2018년 9월 30일)

59 김명섭 구술(구술일: 2018년 10월 7일)

60 함봉산 지하호 안에 들어가 포탄을 장작 속에 넣고 불을 지펴, 가장 나중에 나오는 사람이 농장을 맡기로 했는데, 결국 김국환이 가장 늦게 나와 농장장 자리를 유지하게 되었다는 것이다.

61 윤정근, 김남규 집단 구술(구술일: 2018년 10월 7일)

3) 결혼을 매개로 한 가정 형성

정부는 상이군인, 군경, 개척단, 재건대 등의 남성들을 여성들과 결혼시키는 방식으로 가정 형성을 유도하였다. 이승만 정권과 박정희 정권은 전쟁으로 팔다리를 잃거나 실명한 남성들을 결혼시켜 원호 사업의 일부를 해결하고자 하였다. 거리의 문제아와 예비적 범죄자로 여기는 사람들을 집단적으로 교화하고 정착시키기 위한 가장 항구적이며 안정적인 방안으로써 결혼을 주목하였다.[62]

화랑농장은 설립 초기부터 상이군인의 결혼을 통해 가정 형성을 유도하였다. 기록상 화랑농장 조성 초기인 1953년 22쌍, 1954년 60쌍 등 총 82쌍의 상이군인이 결혼하였다.

결혼 제도를 통해 정착한 상이군인은 다양한 혜택을 받았다. 독신 시절에는 공동 기숙사 생활을 하였으나, 결혼 후에는 방 두 칸에 마루가 있는 살림집과 그 소유권이 제공되어, 1954년까지 82동의 주택이 마련되었다. 또한, 각 가정에 1,000평 규모의 채소밭을 분배하였다.[63] 결혼을 통해 주택과 농지를 얻을 수 있었기에 결혼을 기피할 이유가 없었다. 결혼식 날에는 이승만 대통령이 식기, 숟가락, 젓가락 등의 선물을 보내기도 했다.[64]

국방부와 사회부는 1952년부터 직업보도소 내에 결혼상담부를 설치하여 상이군인의 결혼을 장려하였고, 1955년에는 각 도에 '상이용사 합동결혼식 준비위원회'를 상설 조직하여 합동결혼을 원호 사업으로

62 김아람, 2015「가족이 짊어진 구호와 자활: 1950~60년대 합동결혼과 그 주인공」『역사문제연구』 33, 54~55쪽

63 「황무지 8만여 평을 개간, 자립자활의 길 찾는 화랑농장」『조선일보』 1955년 2월 9일, 2면

64 백용식 구술(구술일: 2018년 9월 30일)

포함시켰다.[65]

화랑농장에서 진행된 합동결혼식은 정부와 인천시의 정책적 의지가 반영되었다. 사회부 장관인 박술음, 인천시장인 김정렬이 주례를 볼 정도였고, 이북 출신의 신랑, 상이군인과 결혼하는 신부의 이미지는 언론에 '한 쌍의 원앙'으로 포장되었다.[66]

결혼식은 주로 인천예식장 등 외부 예식장, 또는 화랑농장 강당 등에서 치러졌다. 김정렬 시장이 주례를 맡은 날의 단체 사진 등은 김국환의 사진 앨범에 수록되어 있다. 외부 하객은 많지 않았으며, 대부분 화랑농장 관계자들이 참석하였다. 합동결혼식이 중단된 이후에도 상이군인들은 개별적으로 결혼식을 올리고 가정을 꾸려 정착해나갔다.

〈그림 9〉 화랑농장 결혼식 사진

출전: 부평역사박물관

화랑농장의 결혼 정책은 일면 성공적으로 보였다. 가정을 이룬 상이군인은 주택과 농지를 기반으로 정착할 수 있었으며, 이들의 자녀는

65 「원호사업으로 책정, 상이용사의 합동결혼식」『경향신문』 1955년 11월 23일, 3면

66 「상이군인 20쌍, 화촉전(華燭典)을 거행」『인천공보』 1953년 9월 30일, 2면 ; 「아홉 쌍의 합동결혼식, 9월 화랑농장에서 거행」『인천공보』 1956년 4월 4일, 2면 ; 「아홉 쌍의 원앙 절개(節介), 인천 상이용사 합동결혼식」『평화신문』 1956년 4월 5일, 4면 및 「9일 인천서 합동결혼」『조선일보』 1956년 4월 6일, 3면

자연스럽게 화랑교회의 교인이 되었다. 그러나 결혼 이후에도 자활이라는 농장의 핵심 과제는 실현되지 못하였다. 농장 수익만으로는 생계유지가 어려웠기 때문이다. 결국, 1960년대에 접어들며 결혼을 통해 정착했던 상이군인들도 점차 화랑농장을 떠나게 되었다.

4) 원조를 통한 최신식 농장 재개장

화랑농장의 운영에 있어 원조는 절대적인 요소였다. 국방부와 사회부는 물론, 미군의 원조 역시 화랑농장의 형성과 발전에 필수적인 기반이었다. 특히 미군 부대에 둘러싸인 입지적 특성상, 화랑농장이 미군과의 관계를 유지하는 것은 매우 중요했다. 이에 따라 화랑교회의 1대 및 2대 목사는 영어 구사가 가능한 인물로 초빙되어 김국환의 통역 역할을 겸하도록 한 것도 이러한 필요에서 비롯된 것이었다.

화랑농장이 경영난을 겪던 시기에 전환점을 마련한 해는 1954년이었다. 1953년, 미군 제8057보충대가 화랑농장의 보리밭 30,000평을 수용한 바 있다. 이후 1954년 10월, 제8057보충대가 화랑농장의 제반 시설 확충을 위해 약 15,000달러 상당의 건축 자재를 지원하기로 하였다.[67] 30,000평의 경작지를 제공한 것에 대한 대가라기보다는, 자립을 위해 노력하는 상이군인들의 의지를 높이 평가한 결과로 건축 자재를 기부한 것이었다.[68]

정확히는 자재 원조는 한미재단으로부터 14,300달러가 지원되었

67 「시설 대폭 확충, 화랑농장 미군서 원조」『동아일보』 1954년 10월 22일, 2면 ; 「8군 원조 목재 화랑농장 건축」『경향신문』 1954년 10월 23일, 2면

68 「황무지 8만여 평을 개간, 자립자활의 길 찾는 화랑농장」『조선일보』 1955년 2월 9일, 2면

고, 제8057보충대는 기술 지원을 담당했다.[69] 총공사비 18,320,000환은 군경원호회의 지원으로 충당되었다.

애초 계획은 1954년 10월 말까지 500평 부지에 농업기술지도소, 합숙소, 식당, 농산물 가공실, 축산 시험실 등을 건축하는 것이었다.[70] 그러나 상량문에 '단기 4287년 11월 25일'로 명기된 것으로 보아 준공은 다소 지연된 것으로 보인다. 한편, 12월 1일 사회부 장관이 제8057보충대의 로스 대령에게 화랑농장 증축에 대한 공로를 인정하여 감사장을 수여하기도 했다.[71]

〈그림 10〉 상량식 사진(1954년 11월 25일)

출전: 부평역사박물관

〈그림 11〉 상량한 건물(1954년 11월 25일)

출전: 부평역사박물관

1955년 3월 5일, 화랑농장 신축공사의 낙성식과 동시에 건물 기증식이 거행되었다. '경기 정양원 화랑농장 신축공사 낙성식'과 더불어, 미군은 한국 측에 건물을 공식 기증하였다. 이 행사는 「대한뉴스」에 소개될 정도로 큰 관심을 끌었다.[72]

69 「상이군인 위한 집단농장, 5일 부평서 준공식」『동아일보』 1955년 3월 7일, 2면
70 「시설 대폭 확충, 화랑농장 미군서 원조」『동아일보』 1954년 10월 22일, 2면
71 「로스 대령 표창, 화랑농장 증축 공로」『경향신문』 1954년 12월 2일, 3면
72 「화랑농장 개장」『대한뉴스』 1953년 3월 5일

여기서 기존의 '경기 정양원 인천 분원'이라는 명칭 대신 '경기 정양원 화랑농장'이라는 명칭을 사용한 점에서도 농장의 위상 변화가 드러난다. 행사에는 최재유 보건사회부 장관, 이익흥 경기도지사, 정일권 육군참모총장, 맥카오 주한미군 후방지원 사령관, 로즈 제8057부대장 등 많은 인사가 참석하였다.[73]

〈그림 12〉 화랑농장 개장 소식

출전: 「대한뉴스」 갈무리

〈그림 13〉 화랑농장 신축공사 낙성식

출전: 국가기록원

이로써 화랑농장은 '최신식 시설을 갖춘 유일한 집단농장'으로 거듭나게 되었다. 총 건평 500평 규모에 사무소, 학교, 병원, 예배당, 우사(牛舍), 돈사(豚舍), 온실, 숙소, 농산물 저장소, 농산물 가공소 등 총 16동의 건물이 세워졌다. 농지 개간과 함께 축산업도 병행하여 2마리의 농우, 70두의 돼지, 400수의 닭과 오리를 사육했다. 1954년 한 해 동안 농축산물 수입은 4,800,000환에 달했다.[74]

73 「상이군인 위한 집단농장, 5일 부평서 준공식」『동아일보』 1955년 3월 7일, 2면 ; 「화랑농장 증축, 5일 낙성식 현황」『경향신문』 1955년 3월 7일, 2면

74 「황무지 8만여 평을 개간, 자립자활의 길 찾는 화랑농장」『조선일보』 1955년 2월 9일, 2면

〈그림 14〉 재개장한 화랑농장 본부
출전: 부평역사박물관

〈그림 15〉 화랑농장 직원 일동(1959년 1월 26일)
출전: 부평역사박물관

그러나 1956년, 정양원 제도의 개편에 따라 모든 분원이 폐지되었다. 이는 자유당 의원총회 정책위원회의 시안을 바탕으로 차관회의를 거쳐 수립된 수정안을 1956년 11월 3일 임시 국무회의에서 의결한 데 따른 조치였다. 이 「행정기구 간소화 안」에 따라 보건사회부 소속 지방행정기관이 운영하던 원호 시설도 축소되었다. 이에 따라 정양원은 강원·제주 등의 본원 일부가 폐쇄되었고, 분원은 모두 폐쇄되었다.[75]

이에 따라 기존 수용자들에 대한 조치가 단행되었다. 보건사회부는 연고가 있어 퇴원이 가능한 사람들과 신체에 장애는 있으나 자립이 가능한 사람들을 조사하여 약 30%를 퇴원시킬 계획을 세웠다.[76] 지속적인 입원 요양이 필요한 환자들은 경기 정양원으로 이송되었고, 퇴원자는 화랑농장에 남아 농사를 짓거나 다른 지역으로 이주하게 되었다.

75 「정부 기구 간소화 안 의결 각의」『경향신문』 1956년 11월 5일, 1면
76 「정양원 수용자 3할 가량 퇴원 추진」『조선일보』 1956년 11월 6일, 3면

3. 화랑농장의 분회와 해체

1954년, 김국환은 화랑농장에 거주하던 일부 상이군인을 경기도 시흥군 초지2리 산 1번지, 현재의 안산시 원곡동과 초지동 일원(이하 안산 화랑농장)으로 이주시켜 화랑농장의 분화를 모색하였다. 이때 군자면으로 옮겨간 상이군인은 문경환, 이병삼, 이용근, 이해천, 안교준 등 약 20명으로 전해진다.[77]

당시 화랑농장은 안산에 약 300,000평의 부지를 확보하고 있었다.[78] 이 부지를 확보한 경위에 대해서는 별다른 자료가 확인되지 않는다. 다만, 부평과 안산이 모두 경기도에 속해 있었고, 안산이 간척지 매립으로 인해 갯벌이 농경지로 변화하던 시기였던 점을 고려할 때, 김국환 특유의 실행력이 작용했을 것으로 짐작할 뿐이다.

안산 화랑농장이 조성된 지역은 원래 두 집만 살았을 정도로 외진 마을로, '두집매', 혹은 '오지미[奧地山]'로 불리던 곳이었다. 이곳은 일제강점기에 염전 건설이 시도되었다가 중단되었으며, 6·25전쟁 직후 부평 화랑농장의 상이군인들이 집단 이주하면서 마을이 형성되었다.[79]

〈그림 16〉 안산 화랑농장 일대 전경(1977년)

출전: 안산문화원

77 「화랑유원지와 세월호납골당 그리고 장기표」『스카이데일리』 2024년 10월 7일(인터넷판)

78 「황무지 8만여 평을 개간, 자립자활의 길 찾는 화랑농장」『조선일보』 1955년 2월 9일, 2면

79 안산시사편찬위원회, 2011 『안산시사』 5, 안산문화원, 474쪽

안산 화랑농장은 부평 화랑농장의 관리하에 있었던 것으로 보인다. 부평 화랑농장은 수입보다 지출이 많은 적자 상태였으나, "금년(필자주: 1955년) 봄부터 개간에 착수할 시흥군 군자면에 있는 농토 30만 평 중 10만 평만 개간하여 놓으면 적자는 보충된다"[80]는 기사 내용으로 미루어 보아, 부평 화랑농장이 안산 화랑농장을 산하에 두고 관리하였음을 알 수 있다.

이처럼 부평 화랑농장과 안산 화랑농장은 분화되었지만 긴밀한 연계가 있었던 것으로 보인다. 김국환의 부인 윤정근은 부평 화랑농장의 부농장장을 안산에 보내 분원을 만들었다고 증언하였고, 딸 김명섭은 안산 화랑농장의 책임자를 '군자 할아버지'라 지칭하며 어린 시절 안산에 자주 갔다고 증언하였다.[81]

또한, 두 농장의 상이군인들은 상호 이동이 가능했던 것으로 보인다. 부평에서 농토를 받은 상이군인들이 도박 등으로 재산을 잃은 후 생계에 어려움을 겪다 안산에서 다시 농토를 받을 수 있다는 소식을 듣고 이주한 경우가 있었다. 반대로 안산에서 부평으로 이동한 사례도 있었다.[82]

일부 상이군인들이 안산으로 이주한 후, 부평 화랑농장은 다양한 원조를 통해 1955년 최신식 설비를 갖춘 집단농장으로 재정비되었으며, '경기 정양원 화랑농장'으로 낙성식을 치렀다. 이후 부평 화랑농장에는 1기부터 3기(혹은 4기)까지 상이군인들이 입주하였다.[83]

80 「황무지 8만여 평을 개간, 자립자활의 길 찾는 화랑농장」『조선일보』 1955년 2월 9일, 2면

81 윤정근, 김명섭 집단 구술(구술일: 2018년 10월 7일)

82 백용식 구술(구술일: 2018년 9월 30일)

83 김문용은 3기 또는 4기까지 있었다고 기억하고(구술일: 2019년 8월 4일), 백용식은 3기까지 있었다고 기억하고 있다(구술일: 2018년 9월 30일). 종합해보면 최소 3기까지는 기수가 있었던 것으로 보인다. 또 둘은 공통으로 상이군인뿐만 아니라

1956년 정양원 제도 개편으로 인해 모든 분원이 폐지되었으니, 화랑농장은 그 이후에도 계속 운영되었다.

> 1960년에도 화랑농장은 문 안 닫고 계속 있었어요. 1961년도엔가 좌우간에 문을 닫으면서 다음 해에 저 협성여자기술교도원인가로 바뀌어 가지고 그렇게 되었죠. 그러니까 딱 끊어지고 나온 것이 아니라 계속 연결이 되면서 화랑농장이 운영되다가 협성원이 들어서면서 화랑농장이 없어지고 협성원으로 변했다는 거죠. 문을 닫았으니까 시설로 바뀐 거지.
>
> 윤정근 구술(구술일: 2018년 10월 7일)

화랑농장은 1961년에 공식 해체되었다. 명확한 해체 이유는 밝혀지지 않았으나, 1991년 보도된 것으로 추정되는 기사에는 "어느 날 갑자기 해산당하는 비운을 겪어야 했다"라고 기술되어 있다.[84] 해당 기사에 김국환이 직접 '어느 날 갑자기'라는 문장에 줄을 긋고 '5·16혁명으로'라고 고쳐둔 것이 확인된다. 5·16군사쿠데타를 혁명이라고 인식했던 김국환의 입장에서도 5·16군사쿠데타를 화랑농장 해산의 직접적인 원인이라고 보았던 것으로 추정된다. 실제로, 이후 국가 보조가 중단되면서 운영이 어려워졌다는 증언도 있다.[85]

이듬해인 1962년에 「상이군인 정양원 규정」[86]과 「국립 정양원 직제」[87]가 모두 폐지되면서 전국의 정양원이 사라졌고, 이는 화랑농장 해체로 이어졌다.

다음 기사는 화랑농장 폐지 이후 상황을 보여준다.

상이군인들의 가족까지 함께 들어왔다고 증언하고 있다.

84 「밝은 내일을 위해 봉사하는 유공자 김국환 씨」, 간행처 미상, 1991년 보도 추정

85 황태하 구술(구술일: 2018년 9월 30일)

86 「상이군인 정양원 규정」[시행 1962. 5. 1.] [각령 제915호, 1962. 7. 30., 타법폐지]

87 「국립 정양원 직제」[시행 1962. 5. 12.] [각령 제748호, 1962. 5. 12., 타법폐지]

> 회원들과 생사고락을 같이하던 전상용사들은 뿔뿔이 흩어졌으나 다행히 건물 등은 접수가 안 돼 김 이사장이 계속 관리해 왔다. 이듬해 경기도 측에서 부녀보호시설로 활용할 것을 제안해와 62년에 모든 재산을 재단법인화하여 협성원이 정식 출범한 것이다.
>
> 「밝은 내일을 위해 봉사하는 유공자 김국환 씨」, 간행처 미상, 1991년 보도 추정

김국환은 화랑농장이 폐지되자 협성여자기술교도원을 설립하였다. 그는 남은 부지를 경기도에 기부채납하는 방식으로 1962년 9월 20일 부녀보호시설인 협성여자기술교도원을 개원했다. 등기부등본에 따르면 자본금은 1,030,250원이고 출자 방법은 '기부 행위에 인함'으로 기재되어 있다.[88]

〈그림 17〉 1960년대 협성여자기술교도원 전경

출전: 부평역사박물관

협성여자기술교도원 설립 이후, 화랑농장에서 떠나는 상이군인들의 수는 급격히 증가하였다. 김국환은 화랑농장이 폐지될 당시 공동 생활 공간이었던 기숙사와 사무실만 남기고 모든 자산을 상이군인들에게

88 협성원 등기부등본(김남규 제공)

분배하였다.[89] 이후 화랑농장은 더는 상이군인 집단농장의 기능을 수행하지 않게 되었으며, 상이군인들은 불하받은 토지를 헐값에 매각하고 타지로 떠나거나, 미군 부대 등지에서 새로운 일자리를 구해 살아갔다.

한편, 안산 화랑농장은 부평보다 조금 더 오랜 기간 농장 기능을 유지하였다. 1980년 안산신도시 개발로 인해 안산 화랑농장의 30여 가구가 전국 각지로 이주하면서 자연스럽게 해체되었고, 개발 직전 마지막 농사를 지으며 김국환에게 쌀 한 가마를 보내는 것으로 마무리되었다.[90] 1986년 안산시가 승격된 이후, 기존 안산 화랑농장은 화랑유원지로 개발되어 오늘에 이르고 있다. 2016년에는 화랑농장에 관한 설명이 담긴 지명유래비가 화랑유원지에 설치되었다.

이처럼 부평 화랑농장은 상이군인의 자립·자활을 위한 집단농장에서 출발해, 이후 윤락 여성의 자활을 위한 교도 시설로 전환되었다. 김국환 역시 '화랑농장 농장장'에서 '협성여자기술교도원 원장' 및 '이사장'으로 직함이 바뀌었다. 정양원이 폐지되는 시점에 윤락 여성의 요보호 시설로 전환하는 전략을 취한 것으로 보인다. 한편, 분원 개념이었던 안산 화랑농장은 부평보다 그 명맥을 조금 더 길게 이어갔다.

맺음말

이 글에서는 부평 화랑농장의 사례를 중심으로, 1950년대 이북 출신 상이군인 집단농장의 형성과 변화를 고찰하였다. 기존 연구에서 상

89 김명섭 구술(구술일: 2018년 10월 7일)
90 윤정근 구술(구술일: 2018년 10월 7일)

이군인 집단농장의 형성과 운영이 부차적인 주제로 다루어졌고, 상이군인 집단농장을 지역사와 연계하여 분석하지 못했던 점에 주목하여, 1950년대 이북 출신 상이군인들이 주축이 되어 형성한 부평 화랑농장에 대해 살펴보았다.

부평 화랑농장을 조직한 핵심 인물은 평안북도 출신의 김국환이었다. 그는 1951년 명예 제대한 이북 출신 상이군인들을 규합하여 부평으로 이주한 뒤, 1952년 화랑교회와 화랑농장을 설립하고 운영하였다. 이 과정에서 그는 한국 정부는 물론 미군의 지원도 전략적으로 활용하였다. 상이군인의 자활을 모색하던 화랑농장에는 1953년 정양원 인천분원이 입주하여 상이군인의 요양을 지원하였다. 상이군인의 정착에는 교회를 통한 신앙심 형성과 합동결혼이 중요한 기반이 되었다.

1954년 화랑농장은 안산에 분원을 설립하여 상이군인의 완전한 자립을 도모하였고, 1955년에는 정부와 미군의 지원으로 농장을 최신식 시설로 재개장하는 등 발전을 이루었다. 그러나 1956년 정양원 인천분원이 폐지되고, 1961년 5·16군사쿠데타 이후 농장은 폐쇄되었으며, 1962년에는 윤락 여성 수용 시설인 협성여자기술교도원으로 전환되었다.

1950년대 화랑농장은 이북 출신 상이군인들의 자활을 넘어, 그들이 진정한 대한민국 국민으로 자리매김할 수 있도록 돕는 공간으로 기능하였다. 그러나 여느 집단농장이 그러하듯 자립 기반을 마련하기는 쉽지 않았고, 복합적인 요인으로 인해 결국 농장 기능은 소멸하게 되었다. 그런데도 이곳은 여전히 통속 지명으로 남아 있으며, 상이군인들의 신앙 기반이 되었던 화랑교회를 비롯해 일부 가족들이 거주하면서 그 명맥을 잇고 있다.

최근에는 협성여자기술교도원에 수용되었던 여성의 구술 기록이 공개되며 큰 주목을 받았다. 화랑농장이 폐쇄된 이후 협성여자기술교도원으로의 전환 과정과 그 운영 실태는 부평 지역사 연구에 있어 반드시 다루어야 할 중요한 과제라 생각된다.

특히 부평은 해방 이후 미군이 주둔하면서 기지촌이 형성되고, 6·25전쟁기 이북 지역의 피난민들이 정착하고 제10반공포로수용소가 설치된 역사적 맥락이 있다. 부평 화랑농장은 미군과 반공, 미군을 상대로 한 성(性) 문제 등 지역사와 궤를 같이하고 있어, 종합적인 시각에서 고찰해야 할 필요가 있다. 이 부분은 향후 연구 과제로 남겨두고자 한다.

참고문헌

국가보훈처, 1992『보훈 30년사』

대한민국 상이군경회, 1991『대한민국 상이군경회 40년사』

대한민국 상이군경회, 2004『대한민국 상이군경회 50년사』

안산시사편찬위원회, 2011『안산시사』5, 안산문화원

원호처, 1968『한국 원호 제도 발전 과정』

원호처, 1974『원호 10년사』

원호처, 1983『한국의 원호 정책』

윤정란, 2015『한국전쟁과 기독교』, 한울아카데미

이두성, 1959『상이군인 원호문제』, 대한군경원호회

인천광역시, 1998『인천의 지명유래』

인천광역시, 2002『인천광역시사』

인천광역시 시사편찬위원회, 2015『인천의 지명』

조기준, 1994『부평사 연구』, 부평문화원

김봉국, 2016「이승만 정부 초기 애도-원호정치」『역사문제연구』35, 역사문제연구소

김아람, 2015「가족이 짊어진 구호와 자활: 1950~60년대 합동결혼과 그 주인공」『역사문제연구』33, 역사문제연구소

김재웅, 2016「38선 분쟁과 접경지역 위기에 대처한 이북의 민간인 동원정책」『한국학논총』45, 한국학연구소

박은영, 2022「1950～60년대 상이군인의 이중적 입지와 일상 전략」『사학연구』148, 한국사학회

박정석, 2002「상이군인 및 유가족들의 한국전쟁 경험-전남 영암군의 사례조사를 중심으로」『호남학』30, 전남대학교 호남학연구원

손민환, 2019「지난 기억을 깁다」『상이용사의 보금자리, 부평 화랑농장』Ⅰ, 부평역사박물관

이경희, 2020「대한기독교회(현 기독교한국침례회)의 우태호 사건 재평가」『한국교회사학회지』55, 한국교회사학회

이두성, 1960「상이군인 원호문제」『국방연구』9, 국방대학교 국가안전보장문제연구소

이임하, 2017「상이군인들의 한국전쟁 기억」『사림』27, 수선사학회

조건, 2021「일제 말기 인천육군조병창의 지하화와 강제동원 피해」『한국근현대사연구』98, 한국근현대사학회

천희숙, 2003「한국전 참전 군인의 부상경험」『군진간호연구』21, 군건강정책연구소

후지이 다케시, 2007「돌아온 '국민': 제대군인들의 전후」『죽엄으로써 나라를 지키자』, 선인

1980년대 한국수출산업공단 여성노동자들의 노동운동

부평공단 대한마이크로전자 노조를 중심으로

유 경 순

한국방송통신대학교

이 논문은 2023년 대한민국 교육부와 한국연구재단의 지원을 받아 수행된 연구임
(NRF-2023S1A5B5A16077812).

유경순

1980년대 한국수출산업공단 여성노동자들의 노동운동

부평공단 대한마이크로전자 노조를 중심으로

머리말

1970년대부터 시작된 한국의 현대 노동운동은 그 평가가 주로 전국적 맥락 속에서 이루어져 왔다. 즉, 노동운동사 서술은 대체로 전체적인 맥락으로 이루어져 왔고, 노동운동에 대한 역사적 평가 역시 주로 큰 흐름에서 이루어져 왔다. 그 과정에서 각 지역에서 일어나는 구체적인 저항들은 배제되기도 하였다. 예를 들어 1980년대 노동운동사에서는 1985년의 구로동맹파업이 전체 노동운동사에서 그 중요성 때문에 주목받고 연구되었지만, 민주노조를 인정받기 위해 1년 넘게 투쟁하다가 1985년 7월 한국노총 점거 투쟁을 벌인 대한마이크로전자(이하 '마이크로') 노조 여성노동자들의 활동과 투쟁은 주목받지 못했다.

또, 1987년 이후 노동운동이 전국으로 넓혀지면서 그 공간적 위치는 '지역'이었으며, 그 구체적인 양상도 그 지역성과 연관되어 이루어졌다. 그런데도, 각 지역에서 발생한 노동현장의 구체적인 모습은 주로 대략적인 묘사에 머무는 편이다. 예를 들어, 전국 규모인 1987년 노동자 대투쟁은 "한국 임금노동자 계급이 형성된 이래 가장 대규모의 자본·임노동 간의 모순표출"이라는 성격 규정이나[1] "작업장 민주화와 노사 간 역학관계를 재편하는 결과를 낳았다"라는 평가까지[2] 유사한 맥락에서 서술되고 있다.

이런 서술에서는 노동자 대투쟁에 직접 참여한 여성노동자들이나 노동자들이 각 지역에서 또는 각 사업장에서 어떻게 느꼈고, 무엇을 했고, 무엇을 하려 했는지에 대한 상황이 구체적으로 나타나기 어렵다. 또한, 현재 기업별 노조 체제의 노동운동은 각 지역에서 지역별 특성 속에서 일어난다. 실제 그 기업이 자리하는 지역과의 상호 관련 속에서 노동운동의 양태가 드러난다. 그러므로 구체적인 노동운동을 다룰 때, 전국의 맥락을 고려하면서도 지역적 맥락 속에서 각 기업에서 벌어진 노동운동의 양상을 구체적으로 드러내는 것이 필요하다. 이 때문에 지역 노동운동사 연구가 필요하다고 할 수 있다.

지역 노동운동사는 지역의 범주에서 그 지역의 산업 구조적 특성, 노동자들의 산업별 구성 등이 어떻게 반영되어 노동운동이 발현, 전개되는가에 접근하는 것이다. 또, 지역 노동운동과 기업 차원의 노동운동 연관성을 규명하는 것이기도 하다.

지역 차원의 노동운동사 연구는 1980년대 성남지역[3]과 부산지역에서 먼저 시작되었다. 부산지역에서는 노동실태를 분석하고 노동운동을 정리한 것에서 시작해서,[4] 2000년대 들어서는 지역노동운동사 단

1 김금수, 1988 「1987년 7월~9월의 노동항쟁」 『현대한국을 뒤흔든 60대 사건·해방에서 제5공화국까지』(『신동아』 1월호 별책부록, 352쪽

2 민주노총, 2001 『민주노조 투쟁과 탄압의 역사』, 현장에서 미래를, 126쪽

3 한국기독교사회문제연구원 편, 1986 『성남지역 실태와 노동운동』, 민중사

4 한국기독교사회문제연구원 편, 1986 『부산지역 실태와 노동운동』, 민중사 ; 지역사회문제자료연구실, 1989 『80년대 부산지역 노동운동』, 친구

행본이 발간되기도 했다.[5] 이어 마산·창원지역에서도 지역노동운동사 연구가 1990년부터 시작되었고,[6] 인천지역에서는 2000년대 들어 일제 강점기부터 현대까지 지역노동운동사 개설서가 출판되었다.[7] 또, 1980년대는 인천이 정치적 노동운동의 중심지였기 때문에 이에 관한 연구도 진행됐다.[8]

위의 연구들은 지역 전체의 운동을 개괄적으로 정리하는 수준인데, 이는 지역노동운동사 연구를 위한 시도라고 할 수 있다. 지역노동운동사의 특징을 좀 더 잘 보여주는 연구는 『내 사랑 마창노련』(김하경, 1999, 갈무리)으로, 마산창원노동조합연맹을 중심으로 한 지역노동운동의 흐름과 개별사업장의 투쟁을 압축적으로 다루면서 10년에 걸친 역사를 정리한 것이다. 또, 『아름다운 연대, 1985년 구로동맹파업』(유경순, 2007, 메이데이)은 구로공단 노동운동의 흐름을 정리하면서 정부의 탄압과 지역노동운동의 상황, 그리고 구로동맹파업뿐만 아니라 1984~5년 민주노조들의 일상활동도 주체들의 목소리로 정리하여, 지역노동운동사 연구의 주요 특징을 보여준다.

2010년대 들어서는 지역노동운동의 주체인 민주노총 지역본부들이 자신들의 역사를 정리해서 출판하기 시작했다. 지역본부 상근자가 자

5 현정길·윤영삼, 2023 『부산노동운동사: 개항부터 촛불 항쟁까지 부산지역 노동자 투쟁 기록』, 산지니 ; 이광수, 2024 『(부산지역) 노동운동사: 유신 말기부터 IMF 위기 직전까지』, 앨피

6 이상철, 1990 『한국의 지역노동운동 연구: 포항, 울산, 마산, 창원지역의 비교』,한울 ; 김용기, 1991 「80년대 지역노동운동사 연구: 80~87년 마산·창원지역을 중심으로」 『노동복지연구』 10

7 이갑영, 2009 『그들은 희망을 나누었다.』, 다인아트

8 이재성, 2010 「인천지역 민주노조운동에 대한 사회운동론적 고찰」, 서울대학교 사회학 박사학위논문 ; 유경순, 2011 「1980년대 변혁적 노동운동에 관한 연구」, 고려대학교 한국사 박사학위논문

료집 성격으로 정리하거나[9] 일정 분석하여 집필한 책,[10] 그리고 지역의 연구자들과 상근자가 같이 집필하거나[11] 지역에서 활동했던 노동자들과 상근자들이 같이 집필한 책[12] 등으로 나눠볼 수 있다. 공통점은 개괄적으로 지역의 산업구조 및 노동자 실태를 정리하고, 시기별로 전국 노동운동과 연관 지으면서 지역 노동운동사를 압축해 정리한 것이다.

이처럼 지역노동운동의 주체들이 다양한 방식으로 자신들의 역사를 정리한 것은 노동자들이 자기 역사 쓰기의 주체로 등장하였다는 점에서 의미가 있다.

그런데 이러한 기존의 연구들은 지역노동운동사를 '지역'이라는 틀과 구조에서 접근하여, 지역 내의 구체적인 노동현장에서의 저항과 활동 등에 대해서는 개괄하는 경향이 있다.

이에 본 연구는 기존 연구 성과들을 계승하면서도 기존 연구와는 달리 개별'사업장'의 활동을 살펴보고, 지역노동운동과의 관계를 살펴보려 한다. 즉, 부평지역 노동운동사의 일환으로 부평공단 마이크로 여성노동자들의 민주노조 역사를 분석하려 한다. 부평지역 여성노동자들의 노동운동은 1970년대 시작되어 현재까지 지속하고 있지만, 마이크로 노조처럼 1984년 노조결성과 해산, 1987년 노조결성과 해산, 이어 1993년 노조결성과 해산까지, 단절을 극복하고 연속성을 만든 사례는 없다. 이는 부평지역에서만이 아니라 전국적으로 살펴보아도 그렇다. 그 이유는 대부분의 여성 중심의 경공업 사업장 노조들은 1970

9 민주노총 충북지역본부, 2016 『우리 함께 어깨 걸고-민주노총과 함께 한 충북노동운동사』

10 임순광·민주노총 경북본부, 2020 『가장 낮은 곳을 택하여 간다: 경북노동운동 30년·민주노총 경북지역본부 20년사』 1-2, 두엄

11 민주노총 전북지역본부, 2009 『전북지역 노동운동의 역사 다시 쓰기』, 한울

12 민주노총 인천지역본부, 2023 『인천, 노동자가 살고 있다-인노협 7년·민주노총 인천본부 25년사』, 다인아트

년대 민주노조들처럼 활동하다가 탄압으로 회사가 문을 닫으면서 해산당하였기 때문이다.

이 글에서는 마이크로 여성노동자들의 세 차례의 노조결성과 탄압의 역사를 규명하고, 이를 바탕으로 부평지역 노동운동과의 관계를 살펴보려 한다. 이에 첫째, 마이크로의 세 번에 걸친 민주노조 결성과정의 특징, 활동과 탄압의 특징을 파악하려 한다. 둘째, 각 시기의 노조결성과 투쟁을 통해 당시 부평지역 노동운동의 상황을 파악하고, 지역노동운동과 개별사업장의 관련성 및 전체 노동운동과의 관련성을 파악한다. 셋째, 개별 기업가의 노조탄압이 기업가의 특징, 지역노동운동 상황, 그리고 정부의 노동정책 등과 어떤 관련이 있는지 살펴보려 한다.

본 연구의 연구방법은 문헌 자료를 바탕으로 구술사 방법론을 사용한다. 문헌 자료는 선전물, 성명서, 노조소식지, 일지 등을 활용한다. 구술사 방법론은 문헌 자료로 파악되지 않는 사실을 확인하는 데 중요하며, 특히 여성노동자들의 '주관적 경험'을 자료화하는 것으로도 중요하다. 이에 본 연구자가 직접 진행한 마이크로 노조 1, 2, 3기 노조간부 6인의 구술자료를 활용하고, 1인의 기록 글을 활용하겠다. 문헌 자료와 구술자료는 비교 검토해서 비판적으로 활용한다.

1. 대한마이크로전자 여성노동자들의 1기 민주노조결성 (1984.4.~1986.1.)

1) 부평공단의 형성과 민주노조운동의 등장(1970~1986년)

인천은 일제 식민지 지배과정에서 경인공업지구의 핵심지역이었기 때문에 일부 공업기반이 남아있었고, 수출입에 편리한 항구가 있었다. 거기에 인천은 수도권의 거대한 소비지를 배후로 하므로 생산도시로 성장할 수 있는 조건을 갖추었다. 특히, 부평지역은 일제 강점기에 부평에 대규모 군수공장인 인천 육군조병창이 들어섬에 따라 주변에 크고 작은 하청업체가 운영되고 있었다. 해방 후 이 공장들은 회사 이름을 바꾸고 공장 가동을 이어갔다. 즉, 수출공단이 조성되기 이전부터 부평에는 여러 산업시설이 운영되고 있었다.[13] 이러한 조건을 바탕으로 부평지역은 1960년대 경제개발계획에 따른 부평 수출산업공단이 설립되면서 본격적인 공업 도시로 변화해갔다.

한국수출산업공단은 정부가 재일교포 자본을 유치하여 저임금 노동력을 결합해 수출상품을 생산하는 보세가공기지로 개발하겠다는 정책의 산물이었다. 이에 1963년 10월 26일 최초로 공업단지 조성을 전담할 민간단체인 '(주)한국수출산업공단'이 출범했고, 1964년 9월 14일 법률 제1656호로 수출산업공업단지개발조성법이 공포·시행되었다. 이 법에 근거하여 (주)한국수출산업공단은 '사단법인 한국수출산업공단'으로 바뀌어, 제1단지는 1964~67년 구로동에, 제2단지는 1967~68년 가리봉에, 제3단지는 가리봉동 일대에 1970~73년에 조성됐다.[14] 이처럼 구로공단은 국가가 주도하여 여성노동력에 근거한 경공업 중심의 수출성장전략에 따라 만들어진 것이다.

이에 비교해 인천의 수출산업공단은 지역에서 요구가 시작되었다. 한국수출산업공단의 입지가 구로동으로 결정되자, 인천시는 상공부에 공업단지를 부평지구에 지정해 달라는 신청서를 냈다. 주안의 상공인들도 주안 폐 염전지를 수출공단 입지로 신청해 줄 것을 인천상공회의소에

13 민주노총 인천지역본부, 2023 앞의 책, 160~162쪽

14 한국수출산업공단, 1994 『한국수출산업공단 30년사』, 141~169쪽

요구했다. 이에 정부가 1965년 효성동, 갈산동, 작전동을 포함하는 부평 지구를 수출공단으로 지정해, 인천 수출산업공단이 설립되었다.[15]

1966년부터 시작해 1968년까지 총 50개 업체가 입주하였다. 초기 입주업체로는 동국무역, 명성산업, 삼익물산, 시·브라더즈, 한국마이크로전자 등이 있었다. 아래의 <표 1>에서처럼 업종별로 보면, 봉제와 완구제조업이 각 4개, 가발과 농수산물 가공업이 각 1개 업체, 전자와 금속제품이 각 8개 업체였으며, 직물 6개, 스웨터제조업이 5개, 그리고 잡화가 13개로 가장 많았다.

〈표 1〉 1960년대 후반 부평 수출산업단지 입주 업종 (단위: 개, %)

입주 업종	개수	입주 업종	개수
봉제	4	잡화	13
완구	4	금속	8
가발	1	전자	8
농수산물 가공업	1	직물(스웨터제조업)	6

출전: 한국수출산업공단, 1994 『한국수출산업공단 30년사』, 194쪽

이러한 부평공단의 업종 분포는 1960년대 소비재 경공업의 주력 수출품이던 의류제조업을 중심으로 자동차공장에 부품을 공급하는 금속, 기계제품류, 전기, 전자, 그리고 인천항을 통해 들어오는 수입 목재와 제지업 기반을 활용한 악기제조업 등이 있었다. 즉, 부평공단의 산업구성은 구로공단보다 지역 산업과의 연관성이 더 많았다.

이처럼 1960년대 부평에 수출산업공단이 형성되면서 부평지역의 공업화가 본격적으로 시작되었다. 그에 따라 부평에 노동자들의 대거

15 박인옥(2017 「부평수출공단 조성과정의 이해와 역사」 『부평-개원 10주년 기념 연구조사보고서』, 부평역사박물관) 글은 부평공단을 둘러싼 여러 지역 세력들의 갈등을 자세히 언급하고 있다.

유입하면서 노동운동도 성장하기 시작하였다. 부평지역의 노동운동은 1970년대 여성노동자들의 민주노조운동에서 시작되었다.

〈표 2〉 부평수출공단 - 노동자 투쟁(1970~1986)

1973.12.12.	삼원섬유	제4수출공단 최초로 노조결성
1974.1.31.	삼원섬유	임금인상·작업장 개선 파업농성 (120명)
1974.2.26.	반도상사	임금인상과 작업장개선 파업농성 (1.000여 명)
1974.3.13.	삼송산업	4공단에서 두 번째로 노조결성
1974.4.15.	반도상사	노조결성
1974.	한독금속	노조결성
1975.8.25.	태평특수섬유	노조결성
1975.	아남산업	노조결성
1977.	태평특수섬유	여름휴가 문제로 쟁의
1978.2.21.	태평특수섬유	노조 활동 인정 요구하며 중식 거부
1980.5.6.	코리아 스파이서	임금인상 요구하며, 공장 식당에서 철야농성(310명)
1980.5.6.	동양나일론	임금인상요구, 농성, 회사 인상 약속 후 해산 (300)
1980.5.6.	부평공단 3개 공장 노동자	서움전자, 반도상사, 대양화성에서 임금인상과 처우개선 요구 단식과 농성
1981.3.13.	반도상사	폐쇄, 해체
1982.4.13.	코리아 스파이서	가톨릭 노동청년회원 조합원 탄압
1983.12.26.	태평 특수섬유 삼익가구	부당해고 노동자 '인천지역 노동자 해고와 구속사건' 경위서 배포, 복직요구
1983.12.27.	〃	해고노동자 공동인권선언발표, 8시간 노동제, 최저임금제 시행, 블랙리스트 폐기 등
1984.4.17.	**대한마이크로전자**	**노동조합 설립**
1985.1.14.	경인 지역 10개사 해고노동자	민한당 총재실 점거 농성, 블랙리스트철폐, 부당해고 철회, 노동악법 개정, 최저임금제 실시 요구
1985.2.6.	동보전기	파업 중 노동조합 결성
1985.4.9.	대우자동차	임금인상 파업, 공장점거 농성
1985.6.	범한무전	체불임금 지급요구 투쟁
1985.7.8.	대한마이크로전자	노조탄압 중지, 단체협약체결요구 농성돌입, 기본급 70% 인사 약속 후 해제
1985.12.13.	동보전기	효성동 4공단 사무실 점거, 임금체불 대책 요구 농성
1985.12.22.	시·브라더스	전국섬유노조연맹 사무실 점거 농성, 임금체불대책 요구농성

1985.12.	신도전자	노동조건 저하반대 투쟁
1986.3.15.	하인벨	부당부서이동에 항의, 작업거부, 부당해고 철회요구 농성
1986.4.7.	남일금속	일당 2천 원 인상, 강제 잔업 철폐, 노동조건 개선 등 요구하며 파업농성
1986.8.15.	유에스마크네틱스	해고노동자 9명과 다른 해고노동자들의 거리시위

출전: 인천민주평화인권센터, 2014『인천민주화운동사 연표』; 이갑영, 2009『그들은 희망을 나누었다』, 다인아트, 295~302쪽 참조 작성.

위의 <표 2>에 알 수 있듯이 1970년에서 1986년까지 부평지역의 노동자투쟁은 29건인데, 이를 요구사항, 투쟁방식, 그리고 민주노조결성의 경우로 나누어 살펴보겠다.

우선 노동자들의 요구는 1974년 삼원섬유의 투쟁처럼 임금문제 및 노동조건개선 요구가 13건이었다. 임금문제는 주로 임금인상과 체불임금문제이며, 노동조건개선은 1986년 남일금속에서처럼 강제 잔업 폐지나 1985년 신도전자와 같이 노동조건저하 반대 요구도 있었다. 1980년대 들어서는 여러 사업장의 해고노동자들이 공동투쟁을 벌이면서 부당해고 철회, 블랙리스트 철폐, 최저임금제 실시, 노동악법 개정 등의 정치적·제도적 요구도 등장했다.

투쟁방식은 1978년 태평특수노조는 중식거부를, 1986년 하인벨은 작업거부 투쟁을 했으나, 주로 노동자들은 파업농성을 하였고, 1985년 대우자동차에서처럼 점거농성투쟁을 벌이기도 했다. 그밖에 1980년대 들어서는 시·브라더스 노동자들이 전국섬유노조연맹에서 점거 농성을 했고, 해고노동자들은 민한당사 점거농성이나 가두시위 등의 방식으로 저항했다.

또, 노동자들의 투쟁 여부를 파악할 수는 없으나, 1973년 삼원섬유, 1974년 삼송산업, 반도상사, 1975년 태평특수섬유, 아남산업, 그리고 1984년 마이크로에서 노동조합을 결성하였다.

이 중에서 부평지역 최초의 민주노조를 결성한 곳은 일본인 투자기업으로 스웨터를 생산하는 삼원섬유였다. 노동자 수는 1973년 당시 300명이었다.

노동자들이 1973년 10월부터 근로조건개선 투쟁을 벌였고, 남자편직공 100명이 12월 12일 감리교회에서 노조를 결성해 활동을 시작했다. 1974년 1월 25일 남성조합원의 여성조합원에 대한 폭력사건을 계기로 여성노동자들이 노조 활동에 적극적으로 나섰다. 특히, 남성 노조간부들이 점차 회사에 매수되면서, 17명의 노조간부 중 13명이 여성으로 채워졌다. 노조는 상급단체의 탄압으로 1976년 해산했다.[16]

이어 럭키·금성그룹의 계열사인 반도상사에서도 여성노동자들이 민주노조를 결성했다. 반도상사는 1974년에 노동자 수는 1,400명이었다. 여성노동자들은 1974년 2월 26일 임금 60% 인상 등 6개 요구조건을 내걸고 14시간 파업을 벌여 승리했다. 이어 회사 측이 바로 남성노동자들을 매수하여 어용노조를 결성하려 했으나 여성노동자들의 저항으로 4월 15일 노조결성대회를 남녀 공동으로 열었다. 여성들의 지지로 여성지부장이 당선되었다. 노조는 설립 이후 임금인상과 근로조건개선 투쟁을 지속해서 벌였고, 소그룹 조직, 교육 활동과 신용협동조합 활동을 꾸준히 펼쳤다. 한편, 노조는 취업규칙에 규정된 여성노동자들의 결혼 후 퇴사 관행 문제를 변화시키기도 했으나, 회사는 남성노동자들을 매수하여 성별대립 구도를 만들어서 갈등을 조장하였다. 1981년 반도상사노조는 공장의 폐쇄로 해산되었다.[17]

이처럼 1970년대 부평지역의 여성노동자들은 민주노조를 결성해

16 유경순, 2025「1970년대 한국수출산업공단의 여성노동운동」『역사문제연구』56, 332~324쪽

17 유경순, 2025 앞의 글, 337~339쪽

한국노총과는 다른 새로운 노동운동의 흐름을 만들어냈다. 1980년대 들어 마이크로 여성노동자들이 민주노조를 다시 결성하였는데, 이는 1980년대 부평에서 그리고 전국에서 최초로 결성된 민주노조였다. 또한, 1970년대 민주노조운동의 복원을 의미하였다. 이에 다음에서는 마이크로노조의 결성과 투쟁에 관하여 구체적으로 살펴보겠다.

2) 1기 대한마이크로전자 노조 결성과 탄압

〈그림 1〉 부평공단 지도와 대한마이크로 위치(동그라미 부분)(민주노총 인천본부 소장)

부평공단에 있는 마이크로는 1970년 3월 100% 외국자본으로 설립되어(본사는 미국의 A.M.L였다. 마이크로는 설립 초기에는 K.M.L.이라는 이름이었다), 1985년에 최만립이 넘겨받아서 국내 기업이 되었다. 주로 컴퓨터 칩을 생산하는 반도체 공장으로 1987년 이전에는 노동자

수가 800여 명이고, 고밀도 집적회로를 생산했다. (이희례 구술)[18]

마이크로는 고등학교를 졸업한 사람을 뽑았다. 현장은 라인 작업으로 현미경을 들여다보며 사람이 직접 핀셋으로 반도체 칩을 심는 작업이었다.[19] 마이크로는 부평공단에서 임금수준이나 노동조건 등이 최상위에 속했다. 또, 청소원이 따로 있어 항상 작업장은 깨끗했고, 다른 공장의 노동자들이 파란 작업복을 입을 때, 여성노동자들은 의사들이 입는 하얀색 가운(방진복)에 명찰을 달았다. 노동시간은 연장근무 없이 3교대로 8시간만 근무했다. 빨간 날에는 쉬었고, 사원들을 위한 꽃꽂이반, 합창반이 있었다. 더욱이 당시 휴가조차 제대로 사용하지 못하던 노동자들이 매우 많았는데, 마이크로 여성노동자들은 생리휴가제도를 가지고 있었다. 그 때문에 여성노동자들은 5~10년씩 회사에 다니는 경우가 많았다. (이희례 구술)

하지만 반도체 칩을 심는데 목표 수량이 있어 시간당 생산해야 할 목표량을 채우지 못하면 시말서를 써야 했고, 시말서 3번이면 강제사직을 당했다. 당시에 라인별 대표를 뽑아 구성한 사원복지협의회가 이 문제를 가지고 회사와 교섭을 했지만, 회사에서 들어주지 않았다.[20]

생산직은 대부분 여성이었고, 기계를 수리하는 기사는 남성이었다. 관리체계는 반장은 생산직에서 나왔으나 관리직에 포함되는 주임, 과장, 부장은 남성으로 구성되어 있었다. 회사는 노동자를 '사원'이라고 불렀고, 관리자들이 욕설하거나 구타를 하는 식의 공개적으로 '폭력적' 노사관계를 만들지는 않았다. (김덕순 구술) 당시 이러한 노동조건

18 이희례는 1958년에 전남 담양에서 태어났다. 고등학교를 졸업한 후인 1978년에 마이크로에 입사했고, 노조결성에 참여해 교선부장으로 활동했다. 1985년 한국노총 점거투쟁 후 구속되었다.

19 박순이, 2020『어느 여성노동자 이야기』, (사)인천여성노동자회, 81쪽

20 박순이, 위의 글, 82쪽

은 매우 드문 경우였다.

그러나 관리직과 생산직의 성별화된 양상은 마이크로에서도 같았고, 그에 따라 남성관리자들의 여성노동자들에 대한 성희롱, 성폭력 등이 비공개적으로 일상화되어 있었다. 이에 대해 언니를 따라 1979년에 입사한 김덕순[21]은 다음과 같이 기억하고 있다.

> "가끔 뒤로 성폭력 얘기들은 들렸어. 어느 날 "예쁘장한 반장이 없어졌다.", "큐씨가 없어졌다" 그러면 그런 일들이… 누가 누구를 건드려서 약을 계속 먹고 병원에 다니는데도 출혈이 멈추지 않아서 그 친구가 관두게 되는 거예요. … 인사과장이 야유회 갔다 오면서 건드려서 그런 일이 있었다고 나중에 들은 거죠. … 그 당시는 진짜 이게 비일비재했던 것 같아. 드러나지 않았지만." (김덕순 구술)

(1) 유화국면과 노동조합의 결성

마이크로 여성노동자들은 유화국면에서 노동조합을 결성했다. 정권은 1983년 말 국민화합이라는 명목으로 제한된 자유화 조치를 했다. 그 이유는 광주민중학살로 인한 정당성 결여 및 외교적 압력을 완화하면서 올림픽 개최 등을 위한 유화적 분위기를 조성하려는 것이었다.

자유화 조치의 내용은 정치인들에 대한 해금 조치, 해직교수 복직, 제적학생 복교 등 중간계층에 대한 정치적 개방이 중심이었다. 반면 해고노동자들에 대해서는 아무런 조치도 취하지 않은 채, 공단지역 주민실태조사 및 블랙리스트 강화, 야학연합회사건 수사의 재개 등 억압적 통제는 지속됐다. 그나마 노동운동에 대한 일시적인 유화조치는 노

21 김덕순은 1961년 전남 장성에서 태어나 1979년 마이크로에 입사했다. 노조결성에 참여해 총무차장으로 활동했다. 1985년 한국노총 점거 투쟁 때에는 밖에서 투쟁 지원 활동을 하다가 강제사직서를 제출했다.

조설립신고 필증을 상대적으로 쉽게 내준 점 이외에는 최저임금제 도입 검토, 고용보험제 도입, 국제노동기구 가입 추진 등 형식적인 정책 제기에 그쳤다.[22]

그런데도 유화국면이 조성된 1984년 총 113건의 노동쟁의가 발생했는데, 이중 임금체불과 임금인상요구가 65%에 달하여 정권의 임금동결정책에 따른 노동자들의 불만이 고조되었음을 알 수 있다. 또, 노조결성도 활발해져서 1984년 9월 말 총 212개가 결성됐다. 이 중 택시운수사업체인 자동차 노조가 146개로 가장 많고, 수도권 지역 신규노조가 약 30개였다.[23]

마이크로 여성노동자들도 이러한 유화국면을 활용하여 1984년 4월 17일에 노동조합을 결성했다. 이는 1970년대 민주노조가 모두 파괴된 이후 처음으로 등장한 민주노조였다. 노조결성 과정을 그 특징을 중심으로 살펴보면 다음과 같다.

우선, 노동조합 결성을 주도한 이는 가톨릭노동청년회 출신으로 노동운동을 하기 위해 취업한 조현숙이었다. 조현숙은 조직력과 영향력을 갖추기 위해 장기근속자 중심으로 비공개적 소모임을 운영하였다. 그녀는 1980년 이전에는 경제공부를 하는 소모임을 운영하다가, 1983년경에는 장기근속자들과 같이 독서모임을 운영했다. (김덕순 구술) 장기근속자는 생산능력 때문에 현장에서 영향력이 강한 이들이었다. 당시 소모임에 참여한 곽순복은 다음과 같이 기억한다.

> 공부했어. 노동, 철학, 철학의 기본 개념인가? 『철학의 기초이론』! 하고 『경제학 기초이론』 하고. 두 책을 같이 공부를 했어. 공부한 다음에,

22 민주화청년운동연합, 1984 「민주화운동과 하반기 전망」 『민주화의 길』 5, 11쪽
23 김진옥, 1985 「80년대 노동운동의 전개」 『현장』 2, 돌베개, 318~330·333~339쪽

> 노동법 공부를 했어. 그때 전희식이가 지도했는데, … 우리가 설립 추진한 사람은 그 다섯, 여섯 사람이었어. (곽순복 구술)[24]

둘째, 조현숙은 회사의 공식기구인 사원복지협의회를 활용하려 했다. 그녀는 소모임 여성노동자들의 추천으로 사원복지협의회 대표 후보로 추천됐고, 여성노동자들이 모두 조현숙 후보를 지지함으로써 1983년 12월에 처음으로 여성노동자 대표로 선출되었다. 사원복지협의회는 '노사협의회'와 비슷하게 회사의 노동 관련 사안을 논의하는 제도로서, 관리자를 포함한 전 사원을 대상으로 부서별 대표를 투표나 추천으로 선정했다. 사원복지협의회는 관리직 8명, 노동자 8명 정도의 규모로 운영되고, 이 중에서 보통 남성 관리직이 전체 대표가 되었다. 그런데 조현숙이 대표가 되면서 여성노동자들을 대변할 수 있게 된 것이다.

조현숙은 사원복지협의회를 통해, 공식적으로 자신의 존재를 알리려는 것과 동시에 그동안 별다른 활동이 없었지만, 여성노동자들의 요구를 직접 개선할 수 있는지 확인하려 했다. 조현숙은 사원복지협의회에 있는 부서별 대표인 여성노동자들과 같이 자료조사를 해서 회사 측에 건의하는 등 여성노동자들의 권익을 대변하는 활동을 시도했다. 그러나, 사 측이 이를 무시하면서 활동의 한계를 확인했다. 이에 조현숙 등의 여성노동자들은 1984년 4월 17일에 노동조합을 설립하였다.

노조결성의 또 다른 특징은 당시 한국노총의 민주파였던 금속연맹 박기학 차장, 유종설 조사부장[25]과 1970년대부터 노동자 지원을 해온

24 이종구·이재성, 2014「노동아카이브의 형성과 발전방향모색」『기록학연구』, 202쪽

25 이들은 한국노총 내에서 '개혁파'에 속하는 사람들로서, 마이크로노조 결성과 활동에 큰 도움을 주었으며, 한국노총 위원장실 점거투쟁도 도움을 주었다고 한다. (이희례, 김경숙, 김덕순 구술자료 참조)

부평 노동사목 등의 지원을 받은 것이다. 특히 금속연맹 민주파 상근자들에게서는 노동조합과 관련한 교육 및 활동에서 실질적인 지원을 받았다. 또, 대우자동차 해고자인 전희식 등과도 관계를 했는데, 이들에게는 지역노동운동의 동향 및 방향 관련 도움을 받았다. 이처럼 마이크로의 노조결성에는 당시 지역에서 노동운동을 모색하던 세력이 모두 같이 연관되어 있었다.

이렇게 결성된 노조는 초기 조합원은 109명이었으며, 위원장은 곽순복, 부위원장은 서지숙, 총무부장은 조현숙이 맡았다. 여성노동자들이 노조 결성식에 참여한 이유에 대해 살펴보면 다음과 같다. 우선, 1978년에 입사해 고참이었던 이희례는 아래와 같이 말한다.

> (노조 결성식에는 어떻게 가게 됐어요?) 그때 사원복지협의회 했던 애가 가자고 했던 것 같아요. "노조는 있어야 한다"라고 하더라고. 그때 나는 노동조합에 대해서 알고는 있었지만 '우리는 회사가 싫어하는데 이걸 꼭 만들어야 하나' 이런 생각은 했어요. 근데 다들 조합을 만든다니까 "그래? 그럼 가자. 있으면 좋으니까 참여하지" 그래서 쫓아갔어. 중국집에. 109명이 왔고. 초기 멤버들이 미리 결성 준비를 다 했더라고. (이희례 구술)

그녀는 노조에 대해 알고는 있었고, 회사의 노동조건에 불만은 없었다. 그러나 노동조합이 있으면 노동조건이 더 좋아질 거라는 생각으로 참여했다. 그녀는 결성식에 참여해서 노조에 대해서 '노조가 있으면 지금보다는 훨씬 더 근로조건도 좋아질 거고, 우리가 회사에서 주면 주는 대로 시키면 시키는 대로 하는 건 아니다'라는 인식을 하게 되었다.

또, 검사였던 김경숙[26]은 노조결성을 주도한 조현숙과 일시 공부 모임도 같이할 정도로 친분이 있었다. 그 때문에 그녀는 노조결성을 주도한 조현숙의 제안으로 노조 결성식에 참여했다고 말했다.

> 나는 조현숙 언니랑 경제를 공부하는 모임을 했고. 5·18 이전까지. … 언니랑은 개인적으로도 여행도 같이 가고 책도 주고받고 대화를 했는데. 이 언니가 노조의 필요성에 대해서 얘기를 하는데 공감했지. "어떤 날을 디데이로 하려고 한다. 너도 참석할래?" 그랬을 때 "오케이" 한 거죠. 그래 그 장소에 갔고. QC 부서는 두 사람이 노조 가입했어요. (김경숙 구술)

세라믹 조의 김덕순 역시 노조를 잘 알지 못한 상태에서 조현숙의 제안으로 노조 결성식에 참여했다. 그녀는 자신이 좋아하는 사람들이 참여했기 때문에 노조 결성식에 참여한 것이라고 기억한다.

> (노조를 알고 있었어요?) 나는 노조를 몰랐었죠. 그 당시에 "사원복지협의회가 이래이래 요구를 해도 안 되니, 우리의 단체를 만들자"는 정도였거든. 성당 다닌 친구들은 노동조합이 뭔지를 알았던 것 같고, 나는 성당 안 다녔으니까. 진순이가 "언니는 방통대 다니고 있으니까, 언니는 공부나 해. 내가 할게" 이런 거지. 그러다가 현숙 언니가 "너도 와라." 그래서 뭐 하는 데인지도 모르고, 내가 좋아하는 사람들이 많이 간 거라 갔지. (김덕순 구술)

이처럼 노조결성을 준비한 독서모임의 구성원들 이외에 노조결성에 참여해 이후 노조간부로 활동한 이들이 노조결성에 참여한 이유는 친

26 김경숙은 1960년에 강원도 춘천에서 태어나 고등학교를 졸업한 후 1979년에 마이크로에 입사했다. 노조결성에 참여해 후생복지부장으로 활동했다. 한국노총 농성에 참여한 후에 강제사직을 당했다.

한 이들이 권유하거나 좋아하는 이들이 참여했기 때문에 같이 한 것이었다.

당시 노동조합을 결성할 때 노동자들의 불만을 해결하기 위해 노동조합이 필요하다며, 노동조건개선을 요구사항으로 내세웠다. 그러나 마이크로는 노동조건문제를 직접 들고나온 것이 아니라는 점이 또 다른 특징이었다. 이는 앞서 살펴본 것처럼 마이크로가 노동조건이 상대적으로 좋았기 때문이었다.

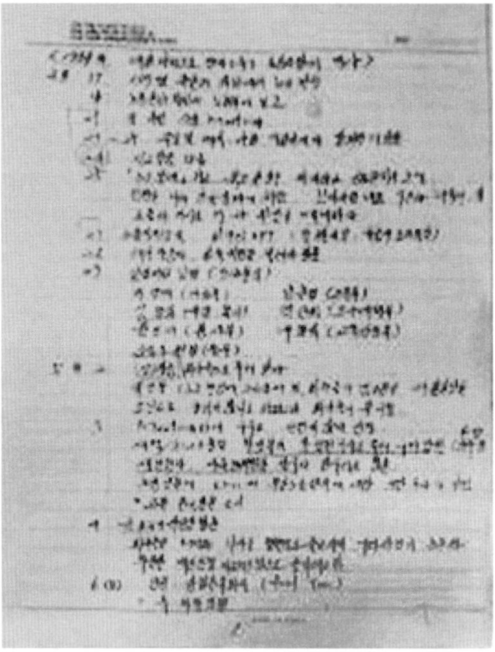

〈그림 2〉 김경숙이 기록한 〈투쟁일지〉 (김경숙 소장)

한편, 노조결성 후, 노조결성에 참여한 109명이 결성 사실에 대해 비밀을 잘 지켜서, 회사가 노조결성을 알게 된 것은 4월 24일 신고필

증이 나오고 나서였다.[27] 회사 측의 대응은, 우선 “노조가 결성되면 미국 본사에서 회사를 철수하니 해산대회를 하라”라며 불안감을 조성하여 노조에 반대하는 세력을 형성하려 했다. 동시에 회사는 4월 25일 노조의 핵심인물인 곽순복 위원장 등 7명을 12시간 감시하고 화장실 출입까지 관리자가 동행하면서 노조 포기 각서를 강요하였다. 나아가 회사는 남자 직원들을 선동해서 ‘노조반대’라는 붉은 바탕에 흰 글씨의 완장을 차게 하는 등 공포 분위기를 조성하였다.[28]

이처럼 여성 중심의 사업장에서 여성노동자들이 투쟁하면 회사 측은 보통 남성노동자들을 동원하여 ‘노-노 대립’ 양상을 만들었는데, 마이크로에서도 같은 상황이 벌어졌다. 심지어 조합원들이 라인에 앉아 일하고 있으면 남자 직원들이 “노조하는 년들 다 죽이겠다”라며 조합원의 머리채를 잡아채서는 바닥에 내던지고 폭력을 행사했다.[29] 이 상황에 대해 김경숙은 다음과 같이 말했다.

> ‘노조반대’라는 붉은 완장을 차고 다니게 했어. 그리고 임원들은 거의 감금 상태에 처하다시피 해. (완장을 왜 차나요?) 공포 분위기 조성하려고. 그래 노총에다가 항의하니까, 노총에서 회사에 “완장을 떼게 해라.” 그래서 노총의 지시로 완장을 떼게 한 거야. (김경숙 구술)

이처럼 회사가 부당노동행위를 자행하자, 금속노련과 노동부 인천지방사무소에서 회사를 방문해 부당노동행위를 중지하라고 경고했다.

27 대한마이크로노조, 「소식」 1, 1885년 4월

28 한국노동자복지협의회, 1984 『민주노동』 2호, 15쪽

29 김경숙, <투쟁일지>: 이 <투쟁일지>는 구술작업과정에 김경숙이 보관하고 있던 것을 볼 수 있었다. 노조결성 직후 노조에서 김경숙에게 노조 활동을 매일매일 기록하게 했다. 그래서 이 일지는 1984년 4월 17일 노조결성일부터 1986년 2월 17일 김경숙이 강제사표를 쓴 날까지 기록되어 있다.

그러나, 회사는 계속 노조간부들에게 노조 해산을 종용했고, 조합원들에게 노조를 탈퇴하지 않으면 해고하겠다고 협박했다. (김덕순 구술) 심지어 가족을 동원해 조합원의 노조탈퇴를 압박하기도 했다. 부모나 오빠 등을 동원하는 것은 여성노동자들을 가족에서 독립된 성인으로 인정하지 않고, 미성년자로 인식하기 때문이었다.

회사 측의 이런 탄압에도 불구하고 노조는 4월 27일부터 금속노련 상근자의 한우리 아파트에서 조합원 교육을 하였다. 금속노련은 5월 1일까지 부당노동행위가 계속되자, 한국노총에 부당노동행위 근절대책위원회를 소집해 달라고 요청하였다. 아울러 경인 지역 노조간부 50여 명이 모여, 부당노동행위가 재차 발생하면 즉각 시위할 것을 결의하였다. (이희례 구술)

그러나 회사는 5월 2일 새벽 3시 박성빈 기사를 통해 야간작업하고 있던 곽순복위원장을 구타하여 기절시킨 후 발로 밟아 3주 동안 치료를 받아야 하는 사태를 일으켰다. 또, 5월 14일 회사는 유영애 여성부장을 해고했다.[30] 금속노련은 부평경찰서에 회사를 고발하고, 지방노동위원회에 부당노동행위를 고발했다. 노조는 금속노련 상근자들의 집에 모여 노조간부 교육을 진행하는 등 노조 정상화를 위해 노력했다. 이에 대해 이희례는 다음과 같이 기억하였다.

> 그사이에 우리는 간부 중심으로 모이면서, 한국노총 박 차장, 유종섭 부장, 그분들 집에 다니면서 노동자 의식화 교육을 받은 거죠. … 그분들을 개인적으로 우리가 많이 찾아가니까 교육해주고 정성을 많이 들였어요. 우리 사업장에 그분들의 노력이 컸죠. (어떤 내용으로 교육받았나요?) 아주 초보적인 거였어요. 간부들도 나처럼 … 노동조합에 대해 몰

30 김경숙, <투쟁일지>

랐어요. 노동자 의식도 없고. '노동조합법이란 뭔가' 이런 것들을 아주 쉽게. 그리고 한국노총에 가서 여성부장한테도 교육 많이 받았어요. 주로 간부들 중심으로. (이희례 구술)

한편, 노조는 5월 30일 이후 회사 측과 세 차례 단체교섭을 진행했으나 별 진전이 없었다. 이에 조합원들은 휴식시간에 협상장 앞에 나와 노래와 구호로 교섭위원들을 응원하며 회사 측을 압박했다. 5월 말부터는 교섭위원들이 단식투쟁을 시작했다. (이희례 구술) 이에 회사 측은 6월 26일 "해고되었던 여성부장의 복직과 노조 인정, 노조사무실 제공, 노조 전임 인정, 현충일 유급휴일" 등 12개 사항에 합의하였다.[31] 그리고 근로조건에 직결되는 문제는 11월 중에 체결하기로 합의하였다. 이렇게 회사와 노조는 서로 협조하기로 약속하며 합의서에 도장을 찍었다. 이 합의에 따라 노조는 부당노동행위구제신청을 취하하였다. 그러나 다음 날인 6월 27일과 28일 남자사원들이 중심이 되어 '노조반대'리본을 달고 시위를 벌여 합의서를 무색하게 만들었다.[32] 당시 상황을 김덕순은 다음과 같이 말한다.

단체협약할 때도, 회사에서는 단체교섭 미루고 미루고, 결렬되고, 문 잠가 놓고, 나온다는 시간에 안 나오고. 계속 그랬던 거예요. 그래서 우리가 일하고 휴식시간에 무조건 가는 거예요. 협상장 앞에 가서 노래 부르고 구호 외치고. 그러니까 교섭 대표들은 교섭하는데, 교섭이 잘 안 되니까 조합원들은 가서 한 거지. (어떤 노래를 불렀어요?). '상록수' 같은 거라든가, "나 태어난 이 세상에, 노동자 되어~" 이런 것들이에요 (김덕순 구술)

31 대한마이크로노조, 「소식」 2, 1984년 7월
32 한국노동자복지협의회, 1984 『민주노동』 5호, 9쪽

이어 노조결성 3개월 후인 1984년 7월 12일에야 노동조합 현판식을 하였고,[33] 노조는 회사와 여전히 긴장 상태를 유지하면서도 일상적인 노조 활동을 시작했다. 회사는 노조를 인정하지는 않았지만, 무조건 노조를 파괴하려고 하지 않았다. 노조는 일상활동으로 소그룹 활동, 소식지 제작·배포를 했다. (이희례 구술) 이어 노조는 11월 3일 임금 및 단체협약을 위한 단체교섭을 시작하였다. 단체교섭을 진행하면서 회사 측이 교섭에 제대로 임하지 않자, 12월 1일부터 교섭위원들이 단식 철야농성을 벌였다. 6일부터 교섭위원과 같이 임원들이 철야를 했고, 조합원들이 회의실 앞에 모여 '노총가'를 부르며 사 측을 압박하였다.[34] 그 결과, 1985년 2월 5일에 "임금인상 9.7%와 25,000원의 김장보너스"로 교섭이 완료되었다. 이로써 노조는 회사에 인정받았다. 이에 대해 이희례는 다음과 같이 기억한다.

> 임금협상 때, 제가 교섭위원이었거든요. 임금협상에서 얼마를 요구해야 할지 근거들을 만들어야 하잖아요? 그거를 한국노총 박 차장님하고 같이 하면서. 그때 생활임금 얘기도 나오고. 서울에 있는 몇 개 반도체 회사들이 우리보다 급여 많았죠. 그리고 여기가 주주 회사라 신문에 회사 실적(영업이익)을 공시한 거를 가져다 놓고 "봐라" 그렇게 근거를 제시해요. "우리가 30% 요구한다" 이렇게 하니까 할 말은 없는 거잖아. … 근데 무시하고 형식적으로 하고. 우리가 단식까지 했어요. 임금 교섭을 15회 넘게 한 거야. 2월 5일에야 '9.7% 인상, 2만 5천 원 김장 보너스'를 받기로 하고 임금 교섭을 끝냈어. 그렇게 임금협상이 되어 임금이 오르니 조합원도 늘고, 조합 활동이 활발해져요. (이희례 구술)

33 대한마이크로노조, 「소식」 2, 1984년 7월

34 김경숙 <투쟁일지>

3) 정부의 민주노조탄압과 노조의 한국노총 점거 투쟁

(1) 회사의 노조 와해 전략과 노동조합의 저항

유화국면을 통해 권력 유지를 도모하려던 정부는 노동운동과 학생운동의 저항뿐만 아니라 1985년 2·12총선을 통해 신민당이 급부상하는 상황에 직면했다. 특히 학생운동은 광주학살진상규명투쟁, 민중 생존권 지원투쟁을 통해 노동운동 및 사회운동과의 결합을 높여 갔다. 정부는 이런 상황을 간과하면 정권 유지를 위한 정치일정(1986년 아시안게임유치, 1988년 올림픽 유치)을 안정적으로 가져가는데 장애가 될 것이기에, 1985년 4월 대우자동차 투쟁과 5월의 미문화원점거농성을 기점으로 민중운동에 대한 폭력적 탄압의 양상을 띠어갔다.[35]

정부의 노동운동에 대한 폭력적 탄압은 1985년 4월 부평의 대우자동차 파업을 기점으로 본격화됐다.[36] 이런 탄압정책의 기조는 학출들이나 노조결성에 적극적인 노동자는 이유 불문하고 해고했고, 이에 불복하면 폭력을 가하는 것으로 나타났다.[37] 이에 대항하는 노동자는 구속해 노동운동의 잠재적 요인까지도 모조리 제거하려는 정책을 썼다.

이와 더불어 정부는 민주노조운동도 탄압을 가했다. 민주노조운동이 가장 활발하게 전개되던 구로공단 민주노조들은 정부의 주요 탄압

35 민주통일민중운동연합, 1985 『민주·통일』 2호

36 그 이유는 4월 16일 이후 9일간의 농성 끝에 대우자동차 노동자들이 18.2%의 임금인상을 확보했는데, 이 영향으로 부평공단의 삼익악기가 16%, 인천의 한영알미늄은 15%의 임금인상을 확보했다. 이는 정부의 5.2% 임금동결정책을 유명무실화시킨 것이었다. 또, 이 투쟁은 학출들의 영향력을 부각했기에, 정부는 노동운동의 단체행동 주동자는 무조건 구속했다(『동아일보』 1985년 5월 11일).

37 신한일전기, 이성전기, 성원제강, 경동산업, 한일스텐레스, 대림통상 등에서 대량해고, 노동운동가에 대한 중상모략, 블랙리스트 강화, 노조설립봉쇄, 휴·폐업, 형사처벌 강화, 사내폭력단 설치 등의 철저한 탄압이 가해졌다(민주통일민중운동연합, 1985 『민주·통일』 3호).

대상이었다. 구로지역의 민주노조에 대한 정부의 탄압은 1985년 6월 22일에 대우어패럴노조 임원 3명을 구속하는 사건으로 나타났다. 이에 저항해서 5개 민주노조가 6월 24일에서 29일까지 동맹파업을 벌였다. 이 소식은 마이크로 노동자들에게도 전달되었다. 구로지역의 민주노조와 마이크로 노동자들은 연대 활동 등을 통해서 서로 알고 있었다.

정부의 노동운동탄압은 부평공단의 마이크로 노조에 바로 영향을 주었다. 회사는 이 탄압국면을 틈타 정권과 결탁하여 노조를 와해하려 했다. 이를 자세히 살펴보면 다음과 같다.

우선, 회사는 노조 파괴 전문가인 김용회를 인사차장으로 고용해서 노조 와해 작업을 기획했다.[38] 이 기획작업에는 경찰이나 안기부 직원도 회사에 상주하며 일조하였다. 이 상황을 이희례는 다음과 같이 기억하고 있다.

> 정치 상황이 완전히 탄압국면으로 접어들면서, 강경하게 나온 거죠. 그러니까 유화국면에는 걔들이 탄압을 조금 덜 했다가, 이게 강경하게 되면서 정부에서 비호를 많이 했던 것 같아요. 강경할 때는 확실히 경찰도, 안기부 직원도 (회사에) 상주했었어요. 그리고, 굉장히 노조탄압을 잘하는 사람을(노조 전문 파괴자) 영입한 거예요. 그 사람이 다른 노조를 많이 깼대요. …그 사람이 들어와서부터 노조를 전략적으로 파괴하려는 … 그때부터 본격적으로 강경하게 탄압을 하기 시작했는데, 막 싸움을 걸어온 게 교대문제였고요. (이희례 구술)

다음으로, 회사는 필리핀에 공장을 세우고 물량을 빼돌려서 노조탄압의 조건을 마련하였다. 이어 회사는 1985년 5월 24일 부서이동이라는 명목으로 6월 17일부터 3교대 근무를 폐지하고, 2교대 근무만 하는

38 한국노협인천지역협의회 외 7개 단체, 「성명서」 1985년 7월 10일

출근 시간 변경을 발표했다. 이미 노사가 교섭 중이었던 조합원들이 원하는 출퇴근 시간이나 장거리 출·퇴근자들을 위한 통근버스 요구도, 회사는 6월 13일 갑자기 거부했다.[39] 6월 17일 회사는 '내일부터 새벽 6시 30분부터 14시 30분까지 근무하는 조와 14시 30분부터 22시 30분까지 근무하는 조로 나누어 출근하라'라는 공고를 붙였다.[40]

〈그림 3〉 회사 측의 출근저지에 항의집회를 하는 여성 조합원들(민주노총 인천본부 소장)

노조는 회사 방침에 대한 "일방적 수용이냐, 투쟁이냐"를 선택해야 하는 상황으로 몰렸다. 노동자들은 노조와의 협상을 깬 회사가 궁극적으로 노조를 공격하려는 것임을 알았다. 이에 대한 항의로 6월 17일부

39 대한마이크로노조, 「소식지」 6호 1985년 8월 10일

40 '박정희 사건경위서', 2007 <보도자료: 대한마이크로전자노조, 85년도 강제사직자들 민주화운동 명예회복신청 접수 예정>: 1기 4명의 강제사직자는 2004년에 민주화운동으로 인정받았고, 이어 이 자료에서 보이듯이 22명이 민주화운동 명예회복을 위한 신청을 했다. ('강제사직자들 민주화운동 명예회복 신청', 『매일노동뉴스』, 2007년 7월 25일, https://www.labortoday.co.kr/news/articleView.html?idxno=72954 (검색일: 2025년 5월 2일))

터 전 조합원이 오피스(오전출근)로 출근을 하였다. 6월 19일부터 회사는 정문을 폐쇄하고 출근을 저지하자, 노조는 정문 앞에서 시위를 계속하였다.[41]

다음으로, 회사는 정상 출근하는 조합원들을 작업시키지 않으면서, 6월 28일에는 징계위원회를 열어 위원장, 총무부장, 교선부장, 법규부차장을 1개월 출근 정지시켰다. 이는 노조 핵심간부들의 발을 묶어두려는 것이었다. 노조는 잔디밭에서 평화시위를 하며 항의했다.

나아가 회사는 구로동맹파업 직후인 7월 2일에는 남성노동자들로 구성된'구사대책위원회'라는 사내폭력단을 만들어 조합원들의 정문출입을 막았다.[42] 회사는 조합원들에게 "깡패를 동원한다. 빠져라"라고 협박했다. 7월 5일 구사대책위원들은 욕을 하며 위원장, 총무부장 등의 머리채를 잡고 질질 끌어내고, 조합원들을 폭력으로 밀어냈다. 이날 최루탄 차와 전경을 태운 버스가 도착해서 "해산하지 않으면 최루탄을 쏘겠다"라고 협박하였다.[43]

이처럼 20일 동안의 정문 앞 출근투쟁이 계속되자, 구사대책위원들은 출근투쟁 중인 조합원들을 잡고 구타를 하였고, "민주노조 물러가라"라는 구호를 외치며 관제 데모를 벌였다.[44] 이에 대해 김경숙은 다음과 같이 기억한다.

41 김경숙 <투쟁일지>

42 구사대책위원회는 한일스텐레스에서 사무실 직원과 작업반장, 전문폭력배 등을 고용하여 만들었다. 이들은 노동조합을 파괴하는 데 앞장서서 회사와 정권의 결탁한 모습을 뒤로 감추면서 마치 조합이 회사를 망치려는데 비조합원이 회사를 구하기 위해 폭력을 행사한다는 식으로 사실을 감추려는 방식이다(한국노협인천지역협의회 외 7개 단체, 「누가 민주노조를 탄압하는가?」).

43 대한마이크로노조, 「소식지」 5호, 1985년 7월 10일

44 한국노동자복지협의회, 1985 『민주노동』 12호, 31쪽

> 계속 못 들어오게 하고, 우리는 들어가려고 하니까 나중에는 구사대 남자들이 막 잡아들여요. 안으로. 남자들이 무서우니까 우리가 도망갔어요. 얼마나 공포감을 느꼈는지. 그전에 우리가 흩어져 버리면 안 되니까 "어디에서 만나자." 약속하고. … 최루탄 차와 정경을 태운 버스가 도착해 갖고, 회사 사람들에게는 사내로 들어가라고 하고, 조합원들에게는 해산하지 않으면 최루탄을 쏘겠다고 협박했어. 그러니까 무섭게 점점 쪼여오는 거예요. (김경숙 구술)

(2) 한국노총 점거 농성투쟁과 현장 출근투쟁

이처럼 정부의 1985년 6월 노동운동에 대한 탄압이 본격화되면서 마이크로에서도 노조를 와해하려는 탄압이 본격화되었다. 회사와 전면적으로 부딪히면서 노동자들은 노조를 유지하는 것이 어려워졌다. 노조간부들은 회사 출입을 정지당하고, 조합원들이 회사로 들어갈 수 없는 상황에서, 노조가 언젠가는 깨질 거라는 위기의식을 갖게 되었다.

이에 노조는 7월 6일 부평1동 성당에 모여 회의를 열어 대책을 논의했다. 총무부장 등은 이 사건을 세상에 알리고 회사를 협상테이블로 앉게 해서 문제를 해결하려면 한국노총 위원장실을 점거하고 농성을 벌이자는 의견을 제기했다.[45] 그러나 위원장 등은 반대의견을 냈다. 외부 장소로 가서 투쟁해도 어차피 노조는 해산당할 것이니, 회사에서 할 수 있는 투쟁방식을 취하자는 것이었다. 이처럼 노조 활동 방향을 둘러싸고 노조 활동을 이제 막 시작한 위원장과 활동가인 총무부장은 간혹 갈등을 겪었다. 이날의 갈등 상황을 이희례는 다음과 같이 기억한다.

45 김경숙 <투쟁일지>

> 간부회의에서, 총무부장이 다른 사업장에서 어디 당사 점거를 했다는 얘기를 해요. "우리가 조합운동을 하지만, 저들은 정부의 정치적 상황에 따라서 탄압하고 있다. 그래서 걔들이 강경하게 나오면서 이참에 깨자는 거다. 근데 거기에 맞게 우리가 투쟁을 하지 않으면 우리는 앉아서 그냥 죽는 거다." 뭐 이런 거예요. … 총무부장은 외부에서 지원받고. 다른 노조 정보도 많아요. 그래 논의하다가 우리가 한국노총 지원받는 것도 있으니, "한국노총으로 가자"고 한 거죠. (반대하는 사람은?) 위원장이랑 몇이 반대했죠. "꼭 거기에 가야 하냐? 거기 가도 다 깨진다. 여기서 끈질기게 갈 방법을 찾자." 이거죠. … 점거 농성은 과격한 거라. 그 지점에서 총무부장과 위원장이 차이가 있었어요. (이희례 구술)

간부회의에서의 논의 끝에 노조는 한국노총 위원장실을 점거하는 것으로 결정하였다. 한국노총 상황을 잘 알고 있는 금속노련 상근자들의 도움을 받아 계획을 세웠다. (김경숙 구술)

마침내, 노조는 7월 8일 한국노총 위원장실 점거 농성을 감행하였다. 조합원 71명이 점거 농성에 참여했고, 나머지 조합원들은 농성장 주변에서 투쟁을 벌였다. 이들의 요구는 "1) 부당노동행위 및 공개사과(서면), 2) 구사대책위원회 철회 및 공개사과(서면), 3) 노동조합 간부 4명에 대한 부당징계 철회, 4) 단체협약준수(교대반) - 통근문제, 5) 농성 기간 중 임금 지급(6월 18일부터 출근하는 날까지), 6) 김용회, 유형수 차장 퇴진, 7) 단체행동 참가자에 대한 일체의 보복 조치를 하지 않는다" 등이었다.[46]

농성 2일째와 3일째, 창문을 통해 농성자들과 농성장 밖의 조합원들이 환호성으로 인사를 나눴다. 전경과 사복경찰들이 한국노총 주위를 둘러싸고 출입자들을 통제하였다. 초기에는 한국노총에서 농성자들에

46 대한마이크로노조, 「소식지」 6호, 1985년 8월 10일

게 밥을 주지 않았다. 그런데도 농성자들은 “민주노조 탄압 말라”, “구사대책위원회 철회하라”라고 구호를 외치고, “늙은 노동자의 노래”, “내가 이 세상에 태어나” 등의 노래를 불렀다. 이어 농성장 안에서는 조별 노래 가사 짓기, 촌극 등을 진행했다.[47] 당시 농성장 상황에 대해 이희례는 다음과 같이 말한다.

> 우리가 7월 8일에 들어가서 … 외부에 “우리가 점거 농성을 한다” 알리려고, 플래카드를 길게 내렸던 것 같아요. 처음에 노총에서 밥을 안 줬던 것 같아요. 배고프잖아? “밥을 달라” 하고, 한국노총은 정부 눈치를 보느라고 노총 위원장이 안 나타나는 거예요. … 그만큼 최만립이 완전히 노태우를 등에 업고 세게 나오니까. (이희례 구술)

〈그림 4〉 한국노총에서 농성중인 대한마이크로 전자 여성 조합원들(민주노총 인천본부 소장)

47 대한마이크로노조, 「호외」 1985년 7월

밖에 남은 조합원들은 매일 한국노총 앞으로 출근했다. 이들은 농성하는 이들에게 필요한 물품을 전해주고, 밖에서 구호를 외치면서 농성자들을 응원했다. 7월 9일 회사는 가족들에게 연락해서 여성노동자들을 데려가도록 종용했다.[48] 농성장에 찾아온 가족들은 조합원들을 만나 상황 얘기를 듣고는 그냥 돌아갔다. 이에 대해 김덕순은 다음과 같이 기억한다.

> 그리고 밖에 있는 우리는 맨날 노총으로 출근했어요. 건물 밖에서 막 같이 소리도 지르고 … 근데 회사 측이 가족들을 계속 동원하는 거예요. 가족들을 동원해서 "쟤를 빨리 끌어내게 하라. 딸을 내려오게 하라"고. 그래서 가족들이 오는 거예요. 처음에는 끌어낼 줄 알고 경찰들이 만나게 해줬어요. 근데 김밥 사다 줘, 속옷 사다 줘. "힘내! 힘내!" 가족들이 그러신 거예요. 거기에 있는 사람은 이미 한 몸이 된 거니까 나갈 생각을 안 하고 있으니까, 면회 와도 "안 나가겠다" 하니 방법이 없지. 나중에는 면회를 안 시키더라. (김덕순 구술)

그러나 농성이 1주일을 넘기면서 농성자들 사이에서 "농성을 풀고 나가자"라는 얘기도 나왔다. 그동안 한국노총 위원장의 얼굴을 한 번도 못 보면서 농성을 계속하는 것이 의미 있는가의 회의였다. 다른 방법이 없었다. 그때 농성장에 백골단들이 들어와서 해산시킬 거라는 얘기가 전해지자, 농성자들은 "우리는 끝까지 여기서 싸워야 한다"라고 합의했다. (이희례 구술)

농성 9일 차인 7월 16일 사장이 한국노총을 방문해서 한국노총 위원장과 금속노련이 지켜보는 곳에서 '부당노동행위 중지 및 구사대 해산', '노조간부 4명에 대한 징계 철회', '통근버스 11월부터 운행', '농

48 김경숙 <투쟁일지>

성자에 대한 보복금지' 등을 노조에 서면으로 약속했다.[49]

이어 노동자들이 농성을 풀었으나, 경찰과 회사는 농성자 71명 전원을 부평경찰서로 데려갔다. 경찰은 4명(곽순분, 조현숙, 이희래, 박순이)은 구류 7일 이후 구속했고, 8명 불구속 입건, 10명을 5~7일간 즉결처분을 했고, 45명을 훈방 조치했다.

7월 17일 훈방된 45명 조합원은 '조사가 끝나지 않았다'라는 이유로 바로 회사로 넘겨졌다. 회사는 이들을 남자 기숙사, 기계실, 공작실 등에 분산 수용한 후에 밖에서 망치로 두드리고 욕을 하는 등 공포 분위기를 조성하였다. 강요에 못 이긴 조합원 9명이 사표를 썼다.

> 남자들이 남자 기숙사 방마다 우리를 3명씩 감금을 시켰다. 텅 빈 기숙사 공간은 우리를 가두려고 사전에 집기를 다 치운 상태였다. … 비로소 '아! 우리가 감금되었구나' 하는 직감이 들었다. 두려움과 공포로 떨어야만 했다. … 회사와 경찰의 비호를 받은 술에 취한 남자사원들은 아무리 소리쳐도 들리지 않는 곳, 음침한 곳 남자 기숙사, 기계실, 공작실 등으로 조합원들을 한 사람씩 데리고 갔다. 공포스럽고 무서움과 겁에 질려있는 조합원들에게 내민 것은 사직서였다. '내가 사직서를 쓰지 않으면 나는 여기서 어떤 일을 당할지…' 어떤 조합원은 기절해서 병원으로 실려 가고, 어떤 조합원은 신경정신과 병원치료를 받았다.[50]

한국노총 밖에서 지원 투쟁을 하던 조합원 30명은 회사가 무단결근으로 해고했다. 해고당한 30여 명의 조합원은 '노총에서의 합의사항

49 「대한마이크로전자 노동조합탄압 역사와 사례」(이 자료는 3기 투쟁 중에 지역 차원에서 지지연대투쟁을 했던 주체가 당시 투쟁자료를 일부 모아놓은 것이고, 여기에 1기와 2기의 투쟁에 대해서도 일부 기록되어 있다. 이 자료는 민주화운동기념사업회에 보관되어 있다.)

50 '박정희 사건경위서', 2007 <보도자료: 대한마이크로전자노조, 85년도 강제사직자들 민주화운동 명예회복신청 접수 예정>

준수', '부당해고 및 부당노동행위 중지'를 요구하며 출근투쟁을 벌였다. 동시에 해고무효 소송을 걸어 승소했다. 그러나 이들은 회사 측과 퇴직금 등을 받는 조건으로 사표를 내고 회사를 떠났다. (김덕순 구술)

한편, 회사는 약 60여 명 남은 조합원들을 기숙사에 분리·감금했다. 그리고 일은 시키지 않고 날마다 몇 명씩 잔디밭 풀 뜯기를 시키거나 토기 뜀을 시켰다. 심지어 사람들 앞에다 세워놓고 정신적인 고문을 주었다. 조합원들은 상처를 많이 받았다. 또, 조합원을 교육장에 분리해 사직서를 강요하는 일이 계속되면서 강제사직자가 계속 생겨났다. 이어 10월 18일에는 사장이 2백여 명 감원 계획을 발표했다.[51] 이에 대해 김경숙은 다음과 같이 말한다.

> 7일 구류 받은 사람은 회사가 무단결근으로 퇴직처리를 해버린 거고, 5일 구류는 출근했는데 일을 안 시키는 거지. 탁구장에 가둬요. 식사시간도 현장 근무자들이 다 끝나고 나면, 따로 가서 하게 하고. 나는 거기서 성경 한 권을 떤 것 같아. 뜨개 잘하는 사람은 뜨개질로 옷 한 벌도 만들었어. … '방치'라는 것도 괴롭힘이잖아? 무관심한 것처럼 "제풀에 떨어져 나가겠지" 하는 거지. … 그러다 사장이 10월 18일인가 "200명 감원할 수밖에 없다"고 얘기하고, 그때 필리핀에 공장을 준비해서 물량 다 빼돌리고. 그렇게 많이 정리했어요. (김경숙 구술)

그런데도 탁구장에는 김경숙 등 5명이 사표를 쓰지 않고 버티고 있었다. 그러나 이들도 1986년 들어 하나둘씩 사표를 냈다. 결국, 1986년 2월 마지막으로 송경남이 사표를 썼다.[52]

51 김경숙 <투쟁일지>

52 '송경남 사건경위서', 2007 <보도자료: 대한마이크로전자노조, 85년도 강제사직자들 민주화운동 명예회복신청 접수 예정>

구속된 노조간부 4명은 항소심까지 갔고, 항소심 후에 집행유예로 풀려나오게 되었다. 1985년 6월부터 계속된 탄압과 이에 맞선 투쟁은 1986년 1월까지 계속되었으나, 결국, 150여 명의 강제사직 및 해고로 이어졌다. 그렇게 노동조합은 와해하였다.

1기 민주노조는 해산당했지만, 일부 노조간부들은 인천지역노동자연합에 가입하여 지역 활동을 했으며, 일부는 재취업했으나 블랙리스트로 해고되기도 했다. 또 다른 이들은 1987년 노동자 대투쟁 시기에 재취업하여 노조 위원장으로 활동하며 민주노조운동에 기여하였다(한세실업, 알파전자 등). 특히 1기 총무부장은 2기 노조결성을 하도록 영향을 미쳤다. 또, 3기 노조가 투쟁할 때, 결혼한 1기 집행부들이 아이를 업고 와서 같이 투쟁을 하는 등 마이크로의 민주노조를 지키려 애썼다.

2. 2기 대한마이크로전자 노조 결성과 연대 활동(1987~1990)

1) 2차 노동조합 결성과정의 특징

마이크로 2기 노조는 1987년 노동자 대투쟁이 전개되는 와중인 8월 6일에 결성되었다. 1987년 노동자 대투쟁은 전국적 차원에서 동시다발적으로 진행된 투쟁이다. 부평지역은 당시 노동운동을 둘러싼 지역적·역사적 조건이 부평지역 노동자 대투쟁에 영향을 미쳤다.

부평지역은 1987년 7월 이전부터 사업장에서 불만이 표출되었다. 이는 공장이 밀집된 공단이 있는 지역 특성상 6월 항쟁에 노동자들이 적극적으로 참여한 것이 하나의 요인이었다. 부평의 6월 항쟁은 노동자들이 주도했다. 6월 10일에 부평역 앞에서 3,000여 명이 시위를 시작했고, 저녁 무렵 퇴근한 노동자들이 합세해 시위대가 7,000명으로 늘었다. 6월 10일 최루탄 추방의 날, 6월 26일 부평 시위 등 부평에서 열린 시위도 대체로 이러한 양상이었다.[53]

노동자들의 시위 참여 경험은 노동자들에게 현장에서의 투쟁에 나서게 했고, 투쟁 분위기를 조성하는데도 영향을 미쳤다. 또한, 1987년 이전인 1985년 대우자동차 투쟁과 마이크로 노조 투쟁 등의 현장투쟁, 1986년 5·3항쟁 등의 대중투쟁 경험도 영향을 주었다.

이처럼 부평공단은 6월항쟁의 영향으로 일찍부터 술렁이기 시작했다. 6월 말 백마장 입구에 있는 대한화학공업 노동자들이 파업에 돌입했고, 7월의 첫 투쟁은 1일 갈산동의 선일연마에서 임금인상과 상여금 지급을 요구한 파업으로 시작됐다. 그 후 대성합성화학, 영원통신 등 중소사업장들의 투쟁이 연이어 벌어지고, 7월 내내 꾸준히 파업이 진행되었다. 그중 7월 11일 한독금속에서 결성한 노조는 부평지역에서 처음으로 결성된 민주노조였다. 한독금속의 노조결성은 파업의 주요 요구가 노동조건 개선에서 노조결성으로 확대되는 결정적인 계기를 제공했다. 이어 7월 13일 남일금속의 노조결성, 7월 말에는 태연물산, 신광기업, 서울조구, 대흥기계, 코스모스전자, 진성전자 등 곳곳에서 노조결성의 흐름이 확대되었다.[54]

이처럼 7월 부평지역의 노동자 대투쟁은 중소사업장들을 중심으로 비교적 분산적으로 진행되었다. 투쟁 내용도 임금 및 근로조건개선 투쟁에서 나아가 노조결성 투쟁이 결합하였다.

53 민주노총 인천지역본부, 2023 앞의 책, 40쪽
54 인천기독교민중교육연구소 엮음, 1987 『'87 노동자대투쟁-7·8월 인천지역 사례-』, 풀빛, 25쪽

8월 들어서는 대공장들이 투쟁에 가세하게 되면서부터 투쟁이 전면화되었다. 부평지역에서는 대우중공업 인천공장이 8월 6일 파업에 들어갔고, 같은 날 마이크로 여성노동자들이 노조결성을 했다. 이어 8월 10일에는 대우자동차에서 파업을 벌였다. 8월 12일 전후하여 지역의 전체 업종에서 투쟁이 진행되었다. 투쟁 내용도 노동조건 개선, 노조결성에서 어용노조 민주화, 해고자 복직 등으로 확장됐다. 투쟁방식도 부평의 삼익악기, 코리아 스파이스 등이 가두시위를 벌이면서 사업장을 벗어난 투쟁을 벌였고, 주변 투쟁사업장에 대한 지원·연대투쟁으로 발전했다.[55]

투쟁의 정점은 8월 16일부터 8월 25일까지였고, 9월에 들어서면 파업을 하는 사업장 수가 급감하였다. 8월 말을 전후하여 투쟁사업장에는 대대적인 탄압이 가해졌다. 예를 들어 대림통상에서는 구사대에 의한 폭력이 극에 달했다. 9월 4일 대우자동차에 공권력이 투입된 이후 노동자 대투쟁의 열기는 급격히 식어갔다.[56]

이렇게 전개된 부평지역의 노동자 대투쟁 시기에 노조를 결성한 마이크로 여성노동자들의 노조결성 과정을 살펴보면 다음과 같다.

우선 마이크로의 상황은 1987년 당시 노동자 수는 450여 명인데, 생산직 노동자 수는 210명이었다. 이는 1985년 집단 강제사직의 영향이었다. 또, 생산단가가 싼 플라스틱 재료의 제품 생산설비를 필리핀 등지로 이전했고, 신규채용을 제한했기 때문이다. (김미령 구술)

마이크로는 이 시기에도 임금 및 근로조건이 공단에서는 여전히 '좋은 사업장'으로 꼽히고 있었다. 그 때문에 2기 노조 사무장이었던 노명희가 입사하던 1984년에는 입사지원자들이 몰려 '40 대 1'의 경쟁

55 민주노총 인천지역본부, 2023 앞의 자료, 43~46쪽

56 민주노총 인천지역본부, 2023 앞의 자료, 51~52쪽

률을 보이기도 했다고 한다. 그녀는 울산에서 상고를 졸업하고 입사했다. 그녀는 이곳에서 생산직인 '공순이'로 근무하는 것이 싫었으나 노동조건이 좋은 편이어서 '목에 힘'주고 다닐 수 있었다고 기억한다. (노명희 구술)

다음에서는 2기 노조결성 과정을 그 특징을 중심으로 살펴보겠다. 우선, 1984~6년 1기 노조활동의 경험이 시간이 지나면서 여성노동자들에게 영향을 주었다. 근속연수가 긴 여성노동자들은 1985년 노조투쟁의 경험이 기억 속에서 있었다. 일부는 1985년 노조 이전부터 회사에 다녀서 노동조합의 활동을 잘 알고, 노조가 사라진 후의 노동조건 저하 문제를 몸으로 느끼고 있었다. 또, 1985년에 노조원이었던 이의 친척이나 선후배 등으로서 당시 사정을 알고 있는 사람들도 있었다. 예를 들면 김미령은 1982년 2월에 입사해서, 친언니와 같이 마이크로를 다니고 있었다. 언니는 적극적인 노조 활동을 했으나, 김미령에게는 노조에 참가하지 말라고 했다. 그 때문에 김미령은 노조에 참가하지 않았다. (김미령 구술)

다수의 여성노동자들은 1기 노조가 해산된 이후 현장의 근로조건이나 관리자들의 인격적인 대우, 노동통제 등이 나빠지는 것을 느끼고 있었다. 특히, 대체휴일이 없어진 것에 대한 불만이 높았다. 이와 맞물려 노조가 필요하다는 생각을 하는 이들이 늘어났다.[57] 이 상황에 대해 2기 노조위원장을 지낸 김미령[58]은 다음과 같이 기억한다.

57 <대한마이크로전자 노조탄압분쇄 및 김명숙 위원장 원직복직추진 특별위원회 자료집> (1996)

58 김미령은 1961년 충남 장항에서 태어나 전문대를 졸업한 뒤 1982년에 마이크로에 입사했다. 1987년 2기 노조결성을 주도하고 노조위원장으로 활동하다 1989년 1일 총파업으로 해고되었다.

> 근로 조건상 뭐가 좋았냐면, 지금은 명절이나 3.1절이나 이런 빨간 글씨 때, 일요일이면 지금 하루 쉬어 주잖아요. 대체휴일이 그때 있었어요. … 82년도에 있었고 85년도에도 있었어요. 근데 노조 깨지고 나서 대체휴일이 없어진 거예요. 임금도 "노조 있을 때는 몇만 원이라도 올랐는데, 이건 몇천 원이네." 이렇게 되니까, 사람들이 "안 되겠다. 노동조합을 다시 만들어야 하는 거 아니야?" 이런 분위기와 인식을 하기 시작한 거예요. (김미령 구술)

두 번째 특징은 실제로 1기 노조간부가 여성노동자들에게 영향을 미친 것이다. 이처럼 현장에서 불만의 소리가 나오는 중에 노조를 준비하려는 움직임이 나타났다. 그 중심에는 김미령과 그가 속한 세라믹 부서의 친한 친구들이었다. 이들은 1987년 초여름에 회사 가는 길에 1기 노조 총무부장이었던 조현숙을 버스 안에서 만났다. 조현숙은 마이크로 후배들과 관계를 만들려고 일부러 회사 앞을 지나는 버스를 타고 다녔다. (이희례 구술) 조현숙은 이들과 현장 상황을 이야기하다가 노조의 필요성에 공감하자, 지역노동운동가인 이목희를 소개해주었다. 이어 10여 명이 학습모임을 만들어 이목희에게 교육을 받았다. 모임은 주로 새봄 교회, 백마 교회 등에서 했고, 노동조합의 필요성 등을 공부했다. (김미령 구술)

세 번째는 모임의 여성노동자들은 6월 항쟁 때에 같이 시위에 참여하였다. 많은 사람이 같은 목소리를 내며 시위를 벌인 경험은 노동조합을 준비하는 여성노동자들을 점차 투쟁적으로 변화시켰다. 이에 대한 2기 사무장을 지낸 노명희[59]는 다음과 같이 말한다.

59 노명희는 1964년에 경남 함양에서 태어나 상고를 졸업한 뒤, 1984년에 마이크로에 입사했다. 1987년 노조결성에 참여해서 사무장으로 활동하다가 1989년 1일 총파업으로 해고되었다.

제가 시위를 나갔잖아요…. 6월 항쟁 때. 그때 최루탄을 엄청나게 맞고 도망가고, 막 어디 건물 안으로 상가에 들어갔는데, 그 아저씨가 냄새 나는 그 재래식 화장실에 나를 숨겨주고. 그러면서 제가 생각이 바뀐 것 같아요. '아, 우리도 회사하고 이렇게 싸워야 하는 거구나.' 그러면서 조금씩 조금씩 내가 변하는 거죠. (노명희 구술)

넷째, 이처럼 1987년에 결성된 다른 노동조합과는 달리, 마이크로 노조는 결성 직후 사 측의 탄압 없이 노동조합을 재건했다. 그 때문에 파업을 하지 않았고, 교섭을 통해서 요구조건을 관철할 수 있었다. 이 시기에 노동자들의 노조결성이나 임금 및 노동조건개선 투쟁은 '선 파업 후 교섭'방식으로 상징화되었으나, 마이크로는 이와 다른 양상을 보여주었다.

여성노동자들은 1984년 당시 노조 위원장의 위임을 받아서 8월 6일 노동자 29명이 모여서 노조복구대회를 치렀다. 그러나 인천 시청과 노동부는 기존 (유령)노조에 해산명령을 내리고, 신규노조로 접수하라고 지시하였다. 노동자들은 8월 초순부터 노조 활동을 시작했지만, 이 문제를 해결하기 위해, 9월 5일 노동자 54명이 모인 가운데 1기 노조 해산식과 새롭게 노조 결성식을 치렀다. 시청에 신고서를 접수하여, 9월 7일에 신고필증을 받았다.

이어 노조는 회사에 노조사무실과 노조 전임자 2명을 요구했다. 8월 9일 노조 대표 5인과 회사 측 대표 3인이 교섭을 진행했으나 협상이 결렬되었다. 8월 12일 2차 교섭에서 노조는 요구를 관철했다. 이 상황에 대해 김미령은 다음과 같이 말한다.

교섭을 통해서 두 사람 상근을 받아내서 위원장, 사무국장이 상근하게 하고. 그리고 노동조합 사무실을 받아내요. 그건 그렇게 오래 걸리지 않았어요. 그래서 노조 결성할 때 파업할 일이 없었지. 회사도 한 번 경험이 있으니까 함부로 탄압하지는 못했고. (분위기가 85년하고 87년이 다른 건?) 그렇죠. 85년은 진짜 엄중한 시기였고, 그나마 87년도에는 여기저기 노조가 많이 생기고. 그런 분위기가 대세라고 생각했을 수도 있고요. (김미령 구술)

2) 노동조합의 일상활동과 연대 활동

노동조합 결성 이후 가장 중요한 문제는 조합원 수를 늘리는 일이었다. 노조 집행부는 여성노동자들이 대부분 고졸이며 미혼이라는 점을 고려해 당시 사회에서 그 연배의 여성들 사이에서 유행하는 취미문화를 프로그램으로 활용했다. 노조의 여성부 소속으로 꽃꽂이반, 지점토반, 기타반 등을 만들어서 회사의 지원금을 받아 외부 강사를 섭외해서 진행했다. 꽃꽂이반은 1987년 11월부터 만들어져서 일주일에 1회 모임을 했는데, 1988년 10월 15일과 16일에 방식 꽃예술원 부평지부 주최 '꽃꽂이전시회'에 협찬하기도 했다.[60] 이러한 모임을 주도한 노명희는 다음과 같이 기억한다.

(결성 후 활동은?) 일단 노조 가입을 시켜야 하죠. 그때 우리는 아가씨 사업장이잖아요. 그러니까 '꽃꽂이반'도 하고, 지점토반, 꽃꽂이반, 그다음에 기타반… 다 노동조합에서 주관하고 회사에 강사비 받아내고. 회원들은 가입하면 기본 재료비만 내고. 당시 그런 것들이 사회적으로 되게 유행이었어요. 학원에 다니면서 꽃꽂이나 지점토를 배웠는데, 우리는 회사에서 저렴하게 할 수가 있어, 노동조합이 있으므로. 그래서 "노동조합을 하면 좋구나" 그랬던 것 같아요. (조합원은 늘었어요?) 되게 많이 늘

60 인천지역노동조합협의회, 「대한마이크로 꽃꽂이전시회」 『인노협신문』 1988년 10월 14일, 2면

어났었어요. (노명희 구술)

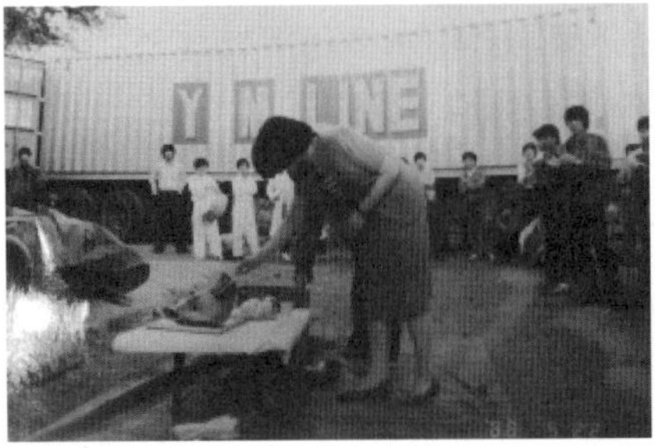

〈그림 5〉 연대활동에 나선 노조간부들(노명희 소장)

〈그림 6〉 노조의 문화행사(노명희 소장)

노조의 일상활동은 위원장과 사무장의 현장 순회로 시작했다. 3교대이기 때문에 야간 시간에도 순회해야 했다. 또, 확보한 교육시간을 활용하여 노동조합 관련 교육을 했고, 주위 사업장의 투쟁상황이나 인노협의 소식을 알리는 내용으로도 진행했다. 동시에 회의 내용 등 바로 조합원들에게 알려야 하는 사항은 대자보나 소식지를 활용했다. (김미령 구술)

일부 조합원들이 노동조합 활동에 대해 거리를 두고 바라보는 모습을 보면서, 노조는 가끔 인근 남성노동자들이 중심인 남일금속노조와 공동 야유회를 기획했다. 다른 사업장 노동자들을 만나서 이들의 노조활동을 듣고, 간접적으로라도 영향받기를 바랐다. (노명희 구술) 노조는 조합원들이 야유회, 등산 등을 통해 편하게 다른 사업장 노동자들하고 어우러지면, 다음으로는 투쟁사업장을 방문하는 연대투쟁에 참여하도록 하였다.

한편, 노조의 일상활동 중에 가장 중요한 것은 매해 벌이는 임금인상 투쟁이었다. 마이크로로는 임금인상 시기가 6월이었다. 1988년 노조는 회사 측과 6월 2일부터 교섭을 진행하다가 타결이 안 되자, 7월 2

일 파업을 결정하였다. 조합원들은 작업을 중지하고, 회사 앞의 잔디밭 앞에 모여 파업을 했다. 임금문제는 모두 관심이 있는 문제라 전 조합원이 참여했다. 파업 프로그램은 주로 분임토의를 했고, '늙은 노동자의 노래', '동지가', '임을 위한 행진곡' 등 민중가요를 배웠다. (김미령 구술) 이에 대해 노명희는 다음과 같이 기억한다.

> (교섭이 안 되면?) 파업하죠. 우리끼리 "우리는 임금인상을 이거 밑으로는 절대 안 된다" 이런 걸 정했어요. 단체협상 기간을 한 달, 두 달 했는데, 그럴 때 우리끼리 "이거 안 되면 우리는 파업을 한다" 그래서 파업했고. 회사 건물 밖에 마당, 그러니까 잔디밭에서 했고. 스피커폰으로"임금 협상하라" 구호 외치고. (참여는?) 임금문제는 내 거를 쟁취하는 거기 때문에, 조합원들 호응이 괜찮았던 것 같아요. (노명희 구술)

이 시기는 전체 노동조합운동의 고양기라는 상황과 마이크로 노동자들의 단합된 기세 때문에 파업 2일만인 7월 4일에 노조는 "기본급 1,250원 인상, 근속수당 5,000원, 파업 중 임금 100% 지급" 요구를 관철했다.[61]

1989년 임금인상 시기에 노조는 '일당 2,284원 인상'을 요구하며 회사 측과 10차 이상의 교섭을 하였다. 노조는 파업을 결정했고, 현장 점거 투쟁을 벌였다. 현장을 깨끗하게 보존해야 하는 반도체 업종의 특성을 이용해서 회사를 위협하려는 것이었다. 대신 노조는 조합원들에게 파업 기간에 현장 안의 물건에는 어떤 것도 손대지 못하게 했다. 그 결과, 일정한 성과를 내며 투쟁을 마무리 할 수 있었다. 이 상황에 대해 김미령은 다음과 같이 기억한다.

61 인천지역노동조합협의회, 「대한마이크로 파업기간 임금 100% 지급 쟁취」 『인노협 신문』 1988년 7월 13일, 2면

> 89년도 임투 때는 현장 점거를. 저희는 반도체라고 했잖아요? 그래서 현장을 굉장히 중요하게 생각하는데, 저희가 현장 점거를 하면서 대신 "거기 있는 물건이나 이런 거는 절대로 건드리면 안 된다." 이렇게 하면서, … 그런 걸 통해서 협상하는 거지. 계속 협상하면서 조합원 투표를 통해서 요구한 선에서 합의보고, 그렇게 89년 임투를 했죠. (김미령 구술)

2기 노조의 일상활동 중에 중요한 특징은 지역 연대투쟁과 활동을 벌인 것이다. 1987년 결성된 민주노조들이 그랬듯이 활발한 연대 활동을 벌였다. 특히, 여성노동자 사업장인 태연물산에서 노조를 결성했으나, 회사의 폭력적 탄압으로 투쟁이 오랫동안 진행되었다. 이에 인근에 있던 마이크로노조는 매일 밤 태연물산 앞의 연대투쟁에 참석했다. 김미령은 가끔 노조위원장으로 앞에 나가 발언을 했다고 다음과 같이 기억하고 있다.

> 태연물산이 작전동 쪽이라, 거기에서 두 블록 정도 더 들어가면 대한마이크로가 있거든요. 그때 맨날 태연물산 앞에 가가지고 같이 데모했어요. 그렇게 하면서 우리 간부들도 같이 큰 거죠. 당시에는 "폭력 경찰 물러가라" 이런 구호 외치는 것조차도 되게 조심스러울 때였는데, 태연물산 앞에서 그걸 나한테 하라고 해서 저 좀 쫄았잖아요. [웃음] … 그리고 우리가 노조 결성한 뒤에 가면 "나는 대한마이크로 위원장이다" 이래 발언도 하고. (김미령 구술)

나아가 민주노조들의 지역협의체인 인노협이 결성되면서부터는 2기 노조는 조직적인 연대 활동을 같이 벌였다. 1987년 노동자 대투쟁 이후 민주노조의 조직화는 처음부터 한국노총이 아닌 민주노조들의 전국조직건설을 목표로 하였다. 그 때문에 인천지역의 민주노조를 아우르는 지역조직을 독자로 건설했다. 1988년 6월 18일 효성동 성당에서 27개 노조에서 파견된 42명의 대의원이 참가하여 인노협 창립대의원대회가 열렸다. 주요 임원들이 부평지역 출신인데, 이는 인노협 창립이 상대적으로 연대투쟁이 활발했던 부평 4공단과 그 인근 노동조합들이 주축이 됐다는 것을 확인시켜준다.[62] 즉, 1987년 노동자 대투쟁 시기부터 부평지역의 민주노조들은 노조 간의 연대 활동을 활발하게 진행했다. 사무장이었던 노명희는 아래와 같이 마이크로 노조간부들이 연대모임을 통해 구체적인 노조 활동 방식을 배우기도 했다고 말한다.

> 제가 사무장하면서, 인노협을 만들기 위해서 전체 모임을 했고. 인노협이 만들어지면서 거기에 가입을 한 거죠. 거기서 위원장 모임 있고. 사무장들 모임 있고, 저는 사무장 모임에 갔고, … 뭐 하려면 유인물 만들어야 하는데 거기 누군가가 도와줘 "이렇게 쓰라" 그러면 쓰고 … 그렇게 모르는 거는 사무장 모임에 나가서 배우게 되고. 그러면 홍상철(대흥기계 사무장)이가 기가 막혀 하고. 집회나 시위 때, 정장 입고 나오고, 구두 신고 나오고 이러니까. 아무것도 몰라. 그러면 홍상철이 "저것들을 어떡하면 좋아" 막 이러고. (노명희 구술)

인노협 결성 이후 마이크로 노조 위원장은 위원장단 모임에 참여하였고, 또, 인노협의 교육국장 역할을 맡아서 활동했는데, 이는 인노협

62 의장은 황재철 한독금속 노조 위원장, 부의장은 대흥기계 노조 위원장 신안식과 남일금속 노조 위원장 최승기, 청보산업 노조 위원장 유권상이 맡았다. 사무처장은 코스모스전자 노조 김해숙 위원장이, 대한마이크로노조 김미령 위원장은 교육국을 담당하였다. (인천지역노동조합협의회, 「인천지역 노동조합협의회 출범」 『인노협신문』 1988년 6월 19일, 1면) 인노협 시기 내내 의장은 남성 위원장들이 맡았고, 여성 위원장들은 주로 사무처장의 역할을 맡는 등 조직 내부에 성별화된 양상을 보였다.

이 중요했기 때문이었다. 그뿐만 아니라 노조간부들과 조합원들은 임금인상 투쟁처럼 노조에서 투쟁하면, 항상 인노협을 중심으로 지역 차원의 지원연대가 있었고, 그 때문에 회사 측에 큰 압박이 되어 투쟁에 도움이 된다는 것을 잘 알고 있었다. 그 때문에 인노협을 중요하게 인식하고 있었다. (노명희 구술)

1987년 노동자 대투쟁 시기의 '품앗이 연대'는 1988년 인노협의 등장으로 연대 활동은 더욱 조직적으로 진행됐다. 그 때문에 마이크로노조만이 아니라 지역의 민주노조들도 지원연대 활동이 일상적인 노조 활동의 하나였다. 이에 대해 노명희는 다음과 같이 기억한다.

> (인노협 활동은?) 엄청 열심히 했어요. 큰 데모할 때, 집회 있을 때, 늘 참석했고. 어찌 됐든 대한마이크로라는 이름으로 참석해야 하니까, 다 참석을 했고. 그다음에 다른 노조들 만들어질 때, 투쟁할 때도 갔고. 또, 개소식 할 때도 참석해서 축하하고. 왜냐하면, 그때는 거의 그런 거였던 것 같아요. 새로운 사업장들이 계속 만들어지고, "어디서 노동조합 만들려고 싸우고 있다." 그러면 지원 나가고. 거의 활동이 그랬던 거 같아서. (노명희 구술)

3) 인노협 의장 구속 및 항의 파업, 그리고 노조 파괴

이처럼 2기 마이크로노조는 1989년까지 연대 활동을 일상활동으로 벌였다. 그런데 이 민주노조가 해산당하는 사건의 시작은 1989년 12월에 인노협 의장 최동식의 구속에 항의하면서 전개한 '1일 파업'이었다. 즉, 사업장 민주노조들이 상급단체인 지역노조협의회(이하 '지노협')에 대한 탄압에 맞서 투쟁을 벌인 것이 그 출발이었다.

당시 상황은 1987년과 1988년 전국 노동자들의 투쟁과 조직화의 힘이 1989년 하반기 전국조직인 전노협건설을 지향하며 성장하였다. 이에 정부는 '공안정국'을 조성하여 노동운동 관련 조직사건들을 터트리고, 각 지노협에 탄압을 가하였다.

정부는 최동식 인노협의장을 11월 11일 오전 7시경 전국노동자대회 전야제가 있는 동국대학교 앞에서 연행해 구속했다. 이에 인노협 위원장단 23명은 13일과 14일 비상운영위원회를 열어 16일 전면 총파업, 17일 전국동시총회 투쟁을 단행하기로 했다.[63] 이어 11월 15일 저녁 인노협 조합원들은 서운동, 작전동, 효성동 일대에서 '최 의장 구출'을 외치며 거리행진을 벌이면서 경찰과 격렬한 투석전을 벌였다. 인노협 위원장단은 거리투쟁을 마친 뒤 인노협 사무실에 모여, 철야농성을 벌였다.[64]

11월 16일 인노협 산하 45개 노조 5천여 명이 총파업을 벌였다. 2지구인 부평지역에서는 12개 노조, 1,200여 명이 참여했다. 노동자들은 파업만이 아니라 여러 방식으로 투쟁에 참여했다. 그 규모는 60여 개 노조에 조합원은 7,500명이었다.[65]

지역 1일 총파업에 참여했던 노조들은 회사 측에게 개별적인 탄압을 당하였다. 그중에 마이크로에서는 회사가 위원장과 노조간부에 대해 징계위원회 회부를 결정하고, 파업참여 노동자들에게 '무노동 무임금'을 적용한다고 발표했다. 이에 노조는 11월 29일부터 노조사무실에서 철야농성을 시작하였다.[66] 그러나 회사는 1989년 11월 16일 위원장 등 간부 4명을 징계해고했다. 이 상황을 김미령은 다음과 같

63 인천지역노동조합협의회, 「인노협 최동식 의장 전격 구속, 총파업으로 대응」 『인노협신문』 1989년 11월 14일, 1면

64 인천지역노동조합협의회, 「인노협조합원들 부평 곳곳에서 시위」 『인노협신문』 1989년 11월 16일, 3면

65 인천지역노동조합협의회, 「인노협 총파업」 『인노협신문』 1989년 11월 17일, 1면

66 인천지역노동조합협의회, 「총파업·총회에 무임금 적용」 『인노협신문』 1989년 12월 6일, 3면

이 기억한다.

> 최동식 위원장이 또 달려갔네. 위원장들 모임에서"위원장을 풀어달라고 항의를 해야 하는 거 아니냐?" 그러면서 "하루 파업을 하자." 이렇게 된 거죠. 우리 노조도 회의해서 하루 파업을 하는 거로 통과가 됐는데, 회사에서 "너네도 명분이 필요하니 하루는 하지 말고, 반나절만 해라" 이리 말했는데, "그건 안 돼" 하고 하루 파업을 하고 나니, 해고통지를 받아요. (이유는?)업무방해에요. … 회사에 손해를 끼친 거라고 해서. 그때 위원장, 사무장, 홍보부장, 교육부장, 4명 해고됐어요. (핵심?) 그렇죠. 그게 89년 12월이었고요. (김미령 구술)

회사는 해고자들과 함께 출근하는 80여 명 조합원의 회사 진입을 막았다. 또, 회사는 해고자를 포함한 간부 9명을 고소하고, 최만립 회장은 정권과의 긴밀한 관계를 활용하여 경찰차를 동원해서 1990년 1월 5일에는 출근하는 조합원 54명을 강제 연행하는 등 탄압을 이어갔다. 또, 회사는 투쟁에 동참하는 조합원들의 집을 찾아가 부모들에게 서약서를 쓰게 하고, 투쟁대열에서 이탈시키려는 행위를 계속하였다. 회사는 조합원들에게 노조를 탈퇴하라는 서약서를 강요했다. 이는 1985년 당시 민주노조에 대한 탄압방식을 그대로 답습한 것이었다.[67] 더욱이 연행된 조합원은 그 후 두 달 가까이 출근투쟁을 전개하다가 노조만은 지켜야 한다고 판단한 끝에 회사의 요구인 '인노협 탈퇴, 해고 4명 인정, 간부 전원 사표 제출, 출근한 조합원에 대한 보복금지' 등 4개 조항에 합의하고 출근을 하였다. 이후 노조는 인노협 탈퇴를 결정하였다. 인노협 의장의 구속과 주요 가입 노동조합에 대한 개별적

67 인천지역노동조합협의회, 「대한마이크로 간부 4명 해고, 조합원 전원 출근 저지」 『인노협신문』(호외) 1990년 1월 9일, 1면

인 탄압으로 인해 인노협의 조직력은 크게 손상을 입었다.[68]

그러나 회사는 또다시 약속을 어기고 보복을 자행하였다. 회사는 출근한 조합원들을 생산라인에 투입하지 않고 잡초 제거, 청소를 시키는 한편, "사고를 개조시켜야 한다"라거나 매일 "조합은 공산주의"라는 교육을 하였다. 그뿐만 아니라 사원야유회에서는 유서를 쓰고 관속에 들어갔다가 나오게 한 다음 '새롭게 태어난 소감'을 이야기하라고 한다든지 거울을 보면서 "웃어라, 울어라"라며 지옥 같은 생활을 강요했다. 결국, 노조를 탈퇴한 사람만 현장으로 복귀시키고 마지막까지 버틴 조합원은 1991년 5월 20일 자로 강제 사직시켰다.[69]

이처럼 2기 노조의 해산 역시 노동운동에 대한 정권의 탄압과 맞물린 회사 측의 노동운동 탄압이었다. 비록 노조는 해산당했지만, 2기 민주노조는 여성노동자들이 중심이 되어 사업장의 민주노조를 복원한 점에서 그 의미가 있었다. 또한, 부평지역 노동운동에서는 당시 2기 노조가 민주노조들의 연대 활동에 적극적으로 참여하면서 인노협 건설과 활동의 중심사업장으로 역할을 하였다는 점에서도 의미가 있었다. 실제 노조가 해산당한 것도 인노협을 지키기 위한 저항의 중심에 서 있었기 때문이었다.

68 인천지역노동조합협의회, 「인노협 탈퇴 압력 가중 속 일부 탈퇴」 『인노협신문』(임투속보) 1990년 3월 2일, 2면

69 강태수, 1996 「대한마이크로전자 노동조합사수 지역연대 투쟁」 『현장에서 미래를』 12, 134쪽

3. 3기 노동조합의 결성과 노조사수 투쟁

1) 노동조합 결성과 회사의 탄압

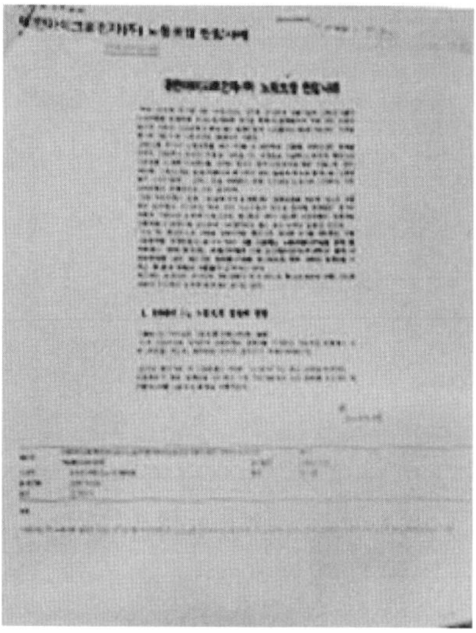

〈그림 7〉 대한마이크로전저 노동조합 탄압사례- 자료집[70](민주화운동기념사업회 소장)

마이크로 3기 노조의 특징은 1, 2기와 달리 학출들이 주도하였다. 1993년 전후로 5명의 학출들이 서로를 파악하고 활동가모임을 해왔다. 이 모임에 현장 노동자인 김은영 등이 참여했다. 김은영은 6개월 지속한 강제노동에 지치고 불만이 높았는데, 친구가 아는 언니를 통해 노조가 있으면 주말에 일 안 해도 된다는 얘기를 전해주었다. 이에 김은영은 그 사람을 소개받아 노조를 만들려면 어떻게 하는지 물어보았

70 이 자료집은 앞부분에 1기와 2기의 노조 탄압사를 간략히 정리하고, 3기 노조탄압 양상을 중심으로 정리한 것이다. 민주화운동기념사업회의 오픈 아카이브에서 찾을 수 있다.

디. 이에 대해 김은영[71]은 다음과 같이 말한다.

> (노조결성 계기?) 이게, 사람이 사는 거가 아닌 게, '왜 주말까지 우리가 일을 해야 하지? 나는 주말에 놀고 싶고, 잠도 자고 싶은데, 늘 3교대를 하면서, 왜 강제로 일을 해야 하지?' 그러면서 …, 나름 제가 하고 싶은 일 하고 싶었는데, 계속 강제로 시키니까. 그래서 노동조합 만들면 그렇게 안 한다고 하니까. '앗싸, 그런 게 있구나' 하면서 신나서. 저는 정말 신났었어요. (김은영 구술)

김은영은 친구가 아는 언니의 소개로 노현기라는 노동운동가를 만났다. 노현기는 다시 마이크로에 다니는 학출인 안재영를 소개해줬고, 이어 1기 조현숙과 2기 박수현도 만나게 해주었다. 안재영은 김은영에게 마이크로에서 활동하는 다른 학출들도 소개해주고, 이전부터 진행되어 온 활동가모임에 참여하게 했다. 이처럼 활동가 모임에서는 토론하면서 노조결성 준비를 해나갔다. 이어 모두가 참여하는 노동조합 교육을 외부에 가서 받았다.

> 안재영 언니가 학출들을, 소개해줬죠. 저는 학생들이 들어와서 우리 일을 같이 해주니까 정말 좋았죠. 그래서 힘도 나고, 더 열심히 해야겠다는 생각을 했는데. 근데 나중에 해보니까, 회의하고 결정하면 그 다음번에 늘 번복이 되더라고요. … 학출들은 다섯 군데 정파에서 다 들어와 있었어요. 그래서 선장이 많아서 저희가 산으로 갔어요. … 저는 그거로 스트레스 굉장히 많이 받았죠. … 그러다가 노조결성을 결정하고는, 저희가 교육을 받았어요. 노동조합을 설립하면 어떻게 해야 하는지. 그때 열 몇

71 김은영은 1971년 전북 고창에서 태어나 1991년에 대한마이크로에 입사했다. 그녀는 1993년 노조결성에 참여하여 사무장으로 선출되었다. 그녀는 회사 측의 노조탄압에 맞서 끝까지 노조사수 투쟁을 벌여 1996년 노조가 인정받은 뒤에 퇴사하였다.

명. … (교육은?) 언니 자취방에서, 민중 연합에서도 했었나? 미행당할까 봐, 조심하고 했던. 무서웠죠. 그러면서 스릴도 있었고. 그리고 저는 노동조합을 진짜 만들고 싶었거든요. (김은영 구술)

1993년 6월 20일 여성노동자 46명은 대학 강의실을 빌려서 노동조합 결성대회를 진행했다. 위원장으로 학출 노동자인 안재영을 선출하고, 노조 간부들을 선출하는 등 노조결성 대회는 무난히 진행되었다. 이들은 노동조합을 다시 복원했다. 1993년 6월 21일에 노조는 노조결성 보고대회를 위해 노동자들에게 작업을 멈추고 사내 식당으로 모이라고 했다. 이에 노동자 120명이 모였다.[72] 회사가 알고 현수막을 가져가고, 근무시간이 아닌 사람들은 현장에서 내보냈다. 이어 노조간부들을 교육실로 불러서 가뒀다. 이 시간에 근무인 사람은 김은영 혼자였다. 아무런 활동 경험이 없던 김은영이 이 상황을 돌파해야 했다. 사측의 탄압을 고려해서 치밀하게 계획을 세우지 못한 것이었다. 이 상황을 김은영은 다음과 같이 말한다.

(보고대회는?) 그때 우리가 라인을 다 세웠으니까, 다들 불만이 있었던 거예요. 너무 힘들어서… 조합원들 앞에서 보고대회를 하는 중에 현수막이랑 빼앗겼어요. 근무시간이 아닌 사람들은 쫓아내 버린 거죠. 저만 그때 근무시간이었어요. 저희는 교육실로 불러서 가둬버리고, 회유하기 시작한 거죠. 사람들이 저만 쳐다보고 그러는데. 힘들었어요. 그래도, 제가 거기서 지지 않고 말을 하니까 사람들이 "맞아, 맞아." 그리고 제 말을 많이 따라줬는데, 사실 제가 어떻게 해야 할지를 몰랐어요. … 제가 자괴감도 들고… '왜 나는 이런 능력이 없지? 굉장히 괴로웠어요. 다른 사람이면 좋았을걸. 하는 거. (준비를 치밀하게 해야 하는 건데?) 그렇게

72 『대한마이크로 노보』 창간호, 1993년 11월 18일, 25쪽

> 준비하지 못했어요. 우리가 두 번이나 깨졌으면, 이런 상황이 발생할 것도 [예상]해야 되는데. 플랜1, 플랜2 그렇게 짜야 하는데, 그런 것도 없이. (김은영 구술)

회사의 방해에도 사전조직을 했고, 무엇보다 몇 달씩 주말까지 일하면서 쌓인 불만 때문에 노동자들이 노조에 가입했다. 6월 23일 노조 신고필증을 교부받고, 전체 조합원 집회를 했다. 한편, 노조는 사 측과 6월 21일에 1차 교섭을, 6월 26일 2차 교섭을 진행했다. 내용은 노조 활동보장, 상근자, 노조사무실 등을 중심으로 하였다. 2차 교섭에서 회사는 노조를 승인하는 듯했으나, 7월 2일 진행된 3차 교섭에서 회사는 "건전하지 않은 노조는 인정할 수 없다. 오후 근무 시간대에 근무지 이탈로 손해배상 청구, 유인물 총무과에 가져가서 직인 받고 돌리라"라는 등을 요구하며, 교섭이 중단되었다.[73] 이어 교섭은 8월 21일 9차까지 진행되다가 중단되었다.[74]

노조결성 후 회사는 본격적으로 노조를 와해시키기 위해 여러 방식을 동원했다. 우선 회사는 주요 간부들을 불러서 면담을 통해 회유하거나 "노조가 생기면 회사가 망한다", "우리가 예전에 노조가 두 번 있었는데, 회사가 쪼그라들었다" 등과 같은 정신교육을 시키기 시작했다. 또, 회사는 일상으로 조합원과 조합간부들이 누구랑 이야기하는지 감시하고 노동자들과 접촉을 못 하게 해서 고립시키려 했다. 거기에 조합간부들을 계속 부당전출시켜 사표를 쓰게 했고, 11월 9일에는 이력서에 경력을 빠뜨렸다는 이유로 부위원장을 해고했다.[75] 또한, 회사는 노조와해 공작의 일환으로 8월 25일에는 조합간부들을 삼성으로

73 『대한마이크로 노보』 창간호, 1993년 11월 18일, 25쪽
74 『대한마이크로 노보』 창간호, 1993년 11월 18일, 26쪽
75 「인천지방청장 간담회 자료」 1993년 11월 30일

교육 보내 사업장과 분리해 놓고, 정신교육을 해서 강제사직하게 했다.[76] 이어 유인물을 배포하는 위원장을 관리자들이 여자 탈의실까지 난입해 정문 바깥으로 끌어내는가 하면 쟁의부장을 인사이동시켰다. 거기에 주임과 반장들이 노조탈퇴 각서를 쌓아놓고 조합원들을 개별 면담해서 탈퇴를 종용해 수십 명이 노조를 탈퇴했다.[77] 이 상황에 대해 김은영은 다음과 같이 기억한다.

> 노조간부들을 감시하기 시작해요. 그래서, 옆에 동료가 저희 옆에 오면, 그 사람 불러서 "너, 왜 쟤랑 친하니? 무슨 말 했니?" 그리고 저희가 화장실 가는 것도 감시하고 반장한테 말하고 가야 하고. 관리자가 저희 일하는 데 딱 서 가지고, 계속 뚫어지라 지켜보고 있고. 그러니까 다른 동료들이 와서 저희한테 말 시키려다가, 그냥 딴 데로 가버리는 거죠. 그렇게 노조간부들을 고립시킨 거죠.
>
> (회유는?) 회사에서는 사람들의 불만을 잠재우려고, 식사의 질이 좋아지기 시작합니다. 그전에도 그나마 괜찮았는데, 아주 푸짐하고 돼지 바베큐도, 통돼지를 막 썰어서 주고요. 특별식으로.
>
> (그런 탄압은 예상하지 않았어요?) 언니들이 알려줬어요. 그런데 저희가 초반에 치고 나가지 못하니까, "얘네 약하구나"라고 사 측이 파악하고 저희를 정말 집요하게 괴롭힌 거예요. 그래서 '인간의 삶의 질이 이렇게 파괴되는구나' 저는 그때 신경쇠약 걸리는 줄 알았어요. (김은영 구술)

이렇게 여러 방식으로 탄압하던 회사는 '제임스 리'라는 노조 파괴꾼에게 노조와해 컨설팅을 받았다. 그 영향으로 회사가 자행한 노조탄압 중에 이 시기에 처음 시도한 것이 일정한 내용을 계속 반복하는 정신교육이 있었다. 즉, 정신교육 명목으로 조합원들을 괴롭혀 퇴사하게

76 『대한마이크로 노보』 창간호, 1993년 11월 18일, 26쪽
77 「대한마이크로전자 노동조합 탄압사례」, 1995년 11월, 3쪽

하는 것인데, 실제 정신교육을 받은 조지부장, 홍보부장, 대이원이 퇴사하였다. (김은영 구술)

이런 탄압상황에서 회사와의 교섭도 제대로 안 되자, 노조에는 여러 문제가 생겼다. 학출들이 위원장과 사무장을 맡았으나 탄압으로 위원장이 제대로 활동을 하지 못하면서 공석처럼 되었다. 다른 학출들도 회사에 연락받은 부모에 의해서, 또는 회사와의 개인 면담을 통한 회유로, 심지어 자진 퇴사 등으로 회사를 정리했다. 노조를 책임지기 위해 남은 사람이 없었다. 노조준비를 같이한 이들이 모여 마지막 회의를 했을 때, 학출들은 노조를 해산하자고 말하기도 했었다.

결국, 1993년 11월 위원장이 회사를 퇴사하였고, 이후 사무장 직무대행체제로 노조는 운영하였다. 당시 상황에 대해 사무장인 김은영은 자신은 노조가 절실하게 필요하고, 그리고 회사의 탄압에 오기로라도 끝까지 싸우겠다고는 입장이었다고 기억한다.

> 제가 이야기하는 게 "너무 책임이 없다"는 거예요. 그분들도 워낙에 회유를 많이 해서, 안 되니까 했겠죠. (같이 얘기 안 했어요?) 해산하자고 했어요. 근데 저는 안 된다고 했어요. "나는 이게 절실하다고." (해산하자고? 그 사람들이?) 예. 여기는 안 될 것 같다고. 제가 봤을 때는 '왜 이렇게 책임감들이 없지? 처음에 그러면 뭐 하러 이거를 하자고 했어?'라는 생각을 많이 했었죠. 그래서 저는 오기로 끝까지 남기로 했어요. … 어, '이거는 불합리하다'고 생각을 했어요. 그리고 앞서 발만 담갔다가 빼는 사람들을 보고, '나는 그래도 끝까지 남아서 해볼 거다'라고. 진짜 노동조합을 지키는 사람들이 어떤지 좀 보여주고 싶은 마음도 있었고. 억울해서 그만두지 못하겠더라고요. (김은영 구술)

이러한 노조에 대한 잔혹한 탄압에도 노조는 계속 사업장 안에서의 저항에 머물러 있었다. 그 이유는 학출들이 퇴사해서 지역에 연계가 거의 없었고, 무엇보다도 당시 중소사업장 중심인 인노협의 상황이 어려웠기 때문이었다.

1989년경부터 정권과 기업주들은 급성장한 민주노조운동을 와해시키려 '위장폐업'전략을 사용했다. 1990년 한 해에 인노협에 가입했다가 사라진 100여 개 노조 중에서 40여 개 노조가 폐업과 부도를 맞았고, 탄압으로 와해하거나 탈퇴한 노조가 40여 개에 달했다. 또, 1993년 6월 현재 인노협을 탈퇴한 노조들의 이유를 조사했는데, 폐업과 부도가 44%, 노조 무력화·해산이 16%, 노조 파괴가 14%, 탈퇴가 12%, 공장 이전이 11% 등으로 나타났다.[78] 이처럼 인노협 산하 민주노조들이 힘겹게 노조 유지를 위한 투쟁을 벌이는 상황에서, 3기 마이크로 노조 역시 힘겨운 노조사수 투쟁을 벌이고 있었다.

2) 김명숙 위원장 당선과 성폭력 사건

노조 안팎으로 복잡하고 어려운 상황에서 김명숙과 최정진이 활동을 목적으로 마이크로에 입사했다. 1995년 2월 28일 공석인 위원장 선거에서 김명숙이 당선되었다. 그러나 3교대여서 총회 성원이 문제가 되어 총회를 2회에 걸쳐서 하였고, 사 측은 이를 문제 삼아 위원장을 인정하지 않았다. 6월 27일 위원장에 내정된 김명숙은 부당 천출의 부당성을 알리는 유인물 배포를 문제 삼아 해고당했다. 이에 김명숙은 정문 앞 출근투쟁을 벌였다. 7월 16일 계산동 싸이클 경기장에서 조합원 65명 중 33명이 참가한 총회를 다시 해서 김명숙이 위원장으로 당

78 인천지역노동조합협의회, 「늘어나는 위장폐업」 『인노협소식』 제21호, 1993년 6월 23일, 3면

선됐다.[79]

8월 22일 노동조합은 김명숙 위원장 명의로 회사에 4회에 걸쳐 공문을 발송해 교섭을 요청했으나, 회사 측은 위원장이 해고자란 이유로 교섭을 거부했다.[80] 10월 7일 인천지방노동위원회에서 회사 측의 태도가 부당노동행위라고 판결했으나, 회사는 여전히 교섭을 거부했다. 이처럼 노동조합의 기본권인 단체교섭권을 회사가 인정하지 않아서 2년 넘게 단체협약조차 맺지 못하는 상황에서 1995년 10월 23일 상무이사가 조합 사무실을 철거하라고 지시했다. 이날 오후 3시 30분에 사무실 철거가 시작됐다. 10월 25일과 27일 노조간부들이 철거에 항의하자 구사대들이 노조간부들의 젖가슴을 의도적으로 만져 성적 수치심을 자극하는 등의 성적 폭행과 전치 2주의 집단폭행을 자행했다.[81] 이 상황을 김은영은 다음과 같이 말한다.

> 회사에서 남성노동자들을 조직해서, 저희를 약간 회유하게 한다든지. 그리고 조합원으로 가입하는 것처럼 해서 막 성희롱 비슷하게 하고. 딴 데로 불러서 "나 노조 가입하고 싶은데" 하면서 벽 쪽에 살짝 기대면서 얼굴 가까이 데고. 실제로 김명숙 위원장님, 출근 투쟁할 때 성폭력 당했어요. 회사에서 기사들 모아놓고 저희 가슴을 비틀더라고요. 제 가슴을 이렇게 '탁~' 하고 쥐는 거예요. 저는 너무 놀라서 '이게 무슨 상황인가?' 그랬더니, 최정진이 "성폭력이다!" 막 소리를 지르길래, 저는 너무 당황해서, 놀랐었어요. (이 기사들이 구사대에요?) 네. 구사대가 돼서 2~30명이 딱~ 줄 서 가지고, "너네 못 들어와", "우리는 여기서 뼈를 묻지만, 너네는 결혼하면 여기 안 다니잖아?" 그런 식으로. … (성폭력으로) 저희가 계속 문제를 제기했었죠.… 그러면서 지역에서 붙어줬고. (김은영 구술)

79 「대한마이크로전자 노동조합 탄압사례」, 1995년 11월, 3쪽
80 앞의 자료, 3쪽
81 앞의 자료, 3쪽

10월 25일부터는 상집 간부들이 농성을 시작했다.[82] 노조는 농성 중 한 차례 노동청을 방문하고, 노동자들에게 상황을 알리는 속보를 수차례 제작했다. 또, 조합원 간담회를 통해 투쟁방침을 전달하면서 단합을 과시했다. 이어 노조는 연대를 강화하기 위해 2회의 시민선전전을 했고, 매주 토요일에는 지역 노동자들과 같이 연대집회를 진행했다. 지역에서 마이크로노조의 투쟁에 대한 지원이 늘어났다. 집회에 참여하는 인원이 꾸준히 늘어났고, 여성단체가 항의공문 발송과 방문을 했다. 인천지역노동조합대표자회의(이하 '인노대')는 항의 공문 발송 및 방문, 그리고 유인물을 배포했다.[83]

11월 23일에는 지역의 노동단체와 사회단체, 여성단체가 '대한마이크로전자(주) 노조탄압 및 성폭행 문제를 해결하기 위한 인천지역공동대책위원회'를 구성했다. 이어 대책위는 11월 25일 규탄 집회를 하고, 이어 항의농성을 하면서 "해고자 복직, 상근자 확보, 조합 사무실 원상복귀와 강제철거 공식 사과, 인사위원회 중단, 위원장을 교섭 대표로 인정하는 단체교섭 개최, 집단폭행과 성폭행을 한 남자 관리자 처벌" 등을 요구했다.[84]

3) 위원장의 음독자살 기도와 민주노총 인천지역본부의 지원 투쟁

1996년이 되어도 회사는 김명숙 위원장과 노조를 인정하지 않았다. 이 과정에서 김명숙 위원장이 1996년 6월 12월 오전 11시 노조 탄

82 「조합사무실 강제철거에 항의해 상집간부 항의농성 돌입하다!」 1995년 10월

83 「대한마이크로전자 노동조합 탄압사례」 1995년 11월, 4,~5쪽

84 대한마이크로전자 노동조합탄압 및 성폭행 문제를 해결하기 위한 인천지역공동대책위원회, 「대한 마이크로전자의 노조탄압 및 성폭행에 대한 성명서」 1995년 11월 25일

압에 항의하여, 농약을 마시고 음독자살을 기도하는 사건이 일어났다. 이 사실이 알려지자, 이날 오후 2시 민주노총 인천지역본부의 조합원들이 마이크로 회사 앞에서 규탄대회를 하고, 텐트를 치고 밤샘 농성을 시작했다.[85]

이 시기에는 인노협이 해산하고, 인노대가 인천지역 민주노조들의 통합을 추동한 결과, 1996년 1월에 민주노총 인천지역본부가 출범하였다.[86] 인천본부는 출범 이후 처음으로 지역연대 투쟁을 벌이기 위해, 6월 13일 오후 2시에 '96임투 인천지역 노조탄압 저지 공동대책위원회'(이하 '공대위') 산하 '대한마이크로노조 탄압분쇄 및 김명숙 위원장 원직복직촉구 특별위원회'를 구성했다. 이렇게 민주노총 인천본부가 1984년 4월 노조 건설 이후 10여 년에 걸친 마이크로의 노조탄압에 공동으로 대응하기로 했다.[87] 공대위는 투쟁 거점을 마련하기 위해 마이크로 정문 앞에 천막을 설치하면서 장기적인 투쟁에 대비하였다.

6월 17일 장대비가 내리는 가운데 300여 명의 노동자가 참여한 일일 집회가 열렸다. 마이크로노조 김은영 사무장과 최정진 교육부장이 삭발결의를 발표하고 단식농성에 돌입하는 등 결연한 의지를 보였다. 이날부터 마이크로 정문 앞 사거리에 천막을 설치하는 상징적인 투쟁이 시작되었다.[88]

6월 19일 저녁 집회에는 결혼해서 아이를 키우는 1기 노조, 2기 노조 선배노동자들이 참여해서 밤늦도록 아이를 들쳐 업고, 선두에 서서 경찰에 맞섰다. 마이크로 정문 앞에서는 연일 규탄 집회가 열리면

85 강태수, 1990 앞의 글, 135~136쪽
86 민주노총 인천지역본부, 2023 앞의 책, 273쪽
87 강태수, 1990 앞의 글, 136쪽
88 강태수, 1990 앞의 글, 137쪽

서, 1, 2기 선배노동자들이 「대한마이크로 후배님들에게 드립니다」라는 자필로 쓴 선전물을 나눠주며 노동자들에게 투쟁에 동참할 것을 호소했다. 또, 1대 위원장인 곽순복이 발언하기도 했다. 회사에서 해고된 뒤 가슴에 남모를 한을 품고 살아왔다는 곽순복 위원장은 다니던 일마저 저버리고 마이크로 정문 앞에 매일 나와서 투쟁하는 후배들을 독려하며 농성장을 지켰다. "대를 이은 노조탄압 이번에는 끝장내자"를 열심히 외쳤다. 그녀는 손으로 직접 쓴 「노동조합을 지키는 것은 양심을 지키는 일」이라는 유인물을 배포하면서 출퇴근하는 노동자들을 붙잡고 설득하려 했다.[89]

6월 20일 부평경찰서 항의투쟁 도중 노동자들이 연행되어 남부경찰서로 총 52명이 잡혀갔다. 이날 저녁 마이크로 정문 앞 사거리에 텐트를 설치하면서 치열한 격전장은 이제 노동자들이 차지하였다. 노조간부를 제외하고 그동안 침묵했던 조합원들이, 그리고 비조합원까지 가세하여 준법투쟁에 참여하고, 투쟁과정에서 새로 노조에 가입한 남자사원을 중심으로 2시간 파업을 전개하기도 했다. 또, 각 사업장의 노조 위원장들이 적극적으로 참여한 것도 투쟁의 중요한 힘이었다. "만립이가 만 번을 일어선다면 우리 노동자는 만 한 번을 찍어 눌러서 결국 승리를 쟁취할 것"이라며 흥분하던 위원장이 있는가 하면, 한 조합에서는 임투를 마무리하고 조인식이 있기 전날 위원장이 연행되어, 회사 쪽에서 조인식을 못할까 봐 안절부절못했다고 한다.[90]

이런 상황에서 회사가 협상테이블에서 노동자들의 요구를 수용할 뜻을 비쳤다. 막바지에 몰린 회사는 협상테이블에서 번복을 거듭하더니 민주노총 중앙차원에서 대응방안을 마련하고, 최만립 회장 집 앞

89 「대한마이크로 후배님들에게 드립니다」 1996년 6월

90 강태수, 1996 앞의 글, 138쪽

상경 투쟁을 준비한다는 것을 알게 되자, 사장이 협상 전면에 나서면서 실마리가 풀리기 시작했다. 6월 28일 밤에 사장이 대책위원회 대표를 만나고 싶다고 제안을 하였다. 6월 29일 오전 인천본부 정윤섭 의장이 최동진 사장과 단독 면담에 나섰다. 이날 예정된 집회를 진행하는 상황에서 회사와 노조는 최종협상을 준비했다. 회사는 “이날 열린 수도권 집회를 중단하지 않으면 협상을 하지 않겠다”라고 변덕을 부렸다.[91] 결국, 최종 합의는 7월 1일 월요일에 진행됐다. 수도권 집회에 많은 노동자가 참여해 승리할 때까지 싸우겠다고 결의를 다졌다. 결국, 이날 ‘위원장의 사무직 복직’을 고집하던 회사는 “위원장 현장으로 복직과 3개월간 휴가보장, 치료비 지급, 노조사무실 신축, 상근자 1명 인정, 회사 게시판을 통한 공개사과, 추석-구정 특별보너스 추가 지급, 민주노총 간부 고소·고발 취하 및 간부와 조합원에 대한 보복 징계 없음” 등에 합의했다. 노조는 두 차례에 걸친 조합원 총회를 거쳐 조합간부 단식투쟁 16일째, 마이크로 노조탄압분쇄 및 위원장 복직 투쟁 21일만인 7월 2일에 합의문에 도장을 찍었다.[92]

이처럼 마이크로 정문 앞의 투쟁은 철야농성 투쟁 20일, 최소 100여 명에서 1,000여 명이 참가하는 지역연대 집회 16차례, 마이크로 노조간부 단식농성 16일, 백병전을 방불케 하는 투쟁에서 연행된 총인원 117명, 구속 2명, 불구속 입건 8명, 22명이 즉결 처분받고 수십 명이 상처를 입는 등 대한마이크로노조탄압 분쇄 투쟁은 힘겹고 치열했다.

인천본부는 출범 이후 첫 번째 투쟁이었던 마이크로노조 탄압분쇄 투쟁을 통해 산별, 업종을 넘어 지역 연대투쟁의 모범을 만들면서 인천지역 노동조합운동에 새로운 계기를 마련했다. 특히 인천본부는 이

91 강태수, 1996 앞의 글, 139쪽
92 강태수, 위의 글, 132쪽

투쟁에서 직접 협상에 나서는 등 실질적인 상급단체 역할을 해냄으로써 그 권위를 한층 높였다. 또한, 3기 노조는 "연대투쟁으로 위원장 복직과 남성조합원 가입확대, 간부역량확보, 투쟁에 대한 자신 확보 등이 주요한 성과를 남은 투쟁"이라는 자체 평가를 남기기도 했다.[93] 그러나 3기 노조 역시 투쟁이 끝난 뒤 1여 년 활동하다가 활동이 중단되었다.

맺음말

이 글에서는 부평공단의 마이크로 여성노동자들이 세 차례에 걸쳐 노조를 결성하고 저항한 역사를 그 특징을 중심으로 살펴보았다. 이 세 시기 노조의 특징을 지역노동운동의 상황과 연관하고, 기업 측의 대응 역시 정부의 노동운동에 대한 태도나 지역노동운동의 상황과 관련해서 비교해보면 다음과 같다.

〈표 3〉 세 시기 민주노조의 특징 비교

	1기(1984~86)	2기(1987~1991)	3기(1993~1997)
노조 결성 주체	JOB 출신 1인	현장 노동자 중심. (1기 도움-지역운동가지원)	학 출 5인 + 노동자 2인
결성 국면	유화국면	대투쟁으로 노동운동 고양	생산직 축소 전체 민주노조운동 통합
부평 노동 운동 상황	- 한국노총 소속의 노조존립 금속연맹 민주파 - 지역의 노동운동가들 - 노동 사목	- 1987년 노동자 대투쟁으로 부평공단 중심의 연대활동 - 1988년 인노협 중심 연대	- 1990~3년 중소규모 사업장의 위장폐업 - 인노협 축소 - 1996년 지역 전체 민주노조의 조직인 인천본부 등장

93 민주노총 인천지역본부, 2023 앞의 책, 271쪽

	1기(1984-86)	2기(1987-1991)	3기(1993-1997)
와해 국면	정권의 노동운동 탄압기	1989년 정권의 탄압기	정권의 탄압과 민주노조 확장이 공존
사 측 탄압 특징	- 노조파괴전문가 고용 - 남성노동자와의 대립유도 - 여러 방식 -강제사표유도	- 핵심노조 간부 구속 - 여러 방식의 강제사표유도	- 노조 파괴전문가 자문 - 핵심노조 간부 고립화 - 성폭력 등

출전: 본문 참조작성

우선, 위의 <표 3>을 통해 노조결성 시점을 보면, 1, 2기는 유화국면과 노동자 대투쟁 시기여서 정부의 노조탄압 보류정책에 영향을 받았다. 또, 1기는 지역노동운동이 발전하지 않은 상황에서 금속연맹 민주파와 개별 노동운동가의 지원을 받았지만, 2기 때는 1987년 대투쟁으로 부평지역 민주노조들의 연대가 활성화된 상황에 영향을 주고받았다. 특히 인노협을 중심으로 부평지역 노조의 연대 활동은 더 활발해졌다. 3기 때는 인노협이 축소된 상황에서 노조결성 초기의 투쟁은 사업장 차원에서 진행되다가, 1995년 성폭력 사건과 위원장의 음독자살 사건을 계기로 인천본부를 중심으로 한 지역운동의 집중적인 연대투쟁이 이루어졌다.

다음으로 기업 측의 노조에 대한 대응 역시 정부의 노동운동에 대한 태도에 따라, 즉, 1985년과 1989년처럼 탄압국면에는 강한 탄압과 노조와해로, 유화국면이나 1987년 탄압보류 시기에는 탄압이 일정하게 보류되었다. 또, 회사 측은 1986년 노동운동이 성장하지 못한 상황에서는 1기 노조를 와해시켰고, 1987년 대투쟁 시기처럼 노조운동이 활발한 시기에는 노조를 탄압하지 않았으며, 3기에는 노조운동 확장으로 등장한 인천본부를 협상테이블에서 마주하는 등 지역 노동운동의 상황에 따라 영향을 받고 있었다.

이처럼 노동운동사에서 여성노동자 중심의 사업장에서 세 차례에 걸친 노조결성 사례는 없다. 즉, 여성노동자들이 시대가 다른 1기에서 3기까지 직·간접으로 연대하여 민주노조를 결성하고 지켜내려 했던 것이 마이크로 노조사의 가장 중요한 특징이라고 할 수 있겠다.

그런데, 마이크로노조는 어떻게 10년이 넘게 해산과 재결성의 방식으로 등장하게 됐을까. 이는 마이크로사의 생산 업종의 특성에서 일차적 이유를 찾을 수 있을 것이다. 마이크로는 컴퓨터 칩을 생산하는 최첨단 산업이었기 때문에 지속성을 유지할 수 있었다고 본다. 또, 사주인 최만립의 정치적 인맥도 영향을 주었다. 즉, 최만립은 지역에서 영향력을 행사하며 회사를 운영할 수 있었던 것도 영향이 있다고 본다.

또 다른 이유로는 민주노조운동을 벌였던 여성노동자들이 부평·인천지역에 계속 거주하고 있었기 때문에 가능했다고 할 수 있다. 특히, 1기, 2기 노조 간부들은 노조 활동을 하면서 만난 남성노동자들과 결혼한 경우들이 꽤 있었다. 이들은 노조가 해산당하면서 노조 활동은 중단했어도 남편의 직장이 있는 부평·인천에 거주했고, 일부는 지역 활동을 했었다. 그 때문에 다른 시기의 마이크로노조와 직·간접으로 관계를 맺을 수 있었던 것 같다.

이처럼 본 글에서는 개별 사업장인 마이크로 노조사를 통해, 각 시기 노조의 특징을 정리하고, 각 시기 부평지역 노동운동과의 관계를 파악하였다. 그러나 본 연구는 자료 등의 한계로 전자업종 여성노동자들의 노동자 의식 형성과정과 일상생활의 특징, 그리고 생애사적 특징을 포함한 지역 노동사 연구로까지 확장하지는 못했다. 이는 추후 연구과제로 남긴다.

참고자료

〈구술자료〉

이름	직책	구술 장소	연도
김경숙	1기 후생복지부장	동인천 사무실	2025. 4. 10.
김덕순	1기 총무차장	동인천 사무실	2025. 4. 10.
김미령	2기 위원장	인천 사무실	2023. 7. 5.
김은영	3기 사무장	민주노총 인천본부	2023. 7. 13.
노명희	2기 사무장	일산 사무실	2025. 4. 11.
이희례	1기 교선부장	동인천 카페	2025. 4. 9.

* 구술은 구술자 마다 1회씩 진행했다.

강태수, 1996「대한마이크로전자 노동조합사수 지역연대 투쟁」『현장에서 미래를』 12

김경숙 <투쟁일지>

대한마이크로노조,「소식」1호, 1984년 4월

대한마이크로노조,「소식」2호, 1984년 7월

대한마이크로노조,「소식지」6호, 1985년 8월 10일

대한마이크로노조,「호외」, 1985년 7월

「대한마이크로전자 노동조합탄압 역사와 사례」

민주화청년운동연합, 1984『민주화의 길』5호

민주통일민중운동연합,『민주·통일』2호(1985년 4월 20일), 3호(1985년 8월 15일)

박순이, 2020『어느 여성노동자 이야기』, (사)인천여성노동자회

'박정희 사건경위서', 2007 <보도자료: 대한마이크로전자노조, 85년도 강제사직자들 민주화운동 명예회복신청 접수 예정>

'송경남 사건경위서', 2007 <보도자료: 대한마이크로전자노조, 85년도 강제사직자들 민주화운동 명예회복신청 접수 예정>

인천지역노동조합협의회,『인노협소식』

한국노동자복지협의회, 1985『민주노동』2호, 5호

한국노협인천지역협의회 외 7개 단체,「누가 민주노조를 탄압하는가?」

구해근, 2002『한국 노동계급의 형성』, 창작과비평사
김상숙, 2006「지역과 젠더통제, 여성노동자들의 저항-80년대 대구지역 섬유산업을 중심으로」, 경북대학교 사회학과 박사학위논문
민주노총 경북지역본부·임광순, 2020『가장 낮은 곳을 택하여 간다: 경북노동운동 30년·민주노총 경북지역본부 20년사』1-2, 두엄
민주노총 인천지역본부, 2023『인천, 노동자가 살고 있다-인 농협 7년·민주노총 인천본부 25년사』, 다인아트
민주노총 전북지역본부, 2009『전북지역 노동운동의 역사 다시 쓰기』남춘호·이성호 엮음, 한울
민주노총 충북지역본부, 2016『우리 함께 어깨 걸고-민주노총과 함께 한 충북노동운동사』
유경순, 2011『1980년대 변혁적 노동운동에 관한 연구』, 고려대학교 한국사 박사학위논문
이갑영, 2009『그들은 희망을 나누었다』, 다인아트
현정길·윤영삼, 2023『부산노동운동사: 개항부터 촛불항쟁까지 부산지역 노동자 투쟁 기록』, 산지니
이광수, 2024『(부산지역) 노동운동사: 유신 말기부터 IMF 위기 직전까지』, 앨피
이상철, 1990『한국의 지역노동운동 연구: 포항, 울산, 마산, 창원지역의 비교』, 한울
인천기독교민중교육연구소 엮음, 1987『'87 노동자대투쟁-7·8월 인천지역 사례』, 풀빛
지역사회문제자료연구실, 1989『80년대 부산지역 노동운동』, 친구
한국기독교사회문제연구원 편, 1986『부산 지역 실태와 노동운동』, 민중사
한국기독교사회문제연구원 편, 1986『성남지역실태와 노동운동』, 민중사
한국수출산업공단, 1994『한국수출산업공단 30년사』

강인순, 1991「80년대 마산지역 여성노동자운동: 87년 이후 수출자유지역을 중심으로」『논문집: 인문사회과학·자연과학편』18, 경남대학교
강인순, 1996「마산수출자유지역의 여성노동과 운동」『연구원논집』2, 경남대학교 경남지역문제연구원

강인순, 1997「1980년 이후 마산지역 여성노동자운동」『연구원논집』3, 경남대학교 경남지역문제연구원

강인순, 1999「마산과 창원지역 여성노동자운동: 침체와 극복」『사회연구』12, 경남대학교사회학

김금수, 1988「1987년 7월~9월의 노동항쟁」『현대한국을 뒤흔든 60대 사건·해방에서 제5공화국까지』(『신동아』, 1월호 별책부록), 동아일보사

김용기, 1991「80년대 지역노동운동사 연구: 80~87년 마산, 창원 지역을 중심으로」『노동복지연구』10, 경남대학교노동복지사연구소

안정남, 1993「부산지역 여성노동운동에서 나타난 여성문제에 관한 연구: 80년대 부산지역의 고무사업장을 중심으로」, 계명대학교 여성학대학원 석사논문

유경순, 2025「1970년대 한국수출산업공단의 여성노동운동」『역사문제연구』5, 역사문제연구소

이성호, 2009「1980년대 전북지역 여성노동운동: 태창메리야스 민주노조운동 사례를 중심으로」『사회과학연구』17-2, 서강대학교사회과학연구소

이재성, 2010「인천지역 민주노조운동에 대한 사회운동론적 고찰」, 서울대학교 사회학 박사학위논문